목릉시대 문인들의 일탈 체험과 문예 취

■ 신영주 辛泳周

성균관대학교 사범대학 한문교육과를 졸업하고, 동대학원 한문학과를 졸업하였다. 민족문화추진회 국역연수원 상임연구부를 수료하였다. 성신여자대학교 사범대학 한문교육과 교수로 재직하고 있다.

목릉시대 문인들의 일탈 체험과 문예 취

2015년 8월 25일 초판 1쇄 인쇄
2015년 8월 30일 초판 1쇄 발행

지은이 : 신영주
펴낸이 : 김병환
펴낸곳 : 학자원
주 소 : 134-814 서울시 강동구 천호대로 1121
전 화 : 02) 6403-1000
팩 스 : 02) 6338-1001
E-mail : hakjaone@daum.net
등 록 : 2011년 3월 24일 제2011-14호

HAKJAONE Publishing Co.
1121 Cheonho-Daero Kangdong-Gu Seoul

ISBN : 979-11-85395-94-4

값 15,000원

목릉시대 문인들의 일탈 체험과 문예 취趣

신영주 지음

학자원

* 이 저서는 2010년도 정부재원(교육부)으로 한국연구재단의 지원을 받아 연구되었음
(NRF-2010-812-A00159)

This work was supported by the Korea Research Foundation Grant funded by the Korean Government(NRF-2010-812-A00159)

차례

1. 머리말

재지 기반을 배경으로 성장한 조선 전기 사림 세력은 15세기 말부터 중앙 정계로 진출하기 시작한다. 이후로 이들은 조선 건국에 훈공을 세우거나 반정공신이 되어 기성 질서를 형성하고 있던 훈구 세력과 정치적 갈등을 빚었다. 네 차례의 큰 사화(士禍)를 비롯하여 여러 차례의 옥사(獄事)가 발생한 것은 이로 인한 역사의 상처다. 무오사화, 갑자사화, 중종반정, 기묘사화, 을사사화 등 많은 질곡을 겪으면서 사림과 훈척의 갈등은 극에 달하였고 국가의 정치 지형은 한치 앞을 예측할 수 없을 만큼 복잡하게 굴절되었다. 관료와 그 주변 인물들은 늘 살얼음판 위를 걷는 듯이 삶의 행보가 위태롭기만 하였다. 이는 어느 한 집단에 국한된 현상도 아니었다. 훈구 세력이건 사림 세력이건 모든 구성 집단이 크게 요동치면서 개인적 삶의 방향성이 크게 변화하였다. 사화로 인해 지방으로 쫓겨난 경우도 있고 스스로 참극을 피하여 벼슬을 버리고 지방으로 물러난 경우도 있다. 두 경우가 아니더라도 일찌감치 출사를 포기하고 학술과 문예로 돌아서서 학문 강학과 문예 창작에 몰두한 경우도 있다. 그런데 이처럼 다양한 유형의 인물들이 등장할수록 사대부 지식인 사회는 도리어 역설적으로 다채로운 모습으로 변화하였다. 각지로 흩어진 지식인들이 제각기 생존의 방식을 달리하면서 삶의 방향성이 다기다양하게 분화되었던 것이다.

1506년에 반정에 성공한 중종은 갑자사화로 실각되었던 조광조 등 사림파를 기용하여 정치 개혁을 단행하였다. 그러나 사림파의 주장에 따라 추진되었던 각종 정치 혁신은 기득권을 쥐고 있던 훈구세력의 강한 저항에 부딪혀 추진력을 발휘하지 못하였다. 이뿐 아니라 반정공신의 책봉 문제 등으로 극심한 견제에 시달리다가 결국 1519년의 기묘사화로 사림 세력이 다시 실각하게 되었다.

1545년에 13세의 어린 명종이 즉위한 이후 문정왕후(文定王后) 윤씨(尹氏)는 대왕대비로서 수렴청정을 하였다. 이때 윤임을 중심으로 하는 대윤과 윤원형을 중심으로 하는 소윤이 외척 세력을 형성하여 서로 갈등을 빚다가 을사사화로 대윤이 크게 실각하자 다시 한 번 많은 지식인이 연루되어 죽거나 지방으로 쫓겨나고 말았다. 문정왕후의 수렴청정은 이후 9년 동안 지속되었다. 섭정을 마친 이후로도 1565년에 세상을 떠나기 전까지 문정왕후는 여전히 막강한 정치력을 행사하였다. 그 사이 승려 보우를 중용하고 승과와 도첩제를 시행하여 불교 중흥에 힘썼다. 16세기 후반 승려들의 문예 창작이 자주 목격되고 있는데, 이런 정치적 기반과 무관하지 않을 것이다.

1567년 왕위에 오른 선조는 사림을 크게 기용하여 억울하게 희생된 사림의 선배들을 신원시키고 남곤, 윤원형 등 훈구대신들을 제거하여 국정의 안정을 꾀하였다. 비로소 사림이 실권을 장악하면서 기존의 훈구 일파는 더 이상 세력을 유지할 수 없을 만큼 약화되어 사림과 훈구 세력 간의 오랜 정치 투쟁은 사라지게 되었다.

하지만 세력을 장악한 사림이 다시 동인과 서인으로 분리되어 붕당 체제가 형성되었다. 이제 이전과는 달리 새로운 양상의 갈등 국면이 전개된 것이다. 붕당 간에 갈등이 노정되면서 관료 사회는 또 다른 형태의 혼란 상황으로 빠져들곤 하였다. 그럴수록 이들은 자신들의 입지를 강화시키기 위해 각 지역의 서원을 거점으로 삼고 향약을 실시하여 지역 세력을 규합하고 신진 인재를 양성하여 붕당의 체질을 강화시켰다.

사림의 분화로 새로운 정쟁 구조가 만들어지고 있던 무렵, 16세기 조선 사회는 구성원들의 삶의 질이 이전에 비해 상당히 개선되어 가고 있었다. 농업기술의 발전이 전반적 생활수준을 서서히 끌어올리는 데에 긍정적인 영향을 끼쳤던 것이 사실이다. 특히 정치 경제의 중심지로 성장한 한양 도성에는 이전에는 볼 수 없었던 새로운 유형의 도시적 군상들이 출현하기 시작하였다는 점이 눈에 띈다. 한양 도성의 변모는 여전히 경직되어 있었던 정치 지형과 배타적 학문 풍토 및 봉건적 사회 구조 이면으로 새롭고 말랑말랑한 변화의 바람을 불어넣어 점차 조선의 체질을 변화시키는 요인이 되었다.

이런 변화 속에서 다시 도시적 감각을 지닌 새로운 유형의 인간 군상들이 출현하였다. 뿐 아니라 이들에 의해 흥미롭고 다양한 문예 활동이 향유되었다. 이런 변화는 다시 기성의 풍토와 충돌하여 여러 가지로 새로운 문화 현상을 빚어내었다.

그런데 이런 변화의 흐름은 16세기 말에 이르러 다시 뜻밖의 단절과 굴절을 겪게 되었다. 조선 사회가 이전에 경험하지 못한 큰 전란의 소용돌이 속에 빠져들고 말았던 것이다. 왜의 침략으로 1592년에 시작된 이 전란은 무려 7년 동안이나 지속되었다. 전란이 이어지면서 전 국토는 전쟁터로 바뀌었고 이에 따른 사회적 충격은 말로 표현할 수 없을 정도였다. 전란 중에 도성이 공격 받아 노비 문서와 군적을 비롯한 많은 공문서가 소실되었고 신상을 기록한 관아의 공문서를 고의로 훼손하고 도망하는 노비도 속출하였다. 게다가 전란 직후에 국가 재정을 충당하기 위해 공명첩을 남발하고, 전투에서의 공훈을 헤아려 면천하거나 관직에 제수하는 경우가 늘어나면서 신분제 사회의 엄격한 질서도 흔들리고 말았다.

이처럼 기존의 가치와 질서가 흔들려 혼란스럽던 전란 직전과 직후의 한양이라는 도시 공간은 이전에도 이후에도 찾아보기 힘들만큼 몹시 독특한 해방 공간이었다. 문인 지식인들은 그 속에서 말 못할 고충과 방황을 경험하기도 하였지만, 문예에 있어서 과거의 틀에서 벗어난 새로운 시도들이 이루어지기도 하였다. 이에 따라 기성 질서 속에서는 나타나지 않았던 또 하나의 문예 현상이 발견되는 바, 여성과 서인들이 문예의 장에서 두각을 나타내고 중인과 천인들이 신분에 구속되지 않고서 자신들의 목소리를 내기 시작한 것이다. 이는 조선의 문예가 근대로 나아가기 위한 발판을 마련한 것으로 평가될 수 있을 것이다.

이에 목릉(穆陵)시대로 일컬어지는 선조조의 이런 변화 국면에 주목할 필요가 제기된다. 16세기 후반에서 17세기 초로 이어지는 선조조의 문예 현상들은 그 홀로 의미를 갖는 것이 아니라 당시에 존재하던 여러 배후 현상들과의 관계 속에서 그 의미를 갖는다고 할 수 있다. 이를 제대로 읽어내어야 조선 중기 문예사를 온전하게 복원할 수 있을 것이다. 이런 문제의식을 바탕으로 대략 아래와 같은 방향을 설정하고 이에 따라 서술을 진행한다.

서술의 방향은 1장에서 4장까지 크게 네 영역으로 나눈다.

1장에서는 먼저 글의 목적과 서술 방법을 개괄하여 소개한다.

2장에서는 16세기의 시대상에 대하여 살펴본다. 도학의 경화와 소외·일탈의 발생이라는 측면에 주목하여, 먼저 이 시기 훈구와 사림의 대립으로 시작하여 당쟁으로 이어지는 정쟁의 소용돌이 속에서 승자와 패자의 삶의 유형이 다기다양하게 갈리게 되면서 서로 각자의 위치에서 나름의 문학 세계를 성취하고 있음을 알아본다. 투쟁에서 패하여 유배객으로 쫓겨나거나 스스로 경쟁에서 이탈하여 은일자로 물러나 소외의 길로 접어든 인물들이 증가하면서, 이들에 의해 이전과는 다른 새로운 유형의 문예 현상이 만들어지고 다양한 문예 창작물이 창출되었던 점에 대하여 검토한다.

이때 훈구에 대립하던 사림이 버거운 상대와 투쟁하면서 내부의 힘을 결속하기 위해 계회를 활용하였고, 자연스럽게 이를 문예의 장으로 활용한 측면이 확인되기도 한다. 그러나 투쟁에서 승리한 사림이 정국을 주도함에 이르러서는 성리학적 세계관이 세계를 해석하고 규정하는 틀로 기능하게 되면서 점차 도학이 경화되고 문예의 다양성이 훼손되는 현상이 나타나기도 하였다. 이는 완물상지(玩物喪志)라는 말로 대표된다. 성정(性情)과 재도(載道), 완물상지 등의 보이지 않는 규범과 검열은 문예 창작의 욕구와 활동을 옥죄는 기제로 작동되어 한동안 문학예술이 힘을 펴지 못하였다. 이 완물상지(玩物喪志)의 논리가 어떤 모습으로 작동되고 있었는지, 이에 대한 반발이 어떻게 표면화되었고 어떻게 시대의 전변이 이루어졌는지를 살펴보기로 한다.

아울러 16세기 후반으로 넘어가는 무렵 수도 한양이 도시화되고 인재와 물산의 집결지로 성장하면서 도회지적 문예 현상이 출현하였던 바, 문예를 지향하는 인물들이 급증하였고 문예 담당자도 저층으로 확산되고 있었다. 또한 이 무렵에 활발하게 중국에서 유입된 외래 풍조가 문예 방면에서 새로운 변화를 견인하는 외적 동인으로 작용하였다. 주로 중국 인사들과의 교류 과정에 명말 서적이 대거 유입되었던 것이 발단이 된다. 중국에서 유입된 외래문물(外來文物)이 조선의 문예 환경을 굴절시켜 문예의 지평이 새로운 지점으로 이동하게 만드는 요인이 되었다. 의고파의 형성과 당풍의 성행이 대표적 문예 현상이다. 내외의 동인이 착종하여 사상과 문예의 새로운 변화 국면을 이끌어낸 측면에 대해 살펴본다.

또한 16세기 말에 발생한 국가적 전란과 이로 인한 문예 장의 왜곡은 기존의 사의식(士意識)을 새로운 방향으로 전환시키는 계기가 되었고 또한 새로운 문예 현상들이 하나둘씩 나타나게 만드는 계기가 되었다. 따라서 '전란기의 경험과 그 이후'의 변화 과정을 추적함으로써 이 시기 문예 현상의 성격을 규명하고 설명할 수 있을 것이다. 전란 이전에 형성된 문예 풍조가 수년간의 전란 속에서 어떻게 변형되어 갔는지 문인지식인들은 어떻게 대응하였는지에 대해 살펴본다.

3장에서는 문예 저변의 확장과 취의 성장에 대하여 살펴본다. 기성의 가치와 규범에서 일탈하는 부류가 증가하여 이 일탈이 일상화되면서 필연적으로 문예 취가 성장한 측면이 있다. 문예 취의 성장은 다시 신진의 전문 작가군의 등장으로 이어지고 아울러 비주류 저층 문학의 성장으로 이어진 측면이 있다. 전문 작가군의 등장은 시문 창작과 비평 활동을 질적으로 성장시켰다.

그런데 이들 가운데 일부 문인 예술가들은 기존의 예교 관념에서 이탈하여 사적 감성을 낭만적 언어로 표출하는 데에 적극적이게 되었다. 이달과 권필, 허균 등이 대표적 인물들이다. 이들은 기성 예교에 반발하고 인간적 정감을 긍정하고자 하는 강한 욕구를 품고 있었고 창작 활동에서도 일면 반항적이면서 진보적인 일탈의 모습을 표출하곤 하였다. 이렇게 예교에서 일탈하여 낭만적 감성을 자유롭게 표출하던 일군의 작가들은 한편으로는 자조(自嘲)와 은둔(隱遁)을 바탕으로 하는 정조를 문학으로 형상화시키는 당사자가 되기도 하였다. 이들이 어떻게 자신의 감성을 표출하고 자조와 은둔의 정조가 어떻게 문학으로 형상화시켰는지 살펴볼 필요가 있다.

아울러 이전 시대와는 다르게 여성(女性)과 천인(賤人)을 비롯한 다양한 층위의 인물 군상들이 본격적으로 문예 활동에 참여하여 시문 창작과 비평이 사대부의 전유물이 아닌 공공의 향유물이 되었다는 것도 이 시기 문예의 성격을 보여주는 중요한 측면이므로 면밀한 검토가 필요하다.

또한 문예 취가 성장하고 작가 층이 두텁게 형성되면서 그 사이에 다분히 유희적이고 희작적인 성격의 문예 작품들도 점차 축적되어 갔다. 대개 선조조에 문인 사이에 시문 수창이 성행하면서 자연스럽게 이에 걸맞은 수창의 방식이 필요했던 바, 연구(聯句)와 화운(和韻)을 비롯한 변체(變體)의 잡체시(雜體詩)가 유용하게 활용되었다. 이는 다시 문예 흥취를 유희적으로 표출시켜 희작(戱作)을 즐기는 방향으로 이어지게 만들기도 하였다.

한편 이 시기 문학의 성격을 구성하는 특징적 요소로서 문학 전범의 탐색을 꼽을 수 있다. 이 무렵 문학 전범에 대한 담론이 활발하게 진행되었고 이에 근거한 새로운 글쓰기가 시도되었다는 것은 이미 여러 연구에 의해 밝혀져 있다. 대개 명대 문예 사조의 유입으로 촉발된 문학 전범의 탐색이 16세기 후반 문단의 쟁점으로 떠올라 이후 문학의 이론적 성장을 견인하였던 것이 사실이다. 이 시기 문예 현상의 주요한 변인으로서의 문학 전범의 탐색과 새로운 글쓰기에 대하여 함께 살펴본다.

2. 16세기 시대상－소외와 일탈의 변주

16세기 조선 사회를 구성하고 있는 일부 지식인 집단의 삶의 형상이 '소외'와 '일탈'로 설명될 수 있다. 소외(疏外)는 '소속되어 있는 사회, 무리, 계파, 계급, 권력 등에서 기피되어 따돌림을 당하거나 배척되는 일'이다. 경우에 따라서는 '인간이 자기의 본질을 상실하고 비인간적인 상태에 놓이게 되는 자기소외'를 이르는 말이기도 하다. 16세기 이후 선조조에 이르기까지 조선 사회를 휘감았던 사회병리학적 소외 현상은 위의 두 가지 모두를 포함하고 있다. 계파 간의 갈등 국면에서 밖으로 밀려나 소외되었던 인물 유형뿐 아니라, 신분제의 모순 속에서 주류 사회에 섞이지 못하고 서얼, 중인, 천인, 여성으로서 소외되어 사회 활동까지 제한된 채로 울울한 일생을 보내었던 인물 유형들이 엄연히 존재하였다. 아울러 이학(理學) 위주로 하는 획일화된 학문 풍토 속에서 적응하지 못하고 자신의 정체성을 고민하던 인물 유형들도 뒤섞여 있었다.

인간 사회의 소외 현상은 다시 구성원의 일탈을 유발하고 일탈이

다시 소외를 부추기는 것은 어쩌면 당연한 이치이다. '일탈(逸脫)'이란 사전적 설명으로 말하자면, 정하여진 영역 또는 본디의 목적이나 길, 사상·규범·조직 따위로부터 빠져 벗어나는 것을 이른다. 기존의 질서에 따라 귀속된 구성 집단에서 허용되는 분수와 예교의 범위를 벗어나는 언행을 표현하였거나, 또는 기존의 사회적 통념을 뛰어넘는 논리적 지식이나 유무형의 구조물을 수동적 혹은 자발적으로 만들어내었을 때, 이것이 '일탈'이라는 말로 설명된다.

이런 '일탈'의 시각으로 보면 선조조의 문예 상황은 특이한 면모를 갖는다. 16세기 후반에 이르러 조선 사회에 많은 문인 집단이 자신의 목소리를 높였는데, 이미 16세기 중반을 전후한 시기에 기존의 질서와 주류 사회로부터 벗어나 새로운 층위를 형성해가는 유형의 인물들이 증가해가면서 자연스럽게 다양성을 갖춘 두터운 문인 집단이 구축되어 그 결과로 나타난 현상으로 이해된다.[1] 이런 사이에 문예를 통해 일탈을 추구하고 다시 일탈을 통해 문예에 침잠하는 인물들도 출현하게 되었던 것이다. 이들은 일탈의 상황을 문예로 발산시켜 이전과는 다른 새로운 경향의 문예 활동으로 연결시켰다.

1 김창호, 「권필과 허균의 교유와 그 당대적 의미」, 『한국한문학연구』 42권, 한국한문학회, 2008. 강정화, 「16세기 유일문학(遺逸文學)의 특징」, 『동방한문학』 30권, 동방한문학회, 2006. 구본현, 「권필과 이안눌의 교유와 문학 활동」, 『국문학연구』 14권, 국문학회, 2006.

1) 도학의 경화와 소외·일탈의 발생

16세기로 넘어가던 15세기 말에 성종이 지역 기반으로 성장한 사림 출신들을 적극 등용하면서 사림이 상당한 정치적 입지를 가지게 되었던 바, 이들은 시대의 새로운 대안 세력으로서의 청류(淸流)라는 심리적 동질감으로 연대하여 지속적으로 세력화에 공을 들였다. 이들이 계회라는 인적 네트워크를 적극 활용하였던 것도 세력의 결집을 위해서였다. 사림은 마침내 훈구와의 투쟁에서 승리할 수 있었다. 그런데 이로 인해 문단에도 적지 않은 변화가 있었던 것 같다.

가장 큰 변화는 사림에 의해 주도된 도학(道學)의 흥성과 깊이 연관되어 있다. 이들은 인간의 성정과 우주의 이기를 탐색하는 도학을 위기(爲己)의 학문으로 규정하고 이를 진정한 학문으로 칭송하였다. 자연스럽게 그 영향권 내에서 문학도 성정과 이기에 대해 사유하고 유교 질서에 기여하는 것을 중요한 가치로 삼는 방향으로 서서히 변화되어 갔다.

그런데 시간이 흐르는 사이 도학이 점차 순수한 학문의 영역을 벗어나 정치 사회적 세력화의 도구로 변질되면서, 문예 활동의 측면에서도 부정적 현상들이 노정되기 시작하였다. 국가적으로 지나치게 도학에 편중된 학문 성향을 보이면서 도학 이외의 학문을 이단시하였을 뿐만이 아니라 순수한 문예 활동까지 말단의 재주로 규정하는 현상이 곳곳에서 나타났던 것이다. 이는 결국 문예 활동을 부정적으로 바라보는 경직된 사고로 이어지고 말았다.

그러나 그럴수록 그에 대한 반동도 함께 꿈틀거리는 것은 자연의 이치이다. 16세기 후반으로 가면서 절대적이던 도학의 구속력도 조금씩 누그러지면서 문예에 대한 새로운 인식들이 나타나기 시작하였다.

가) 소외의 발생과 일탈

신구 정치 세력 간의 충돌은 적지 않은 이탈자를 양산하였다. 이탈은 타의에 의해 발생한 경우가 많았으나 자발적으로 이탈한 경우도 적지 않았다. 16세기 중반 이후 벼슬을 멀리하고 지방으로 물러나 학문 강학에 매진한 대표적 인물인 남명 조식은 당시의 현실을 아래와 같이 진단하였다.

> 살펴보건대 나라의 근본이 무너져 마치 물이 끓고 불이 타오르는 것 같으며 백공(百工)이 내버려져 시체나 허수아비와 다름이 없습니다. 기강(紀綱)은 무너지고 원기(元氣)는 소진되고 예의(禮義)는 실추되고 형정(刑政)은 어지러워지고 사습(士習)은 무너지고 공도(公道)는 상실되고 용사(用捨)는 혼탁해지고 기근(飢饉)은 거듭되고 부고(府庫)는 텅 비고 말았습니다. …중략… 지금의 나라 형세는 어찌할 수 없을 만큼 위태롭습니다. 정승의 자리에 있는 사람들조차 좌우에서 바라보기만 하고 구제할 엄두를 내지 못할 만큼, 결코 손을 쓸 수 없는 형편입니다. 시변(時變)을 이해하지 못하는 무지한 노인이 주제넘게 죽음을 무릅쓰고 아룁니다.[2]

2 曹植, 『南冥集』 卷2 「辛未辭職承政院狀」.

조식이 신미년(1571)에 올린 사직상소의 내용이다. 같은 해 5월 15일의 『선조실록』 기사에도 동일한 상소가 기록되어 있다. 조식의 눈에 비친 조선은 총체적 부실에 노출되어 있어 풍전등화와 다를 바 없는 그런 곳이었다. 다른 사람이 이런 말을 했다면 나랏일을 지나치게 걱정하여 으레 하는 말에 불과하다고 치부할 수도 있겠다. 그러나 조식의 위 발언은 좀 다르다. 자신이 기묘년과 을사년의 사화에 가족을 비롯하여 붕우와 주변 인물들을 잃는 아픔을 경험했던 당사자다. 그가 느꼈을 현실 정치에 대한 부정적 인식은 실제의 구체적 경험에서 각인되어 형성된 것이었다. 이에 앞서 1568년에 새로 즉위한 선조가 소명을 내렸을 때에 「무진봉사(戊辰封事)」를 올려 국정을 천단하는 서리(胥吏)의 폐해를 극구 지적하며 시사를 꿰뚫어보는 비판적 안목을 보여주었던 것도 이런 경험과 무관하지 않다.

조식이 일찍 출사를 단념하고 초야에 묻혀 지내면서 학문 강학에 힘쓴 데에는 이런 비판적 인식이 계기로 작용하였을 것이다. 이는 도산으로 물러나 학문 강학에 매진한 이황의 경우와도 다르지 않다. 이 시기 초야로 물러난 문인 재사들의 존재는 현실정치의 모순으로 인해 만들어진 것이었다.

공주(公州)의 주학제독관(州學提督官)에 제수된 조헌(趙憲)은 선조 19년(1586) 10월에 붕당의 폐해와 학정(學政)의 폐단을 신랄하게 비판하면서 아래와 같은 상소문을 올렸다.

사화가 몹시 혹독하여 기미를 아는 선비들이 모두 출처(出處)에 조심합니다. 성수침은 기묘년에 난리 소식을 듣고서 성시(城市)에 은둔하였고 성운(成運)은 형제가 화를 당한 슬픔으로 보은(報恩)에 몸을 숨겼고 이황(李滉)은 형제가 화를 당한 것을 슬퍼하다가 예안(禮安)으로 물러났고 임억령은 아우 임백령이 어진 사람을 해치는 것을 보고 놀라서 지방에 머물러 있었습니다. 또한 서경덕이 화담(花潭)에 은둔한 것과 김인후가 명환(名宦)에 대한 뜻을 끊은 것과 조식(曹植)과 이항(李恒)이 바닷가 모퉁이에서 조용히 은둔한 것도 모두 을사년 사화의 충격으로 인한 것입니다. 정지운(鄭之雲)은 김안국(金安國)에게 배웠는데 스승 김안국이 큰 죄에 걸려들 뻔하자 이를 경계로 삼아 이름을 감추고 술로 세월을 보냈으며 성제원(成悌元)은 송인수(宋麟壽)가 참화를 당하는 것을 직접 목격하고서 말단 관직에 머물러 해학으로 일생을 마쳤으며 이지함(李之菡)은 안명세(安命世)가 처형당하는 것을 보고서 해도(海島)를 떠돌며 미치광이 행세를 하여 세상을 피하였습니다. 모두가 조정에 쓰일 만큼 국량이 크고 세상을 구제할 만큼 재주가 뛰어났으나 기러기가 날아올라 주살을 피하듯이 산골짜기로 달아나 쓸쓸히 여생을 마치고 말았습니다. 그 밖의 훌륭한 인재들도 찬축되거나 경외(京外)에서 노륙(孥戮)을 당하였습니다. 이로 인해 부형들이 모두 자제들에게 예학(禮學)을 경계하라고 가르치고 있으니 훌륭한 재목을 깎아서 작은 재목을 만드는 격입니다.[3]

중종 14년(1519)에 기묘사화가 발생하고 명종 즉위년(1545)에 을사사화가 발생한 이후로 국정을 도울 만한 인재들이 지방 곳곳으로 숨어들어 쓸쓸하게 여생을 보내고 있는 현실을 고발하는 내용이다. 성수침(成守琛, 1493~1564)의 경우는 지방으로 물러난 것은

3 實錄廳, 『宣祖修正實錄』 19年(1586) 10月 1日 기사.

아니었으나 출사를 포기하고 서울 백악산 아래에 청송당(聽松堂)을 마련하여 머물면서 성리학 연구와 후학 양성에 여생을 바쳤다. 성운, 이황, 서경덕, 김인후, 조식, 이항 등은 지방으로 물러나 학문 강학에 매진한 경우이다.

임억령(林億齡, 1496~1568)은 을사년에 아우 임백령(任百齡)이 윤원형(尹元衡)의 소윤(小尹)에 가담하여 유관(柳灌)을 비롯한 대윤(大尹)의 많은 인사들을 해치자 금산 군수의 직책을 버리고 해남으로 물러나 시문으로 자오(自娛)하였다.[4] 1552년에 다시 동부승지로 벼슬에 나갔으나 강원도 관찰사, 담양 부사 등의 외직에 머물면서 관료로서보다는 문인으로서의 생활에 집중하였다. 『명종실록』에 "임억령은 성품이 여유로우며 사장(詞章)이 풍부하고 뛰어나지만 업무에는 서툴렀으니 관료 생활이 그에게 능한 일은 아니다."[5]라는 사평(史評)이 달려 있어 그의 성향을 짐작케 한다.

이들은 각 지역에서 학문 강학에 매진하여 학문 거점을 형성함으로써 지역 배경 속에서 수준 높은 학술 연구가 이루어질 수 있게 하였으며, 지역 인사들과 어울려 문학 활동을 지속함으로써 해당 지역의 문학 풍토가 성숙해질 수 있게 하였다. 이는 조선의 학문과 문학이 전국으로 지역적 외연을 확장시키는 계기가 되었다.

강정화는 16세기 유일(遺逸)에 주목하여 은둔자들의 행적을 추적하였다. 16세기 명종 시기에 유일로 피천된 인물들을 분석하였는

4 實錄廳, 『明宗實錄』 7年(1552) 7月 18日 기사.
5 實錄廳, 『明宗實錄』 9年(1554) 6月 13日 기사.

데 이들은 대개 사화기에 은둔하였다가 후일 유일로 천거되어 다시 출사한 인물들이다. 보고에 따르면 이들은 주자 성리학을 학문 사상의 기반으로 삼았으며 은둔 이후에도 이를 저버리지 않고 위기지학에 종사한 부류로 해석된다. 곧 현실을 피해 은둔을 택하였으나 현실의 문제를 완전히 외면하거나 방기했다기보다는 여전히 현실에 발을 딛고 학문을 통해 현실을 개선하기 위해 노력하였던 것이다. 아울러 이들이 자연과 밀착된 강한 친화력을 보여주었을 뿐만 아니라 백악산, 지리산, 속리산, 덕유산 등 각자의 은둔처를 중심으로 회합을 지속하면서 연대를 잃지 않았던 사실에도 주목하였다.[6] 이는 앞서 언급한 바와 같이 중앙에서 이탈한 관료 혹은 문인 지식인들이 자연스럽게 지역을 기반으로 한 문학 활동으로 이어져 문학의 외연을 확장시키는 역할을 하였다는 것과 그 맥락이 이어진다. 이는 16세기 문예 상황을 설명할 수 있는 하나의 현상으로서 주목할 만하다.

나) 문예를 보는 왜곡된 시선들 – 완물상지론

앞서 언급하였듯이 16세기 전반기의 조선 사회에서는 도학에 대한 경건성이 강하게 유지되고 있었다. 이에 따라 순수한 문예 활동마저 '완물상지(玩物喪志)'라는 말에 의해 묵시적으로 구속되고 제한되는 사회 분위기가 형성되었다. 도학(道學)이 위주가 되면서 문

6 강정화, 「16세기 유일의 방외인적 성향에 관한 고찰」, 『동방한문학』 38권, 동방한문학회, 2009.

학도 도(道)를 담아내지 못하면 그 가치를 인정받을 수 없는 실정이 되었다. 도를 담아내지 못하면 그저 완물(玩物)에 지나지 않은 것으로 간주되었다.[7]

나는 글 짓는 일을 배우고 싶지 않은 것은 아닙니다. 다만 도(道)를 믿음이 아직 독실하지 않은데 서둘러 글에 종사하고 화순(和順)함이 내면에 축적되기 전에 서둘러 영화(英華)를 드러내려 한다면, 어찌 외(外)를 중시하고 내(內)를 경시함에 가깝지 않겠으며, 어찌 완물(玩物)하다가 상지(喪志)함에 가깝지 않겠습니까? 이 때문에 글을 짓는 일에 대해 마음을 끊어버린 것입니다. 어찌 후회가 있겠습니까.[8]

율곡(栗谷) 이이(李珥 1536~1584)가 1559년에 송인(宋寅)에게 보낸 편지의 일부이다. 동일한 편지가 이정(李楨 1512~1571)의 문집에도 중복 수록되어 있어 작자 논란의 여지가 없지는 않지만,[9] 송인의 문집에는 율곡의 글로 인용되어 있다.[10] 자신이 글 짓는 일을 본래부터 경계했던 것은 아니지만 이에 빠져서 도(道)를 믿음이

7 이 절은 신영주의 「문예에 대한 왜곡된 시선, '완물상지론(玩物喪志論)'에 관한 소고」(『동방한문학』 48권, 동방한문학회, 2011)를 바탕으로 작성하였다.

8 李珥, 『栗谷全書・拾遺』 卷3 「與宋頤菴〔己未〕」.

9 李楨, 『龜巖集』 卷1 續集 「與宋頤庵寅」.

10 또한 끝부분이 율곡의 문집에는 '以此絶意於爲文, 而有所悔吝.'으로 되어 있으나 이정의 문집에는 '以此絶意文藻, 不敢有所悔吝.'으로 되어 있어 약간의 차이가 있으나 전체의 의미 맥락을 이해하는 데에는 큰 차이가 없다.

독실하지 못하게 되거나 내면보다 겉을 꾸미려 하는 결과로 이어진다면 완물상지에 가깝게 된다고 생각하여 글 짓는 일을 멀리하게 되었다고 고백하고 있다.

여기에서 말하고 있는 글 짓는 일이란 실용적 글쓰기가 아니라 문학적 글쓰기를 가리켜 말한 것이다. 도(道)를 전달하는 글쓰기의 범위를 벗어나 문학적 수사를 구사하는 것을 이른다.

다만 율곡은 글 짓는 일을 완물(玩物)에 견주어 말하면서도 이를 전적으로 부정하는 태도를 보이고자 하지는 않았다. 글쓰기의 문제는 스스로의 선택에 달려 있다고 여지를 남겨둔 것처럼 보인다. 그러나 율곡이 실제로는 문(文)과 도(道)가 더 이상 선택의 문제가 아니라 도를 위해서 마땅히 문에서 거리두기를 해야 한다고 생각하였던 것임을 알 수 있다.

비슷한 시기에 남명(南冥) 조식(曺植 1501~1572)은 이에 대한 명확한 입장을 보여주었다. 남명은 1552년 11월에 청송(聽松) 성수침(成守琛 1493~1564)에게 보낸 편지에서 "생각해보니 시를 읊조리는 일은 완물상지에 이르게 하는 우물(尤物)일 뿐 아니라 매번 끝없이 나에게 교오(驕傲)한 죄를 늘려줄 따름이라서 풍영(諷詠)하기를 그만두었습니다."[11]라고 고백하였다. 시가 자신의 뜻을 해치고 자신을 교만에 빠지게 만드는 경계의 대상일 뿐이라고 판단한 것이다.

남명의 태도에서 문학에 대한 시선이 이전에 비해 더욱 과도하게 경직되어 있음을 발견할 수 있다. 이런 경직된 시선들은 이후 상당

11 曺植, 『南冥集』 卷2 「答成聽松書」.

히 교조적인 것으로 변질되어 마침내 작문이나 독서 뿐 아니라 문예 전반을 구속하는 굴레가 되었던 것이 사실이다.

> 옛 성인은 산수에서 도를 취하였을 뿐이어서 경물(景物)을 높이지 않았다. 공자는 '인한 자는 산을 좋아하고 지혜로운 자는 물을 좋아한다'고 했으니, 그 좋아한 바가 산과 물이 아니라 바로 인과 지였다. 또 '흐르는 것이 이와 같다'거나 '아름답구나, 넓고 넓은 물이여'도 모두 다른 뜻을 빗대어서 말한 것이지, 단지 산수를 좋아해서 그렇게 말한 것은 아니다. 후세에는 시인 묵객이 대부분 완물(玩物)하다가 상지(喪志)하고 마니, 잘못이다.[12]

이는 유몽인(柳夢寅 1559~1623)이 「진사 정몽설에게 답하는 편지(報鄭進士夢說書)」라는 글에서 산수를 즐기는 문제에 대한 생각을 피력한 부분이다. 옛 성인들은 산수에서 도를 중요하게 생각하였을 뿐이라고 한다. 산수를 하나의 자연 경물로서 보지 않고 도체(道體)의 유행(流行)을 살피는 도구로서 간주하였다는 것이다. 그래서 물을 보면서도 사리에 통달하여 두루 막힘이 없는 지혜를 생각하고 산을 보면서도 의리에 편안히 머물러 중후하면서 옮겨가지 않는 어짊을 생각한다는 것이다. 또 쉼 없이 흐르는 시냇물을 보면서는, 한순간도 멈추지 않고서 연속되는 도체(道體)의 본연을 생각해야 마땅하다. 이처럼 배우는 자는 산수를 대하면서도 산수에 현현되고 있는 도체의 유행을 관찰하여 스스로 성찰하는 기회로 삼아야 마땅하며, 이를 다시 끊임없이 학문에 정진하는 실천으로 승화시켜

12 柳夢寅, 『於于集』 卷5 「報鄭進士夢說書」.

야 마땅하다고 말하고 있는 것이다.

곧 경물을 경물 그 자체로서 즐긴 것이 아니며 산수를 산수 그 자체로서 즐긴 것이 아니라 산수를 수양의 매개로 삼았을 뿐이었는데, 근래의 시인 묵객들은 이에서 벗어나 완물로써 자연을 좋아하게 되었고 이로 인해 뜻을 해치게 되었다는 논리이다. 유몽인의 인식은 율곡과 남명의 경우에 비해서 더욱 경직되어 있다는 느낌이 든다.

문예에 대한 경직된 생각들은 사대부 학인들에게만 나타난 것은 아니었다. 이들은 국왕에게 끊임없이 완물상지의 우를 범하지 말 것을 요구하였다. 아래의 인용문은 당시에 국왕에게 요구되었던 학문 방향이 어떠한 것이었는지를 단적으로 보여준다.

> 제왕의 학문은 문사(文士)들이 일삼는 사장(詞章)의 학문과는 다릅니다. 수기치인(修己治人)과 체용본말(體用本末)의 이치를 함께 구비하는 것이 제왕의 학문입니다. 사장의 학문은 한갓 화려한 수식으로 사람들의 귀와 눈을 즐겁게 만드는 것일 뿐이라서 『시경』처럼 뜻을 전달하는 의리도 없고 오직 성률에만 능하고자 애씁니다. 이는 소인(騷人)과 일사(逸士)의 일이지 제왕의 학문은 아닙니다. 선유들이 일컬었던 '완물상지'라는 말은 참으로 격언입니다.[13]

이는 김취문(金就文 1509~1570)이 사간으로 있던 1567년 음력 정월에 조강(朝講)을 연 자리에서 명종에게 아뢴 계사의 일부로, 제왕의 학문과 문사의 학문을 구분하여 제시하고 있다. 문사들은

13 金就文, 『久庵集』 卷1 「諫院啓〔丁卯正月○司諫時〕」.

화려한 수식을 우선하는 사장에 종사하여 성률에 힘쓸 뿐이지만 제왕은 수기치인(修己治人)과 체용본말(體用本末)을 함께 갖추는 학문을 해야 한다는 것이다. 명종 22년(1567) 2월 18일의 실록 기사에는 김취문의 계사에 대해 아래와 같은 사평이 달려 있다.

> 김취문은 유자이다. 제왕의 체용의 학문을 권고하고 사장에 완물상지의 폐단이 있음을 경계하였다. 참으로 백왕(百王)에게 귀감이 되고 특히 오늘날의 병통을 치유하기에 적합한 처방이다. 경연에서 보양(輔養)하는 말은 진실로 이래야 한다. 그러나 애석하게 성상이 깨닫지 못하고 있다.[14]

사장이 제왕의 학문이 아니라 문사의 학문이며 수기치인과 체용본말이 곧 제왕의 학문에 해당한다는 김취문의 지적에 대해, 현재의 병통에 맞는 약이 되는 말이라고 평하였다. 김취문이 명종에게 권고한 것은 실제로 사장을 좋아하는 명종의 기호를 경계시키기 위해서였다.[15] 제왕과 문사의 책무가 다른 만큼 제왕은 사장에 마음을 빼앗기지 말고 수기치인과 체용본말의 학문에 힘써야 한다고 요구한 것이다. 김취문과 사관의 말을 통해 국왕에게도 문학이 경계의 대상으로 간주되고 있었음을 확인할 수 있다.

조선왕조실록의 기록을 살펴보면 대개 완물상지라는 말은 성종 때부터 자주 언급되기 시작한다. 성종 때에는 김종직(金宗直), 김굉필(金宏弼), 정여창(鄭汝昌) 등의 사림파가 도학(道學)을 표방하

14 實錄廳, 『明宗實錄』 22年(1567) 2月 18日 기사.
15 實錄廳, 『明宗實錄』 22年(1567) 2月 18日 기사.

면서 중앙으로 진출하여 훈구 세력과 대립하여 하나의 세력을 형성해가던 시기이다. 또한 제왕학(帝王學)으로서 성학(聖學)이 점차 강조되면서 왕도(王道)의 실현과 성학의 완성을 위해, 국왕에 대한 신하들의 견제가 갈수록 집요해지던 시기이기도 하다. 공교롭게도 완물상지라는 말의 사용이 잦아진 것도 이때부터다.

특히 선조조 이후로 인군의 완물에 대한 경계는 사장과 예술 분야로 확장되었다. 사장과 예술에 대한 지적이 이전에도 없지는 않았으나 선조조에 이르러 이전에 비해 훨씬 비중 있는 것으로 변하였다.

아래는 이정형(李廷馨 1549~1607)이 경연의 득실에 대하여 선조(宣祖)에게 아뢰기 위해 작성한 대책의 한 대목이다.

> 경연에서 날로 유신들과 고훈(古訓)을 강론하고 전주(傳註)에 마음을 쓰면 완물상지의 폐단이 생겨나고, 사색에만 힘쓰면 허원(虛遠)에 빠지는 실수를 하게 됩니다. …… 그러나 문구를 따지고 전주(傳註)에 마음을 두어 한갓 종이 위의 문자만 탐구할 뿐이어서 푹 잠기어 젖어드는 실제 공부가 없다면 완물상지의 폐단에 빠지게 되며, 공허하고 기묘한 것만 이야기하고 은미하고 궁벽한 것만 탐구할 뿐이어서 학문 공부를 하지 않는다면, 마치 마음은 천리 밖에서 놀지만 몸은 도리어 여기에 있는 것과 같습니다.[16]

선조가 경연의 자리에서 유신들과 강론을 하면서 고훈(古訓)을 밝히기 위해 토론하거나 전주(傳註)를 풀이하고 적용하기 위해 애

16 李廷馨, 『知退堂集』 卷4 「經筵之得失」.

쓰는 일을 경계해야 한다고 주장하였다. 경전(經傳)의 의리를 궁구하지 않고 말단의 장구에 집착하는 것은 완물상지에 불과하다고 본 것이다. 경전 속의 본의에 주목하지 않고 겉의 문구에 집착한다면 경전도 외물(外物)일 뿐이라는 논리이다.

그러나 시야를 넓혀 사회 전반을 돌아본다면, 16세기 후반으로 넘어가면서 이런 시대의 기풍도 서서히 변화되었던 것이 사실이다. 앞서 김취문이 명종에게 이야기를 하고 있던 당시에도 이미 많은 문인들이 출현하여 문단이라고 일컬을 만한 무리를 형성하면서 시문 창작이 점차 성황을 이루어가고 있었던 상황이었다. 중국의 최신 문예 사조가 유입되어 문예적 담론이 이루어지기 시작하던 시기도 이때이다.

16세기 후반에 이르면서 조선 사회에는 여러 가지 새로운 경험들이 축적되어가고 있었고 사회 분위기도 덩달아 함께 변화하였다. 새로운 경험들은 조선 구성원들의 호기심을 자극하고 새로운 것에 대한 기대를 갖게 만들었다.

그러면서 사람들은 조심스럽게 그 동안 부정적 이미지로 점철되어 있었던 '완물'의 의미를 긍정적인 방향에서 해석하고자 하였다. '완물(玩物)은 곧 격물(格物)의 한 방식이다'라고 새로운 풀이를 시도하더니 종국에는 '완물은 곧 지락(至樂)이다'라고 단언하기에 이르고야 말았던 것이다. 곧 사람들의 인식 속에서 '완물'이 '취미'를 이르는 말 정도로 쓰이더니 18세기로 넘어가는 즈음에 이르면 이제 자신의 완물 취미를 벽(癖)이나 치(痴)라는 말로 적극적으로 표방하고 이를 인생의 지락(至樂)으로 추구하는 정도에까지 이르게 되었다. 다만 그 변화의 시작은 16세기 후반에서 찾아볼 수 있다.

문예에 대한 경직된 시선들이 시대의 문예 분위기를 왜곡하자 이에 반발하는 새로운 인식이 나타나기 시작하였다. 사대부 지식인들이 표면적으로는 완물상지를 운운하며 경계하는 듯한 모양새를 갖추었지만, 완물상지라는 말은 점차 의례적인 수사로 쓰이는 경우가 많아지고 말의 구속력도 서서히 힘을 잃게 되었다. 16세기 후반에 이르면서 완물은 도리어 이제 결코 포기할 수 없는 일상의 즐거움으로 자리를 잡아갔다.

> 아, 완물(玩物)하여 외형만 좇으면 상지(喪志)할 뿐이다. 본업에서 떠나 방탕하고 분화(紛華)한 데로 나아가 이목에 끌리게 되어 온갖 일이 이로 인해 바르지 않게 된다. 따라서 나의 마음을 해칠 물건을 모두 버려 나의 눈에 들지 않게 해야 한다. 그렇다면 배우는 자는 도화(圖畫)를 보는 것도 탐해서는 안 된다. 다만 배우는 자에게는 이치가 중요한 것인데 천하 만물에는 이치가 깃들어 있지 않은 것이 없다. 만일 사물을 궁구하여 그 사물 본연의 이치를 깨달을 수 있다면, 사물을 관찰하여 나아가 나의 성정(性情)의 묘리를 이해할 수도 있고 천지의 작용을 통찰할 수도 있을 것이다. …… 그렇다면 앞에 펼쳐져 있는 물물(物物)이 모두 나의 지식을 넓히는 데에 도움을 주어 나의 지식이 물리(物理)의 궁극한 곳에까지 도달하게 만들지 않음이 없을 것이다. 나에게 이 그림이 있는 것이 무슨 해가 되겠는가.[17]

이는 송암(松巖) 이로(李魯 1544~1598)가 선조 3년(1570)에 화

17 李魯, 『松巖集』 卷3 「畫記〔庚午〕」.

축(畫軸)을 열람하고서 기록한 내용의 일부이다. 외조부인 문은(文垠)은 사옹원 소속으로 광주 분원에서 사기(沙器) 제작을 감독한 적이 있었는데, 바로 그 시절에 화공들이 그려두었던 그림 17폭을 묶어서 두루마리 한 축(軸)으로 제작해두었던 것이다.[18] 이로의 말은 언뜻 완물과 상지의 잣대를 벗어나 있지 않은 듯이 보이기도 한다. 하지만 이는 글쓰기의 전략일 뿐이다. 실제로는 완물을 궁리(窮理)와 치지(致知)의 일로 해석하고 있음을 발견하게 된다. 완물을 부정적으로 인식하던 사람들의 경우에는 그림을 말단의 기예로 간주하여 멀리하려는 생각이 강하였지만 이로의 경우에는 그림을 하나의 사물로 인식하여 얼마든지 이 그림을 통해서도 사물의 이치를 궁구하여 치지하는 데에 이를 수 있다고 생각하였다. 그림을 격물치지의 대상으로 상정해둔 것이다.

이로의 발언은 그림을 대하는 사대부의 왜곡된 인식이 새로운 국면으로 전환되고 있음을 보여준다. 완물의 일을 격물의 한 방식으로 간주하여 완물 취미와 문예 활동을 옹호하는 논리로 활용하기에 이른 것이었다. 이는 완물상지의 구속에서 벗어나기 위한 일종의 일탈의 명분으로써 격물(格物)이라는 구호를 제안한 것이었다.

완물에 대한 경직된 시선들이 이완되어 가면서 급기야 완물 취미를 인생의 지락(至樂)으로 삼는 문예 지향적 인물들이 등장하기까지 하였다. '완물상지'는 이제 완물을 경계하려는 말이라기보다 오히려 완물의 즐거움을 역설하는 말로 쓰일 정도가 되었다.

예컨대 이재(頤齋) 조우인(曺友仁 1561~1625)은 스스로 "늙은

18 李魯, 『松巖集』 卷3 「畫記〔庚午〕」.

나는 그림을 사랑하는 마음이 골수에 들어, 만금을 깨트려 그림 한 폭을 장만하고 싶네. 〔老我愛畫入骨髓, 欲破萬金購一紙.〕"[19]라고 노래한 바 있다. 게다가 이 가운데 '애화입골수(愛畫入骨髓)'라는 다섯 글자를 운자로 삼아 다시 오언고시 다섯 수를 짓기까지 하였다.[20] 그 가운데 한 수에서 아래와 같이 노래하였다.[21]

나는 완물의 벽이 있어	我有玩物癖
아끼지 않는 물건이 없는데	於物無不愛
날짐승, 들짐승과 동물, 식물	飛走與動植
만물이 저마다 제 모습을 지녔다오	萬品各有態
완물상지를 경계한다지만	縱有喪志戒
아침저녁으로 잊지 못하니	日夕常目在
누가 그 정신을 옮겨 와서	阿誰傳其神
마음 놓고 감상하게 해주려나	令我忘形對

여기에서 말하는 완물은 그림을 이른다. 조우인은 스스로 완물의 벽이 있음을 숨기지 않았고 완물상지의 경계도 자신에게는 소용이 없노라고 거침없이 말하고 있다. 조우인과 같은 태도를 보이는 경우는 17세기 중반 이후로 적지 않게 발견된다. 더구나 18세기로 넘어가면 완물은 더 이상 경계의 대상이 되지 못하였고 도리어 개인의 기호로 인식되곤 하였다. 사람들은 이제 완물이 아치(雅致)에 속하

19 曺友仁, 『頤齋集』 卷1 「寄任卓爾求石陽墨竹」.

20 신영주, 『17세기 문인들의 趣의 구현과 서화금석에 대한 관심』, 성균관대학교 박사학위청구논문, 2006.

21 曺友仁, 『頤齋集』 卷1 「以愛畫入骨髓爲韻演成五篇投贈金上舍埴」.

는 일이라고 생각하거나 기질을 변화시키는 수단이 될 수 있다고 생각하여 다양한 방식으로 이를 변호하고 옹호하였다.

완물과 기예를 대하는 인식의 변화가 한순간에 모든 분야에서 나타난 것은 아니었다. 변화는 대개 조용히 상황의 성숙을 기다린 뒤에 우연을 틈타 하나둘 나타나 서서히 분야를 넓혀가는 법이다. 이 우연한 기회는 변화하는 시대상의 국면 국면에서 출현하며 새로운 가치의 발견으로 구체화된다. 그리고 우연한 기회의 새로운 경험들은 또한 기존의 관념으로부터 한 가지 한 가지씩 차근차근 변화를 이끌어내고 마침내는 시대의 풍상을 변화시키게 된다. 완물상지의 논리로 일상을 구속하려는 경향성이 16세기 후반에 이르러 굴곡을 보인다는 것은 결국 시대상의 변화와 무관하지 않다. 사대부 지식인들이 도학적 일상으로부터 저마다 그 나름으로 일탈하여 점차 문예적 일상을 즐기면서 새로운 멋과 즐거움을 찾으려고 시도하기 시작하던 때가 바로 이 무렵이었다.

2) 한양 도성의 발달과 외래 문물의 수용

가) 한양 도성의 발달[22]

16세기 후반에 수도 한양에서는 도시적 풍물과 풍조가 크게 성행하였다. 전란으로 인해 한동안 크게 위축되기는 하였지만 전란 이후에 한양은 곧 이전의 모습을 회복하여 도회지의 분위기가 물씬한 모습을 갖추어갔다. 전란이 수습되고 사회가 안정되어 가던 17세 이후로 이런 모습은 더욱 성행하게 되었다. 그런데 도리어 도회지의 물정에 익숙해져 가던 이후 시대에 비해 새로운 풍물과 풍조가 눈앞에서 펼쳐지고 있었던 16세기 후반 한양의 도시 공간 안에서 문인 지식인들은 더욱 큰 해방감을 느꼈던 듯하다. 아울러 미처 정리되지 못하고 적응되지도 못한 변화된 사회 풍조 속에서 말 못할 아픔과 방황을 동시에 경험하기도 하였다. 전란 직전과 직후의 한양이라는 도시 공간은 이전에도 이후에도 찾아보기 힘들만큼 몹시 독특한 해방 공간이었다.

임진년의 왜란 이전에 한양 도성 안에 이미 향락의 풍조가 만연하였다는 사실을 말해주는 몇몇 기록이 남아 있다.[23] 예컨대 조찬한(趙纘韓 1572~1631)이 남긴 칠언고시 「한양협소행(漢陽俠少行)」에서 이런 정황을 확인할 수 있다.[24] 시집의 편차를 고려할 때 이

22 이 절은 신영주의 「16세기 후반 시대상의 전변과 일탈의 문예미학－허균(許筠)의 전오자(前五子)를 중심으로」(『한문고전연구』 27권, 한국한문고전학회, 2013)를 바탕으로 작성하였다.

23 曺友仁, 『頤齋集』 卷1 「聽笛歌」; 趙纘韓, 『玄洲集』 卷2 「漢陽俠少行, 走贈羅守讓」.

시가 지어진 시기는 「알성행(謁聖行)」을 지은 계축년(1613) 이후가 되지만, 시에서 노래하고 있는 시기는 임란 이전이다. 조찬한은 이 시의 서문에서 나씨 형제 가운데 막내인 수양씨(守讓氏)를 임실(任實)에서 만나 지어준 것이라고 밝히고 있다.[25]

한양의 2백년 태평세월	漢陽昇平二百祀
도성 사녀들 북적거리고 화려하니	都人士女殷且美
집집마다 고량진미 푸짐하고	家家鍾鼎食如蟻
깨끗이 단장하고 가취(歌吹) 소리 이어지네	明粧耀日喧歌吹

조찬한의 눈에 비친 한양의 풍경은 유흥의 분위기가 물씬한 도회지의 모습이다. 조선이 나라를 세운 지 2백여 년이 흐른 16세기 후반의 한양 도성에는 남녀들로 북적거리고 번화하였다고 술회하고 있다. 집집마다 기름진 고량진미를 푸짐하게 차려놓을 수 있을 만큼 삶은 풍요로워졌고, 화사한 의복을 차려입고서 노래 부르고 연주하는 소리가 끊이지 않을 만큼 문화적 소비도 풍성해졌음을 발견할 수 있다.

이처럼 도시화된 한양 도성 안에서 생활하던 각양의 도시민들이 존재하였을 것이다. 도성 안 저자거리를 종횡하였을 협객들의 모습이 눈에 띈다.[26]

24 임형택, 「18, 19세기 예술사의 성격」『한국문학사의 논리와 체계』, 창작과비평사, 2002.

25 趙纘韓, 『玄洲集』 卷2 「漢陽俠少行, 走贈羅守讓」.

26 趙纘韓, 『玄洲集』 卷2 「漢陽俠少行, 走贈羅守讓」.

삼문 밖의 협객 소굴에서	三門之外稱俠窟
세 정씨와 다섯 나씨가 으뜸이니	三鄭五羅唯其最
무지개 같은 기상에 우레 목소리	吐氣如虹聲若雷
큰 바지에 느슨하게 띠 두르고 서성거리네	大袴緩帶相徘徊

삼문 밖에 있는 협객들이 모여드는 공간에서 세 사람의 정씨(鄭氏)와 다섯 사람의 나씨(羅氏)가 가장 으뜸이라고 한다. 다섯 나씨는 곧 이 시의 주인공에 해당하는 나수양(羅守讓)의 다섯 형제를 이른다. 마치 무지개처럼 빛을 뿜는 기상과 우레처럼 우렁찬 목소리를 가진 이들이 헐렁한 바지에 느슨하게 허리띠를 두르고서 서로 어울려 저자거리를 서성거리고 다니는 모습이 그려진다. 이들 속에서 한양 도성의 짓궂은 협객들의 모습이 떠오르면서도, 그 위로 번화한 도성에 존재하던 자유로운 여러 인물 군상들의 존재가 중첩되어 보이기도 한다.

또한 거리낄 것이 없이 서울 도성 안을 내달리는 협객들의 모습도 눈에 띈다.[27]

매일 개와 돼지를 잡고	殺狗屠豕日復日
춘풍이 불거나 달 밝은 가을밤	春風無邊秋夜月
세시 명절이면 날랜 기운이 더하여	歲時伏臘銳氣加
말고삐를 잡고 나란히 달려 나가네	連鑣共袂爭馳突
남의 집의 열 길 담장 뛰어넘고	超越人家十丈墻
성곽을 평지처럼 오르내리면서	上城下城如平陸
공후 집안의 절세미인 훔쳐내니	偸出侯家絶代色

27 趙纘韓, 『玄洲集』 卷2 「漢陽俠少行, 走贈羅守讓」.

호백구 훔친 제나라 식객보다 뛰어나구나	不啻齊狗偸狐白

한양 도성의 공간을 거침없이 오가면서 세시의 풍속과 좋은 시절을 즐기고 음주가무에 열을 내며 용력을 뽐내고 있는 한량들의 모습 속에서 중세 억압이나 시대 그늘은 흔적을 찾아보기 어렵다. 하지만 이런 한양 도성의 모습은 이후 왜란을 겪으면서 크게 흔들리게 된다.[28]

왜구가 하루아침에 삼경(三京)에 들이닥쳐	一朝海寇蹩三京
한양 문물이 잿더미로 변하고	漢陽文物煙塵腥
화려하던 협객들 연기처럼 흩어져	豪華任俠散如煙
춥고 굶주려 떠돌다가 호남에 떨어졌으니	飢寒流落湖州城
그 많던 협객들 열에 하나 남지 않고	多豪多俠十無一
나씨 두 사람만 부평초처럼 떠돈다네	只有二羅飄如萍

어느 날 갑자기 왜적이 들이닥쳐 번화하던 한양 도성의 문물이 잿더미로 변하였음은 불행하게도 16세기 후반의 조선 사회를 온통 뒤흔든 임란을 이른다. 이로 인해 많은 사람들이 생사가 갈리고 이별하여 유리걸식하다가 각지를 떠돌 수밖에 없었다. 이뿐 아니라 내로라하던 한양의 협객들도 각지로 흩어지면서 이전에 형성되어 있었던 한양 시정의 번화한 풍경과 그 나름의 질서가 함께 무너지고 말았다.

윤국형(尹國馨 1543~1611)의 『갑진만록』에 실린 홍여순(洪汝諄

28 趙纘韓, 『玄洲集』 卷2 「漢陽俠少行, 走贈羅守讓」.

1547~1609)에 관한 이야기에서도 당시 한양 도성의 도회지적 풍경을 엿볼 수 있다.

> 판서 홍여순은 왜란 전에 동대문 안쪽에 새 집을 지어 화훼를 많이 심었으며 연못을 파고 연꽃을 심어 매우 맑고 깨끗하였다. 왜란 뒤에 옛 집터에 집을 다시 지으면서 이전의 규모보다 조금 더 크게 하고 화훼와 나무와 바위 같은 완물(玩物)도 이전보다 더 풍성하게 갖추려고 욕심을 내었다. 책상과 자리 사이에 티끌 한 점도 없었고 음식과 의복도 몹시 사치스러웠다.[29]

대북의 영수로 불리던 홍여순은 정치적 공격으로 탄핵을 받아 진도로 귀양을 갔다가 1년이 지난 1609년에 세상을 떠나는 불운을 겪었던 인물이다. 『갑진만록』은 당시 그의 정적이었던 윤국형(尹國馨 1543~1611)이 남긴 기록이어서 탐탁지 않은 적대적 시선이 홍여순의 모습 위에 덧대어져 있을 수밖에 없다.[30] 하지만 이런 점을 감안하고 보더라도 홍여순이 자신의 집을 화훼(花卉)와 목석(木石)으로 화려하게 꾸미고 음식과 의복을 사치스럽게 장만하였다는 것은 조찬한의 기록에서 확인되는 것과 달라 보이지 않는다. 이 기록은 당시에 이미 사치와 향락의 풍조가 사회적으로 형성되어 있었음을

29 尹國馨, 『甲辰漫錄』.

30 實錄廳, 『光海君日記』 元年(1609) 2月 10日 기사에 홍여순의 졸기가 실려 있다. 여기에서 사관은 "여순(汝諄)은……저택을 크게 세우고 여염(閭閻)에 있는 기화(奇花)와 이목(異木)까지 빼앗아 가져가지 않은 것이 없었다."라고 하여 홍여순의 포악한 면모를 지적하고 있는데, 뒤집어서 보면 홍여순이 자신의 정원을 꾸미기 위해 기화(奇花)와 이목(異木)을 구하고자 골몰하였음을 알 수 있다.

보여주는 하나의 단서가 된다.

이 『갑진만록』에는 아래와 같은 이야기도 함께 실려 있다.

> 무술년(1598)에 명나라 대군이 나온 뒤로 물건을 싣고 오는 중원의 많은 상인들이 앞뒤로 줄을 이었다. 이들이 종루 거리에 가게를 열고 늘어놓은 물건이 셀 수 없이 많았다. 이 때문에 중원의 물건이 도리어 천한 물건이 되었다. 이에 조금이라도 용모를 꾸미려는 자는 직업이 있거나 없거나를 막론하고 겉에 입는 옷 말고는 모두 비단과 양가죽 옷을 입기도 하였다. 또한 노소와 귀천을 가리지 않고 누구라도 착용하지 않음이 없었다. 비록 법을 집행하는 관아에서도 이를 금지시키지 못하였다. 성상께서도 수시로 간곡하게 하교하였으나 이것이 두려워 입지 않는다는 사람을 들어보지 못하였다. 초록으로 진하게 물들인 명주옷은 당상관의 일상복인데 유생들도 버젓이 착용하고 있다. 심하구나, 사치가 사람 마음을 바꾸어놓음이 이러하다.[31]

무술년이면 임진년에 발생한 전란의 상흔이 아직 아물지 않은 시절이다. 전란으로 황폐화된 국내의 농토가 여전히 복구되지 못한 상태이고 빈곤이 너무나 가까운 곳에 있었던 때이다. 더구나 1597년에 정유재란이 발생하여 국가의 혼란이 말이 아니었다. 그럼에도 불구하고 한양 도성의 한구석에서는 화려한 옷감들이 넘쳐나서 사람들의 사치를 부추기고 있었음을 이야기하고 있다. 그런데 이런 사치 풍조가 한양 도성에서 나타나게 되었던 이유로 든 것이 흥미롭다. 난리로 인해 중국 원병이 국내에 들어오게 되면서 이를 계기로

31 尹國馨, 『甲辰漫錄』.

중국의 상인들이 중국의 물화를 들고 함께 국내로 들어와서 유통시켰다는 것이다. 이 시기에는 중국에서 생산된 생활 물품들뿐만이 아니라 중국에서 제작된 예술품과 문예 출판물들도 본격적으로 국내로 유입되기 시작하였다는 점도 주목을 요한다.

이재(頤齋) 조우인(曺友仁)의 「청적가(聽笛歌)」[32]에 그려진 한양 도성의 모습도 마찬가지로 지극히 번화하여 사치와 일락(逸樂)이 물씬한 곳이다.[33]

한양은 예부터 대단히 번화하여	長安自古盛繁華
층층이 지어올린 갑제가 높이 솟아있고	疊榭層楹開甲第
금 술통에 화촉을 밝힌 화려한 잔치 자리에	金樽芳燭綺羅筵
연나라 미녀 조나라 미녀가 줄지어 있었네	燕腰趙質相連袂
이 곡조를 일찍이 이곳에서 연주할 적에는	此曲曾向此中吹
어찌 천지가 금세 뒤집힐 줄을 알았으랴	豈知天地俄飜覆

지금은 왜란으로 천지가 뒤집힌 형편이 되었지만 왜란 이전까지 부귀한 집안에서는 층층이 지어올린 으리으리한 집에서 금 술통에 화촉을 밝혀두고 미녀들을 불러 음주와 가무(歌舞)를 즐겼음을 노래한 것이다. 위 시의 주인공은 바로 그런 자리에 참여하여 피리 연주를 뽐내면서 향락의 흥취를 절정으로 이끌곤 하였던 악사다. 이 시를 작성한 시기는 1600년 여름 무렵이다. 조우인이 만력 경자년(1600) 여름에 반저(泮邸)에 있을 때에 친구 조자정(趙子精)이

32 曺友仁, 『頤齋集』 卷1 「聽笛歌」.

33 임형택, 「18, 19세기 예술사의 성격」 『한국문학사의 논리와 체계』, 창작과비평사, 2002.

방문하여 사죽(絲竹)에 관하여 실컷 이야기한 뒤에 피리의 고수 한 사람을 소개해주었던 것이다. 그 친구는 이렇게 말하였다.

> 반궁(泮宮)의 남쪽 이웃 중에 피리를 부는 자가 있는데 예전에 한양에서 제일이었으니 허사(許師)의 이후로는 거의 그보다 뛰어난 자가 없다네. 그가 난리 통에 8,9년간 떠돌아다니다가 이제야 비로소 살아서 돌아왔지만 그의 솜씨가 예전에 비해서도 줄어들지 않았네. 그대는 어찌 들어보지 않겠는가.[34]

조우인은 친구의 말을 흔쾌히 수락하여 그날 밤에 벽송정(碧松亭) 두둑으로 나가 홀연히 들려오는 청원(淸圓)하고 요량(寥亮)한 피리 소리를 직접 경험하게 되었다. 이에 시절에 대한 감회가 깊어지고 옛 일을 떠올리다가 시 한수를 완성해서 이를 기록하게 된 것이었다. 여기에서 당시에 한양 도성에 행락의 풍조가 물씬하던 중에 금(琴), 적(笛), 가(歌)를 즐기는 풍류의 분위기가 고조되어 있었음을 느낄 수 있다.

한양 도성은 이렇게 도회지로 변하여 문예 흥취가 고조되어 있었다. 그 사이에 자연스럽게 문예에 몰입하는 전문 작가들도 등장하게 되었던 것이다. 아울러 기존에 두각을 보이지 않았던 저층 문인들도 점차 성장하여 활약을 보이면서 주류 문단과 나란히 그 존재감을 드러내기 시작하였다. 그동안 경직된 사회 분위기에 밀려 위축되어 있었던 문예에 대한 욕구가 환경의 변화를 계기로 일제히 밖으로 폭발하여 나온 것이다. 변화의 바람은 16세기 중반을 지나 선조

34 曺友仁, 『頤齋集』 卷1 「聽笛歌」.

조를 거치면서 급격하게 진전되었다. 명말 문예 저작의 유입과 진한고문파의 성립, 당시(唐詩)의 유행과 전문 작가군의 형성, 시서화금(詩書畫琴)에 몰입하는 마니아의 등장 등은 이런 변화의 양상을 보여주는 주요한 지점들이다.

이런 풍조의 전조는 사림파가 정국의 주도권을 장악하던 중종조로부터 이미 나타나고 있었다.

> 우리나라 시는 중종조에 크게 이루어졌다. 정승이었던 용재(容齋)가 시작을 알리고 눌재(訥齋) 박상(朴祥), 기재(企齋) 신광한(申光漢), 충암(冲庵) 김정(金淨), 호음(湖陰) 정사룡(鄭士龍)이 한 시대에 등장하여 빛내고 울렸으니 천고에 일컬어질 만하다.[35]

허균이 「성수시화인(惺叟詩話引)」에서 한 말이다. 용재(容齋) 이행(李荇)이 시로써 한 시대를 풍미하자 박상(朴祥), 신광한(申光漢), 김정(金淨), 정사룡(鄭士龍) 등이 나란히 등장하여 명성을 알렸음을 지적하였다.

물론 이전 시대에 시인이 전혀 없었던 것이 아니어서 세종조에도 뛰어난 시인들이 적지 않게 배출되었으나 허균은 이들의 고시가 옛사람의 시에 비해서 아직은 부끄러운 수준이었고 율시와 절구도 뛰어난 정도에 이르지 못하였다고 지적하고 있다.[36] 오직 서거정의 시 가운데 간간이 좋은 작품이 있을 뿐이었으니, 아직은 보편 수준이 기대에 미칠 정도는 아니었다는 이야기가 된다. 결국 수준 있는 시

35 許筠, 『惺所覆瓿稿』 卷25 「說部四 · 惺叟詩話引」.

36 許筠, 『惺所覆瓿稿』 卷25 「說部四 · 惺叟詩話引」.

인들의 배출은 중종조 이후에 비로소 가능하게 되었던 것이 허균의 판단이다.

다시 말해 수준을 갖춘 시인들이 중종조 이후에 비로소 나타나기 시작하였지만 아직은 미미하였고 이들이 큰 흐름을 형성하여 시대의 풍조를 전반적으로 변화시킨 것은 선조조 이후에서야 가능하였다고 보았던 것이다. 허균의 판단은 당시(唐詩)의 수용 발전과 깊이 연관되어 있다.

> 우리나라 시는 선조조에 크게 갖추어졌다. 소재 노수신이 두보의 법을 얻었고 지천 황정욱이 뒤이어 일어났으며, 최경창과 백광훈이 당을 배우고 이달이 그 흐름을 일으켰다. 우리 망형(亡兄)은 가행(歌行)이 이태백과 비슷하고 자씨(姊氏)는 시가 성당에 있는 듯하다. 나중에 권필이 나타나 선배들을 힘껏 뒤좇아 용재와 어깨를 나란히 겨룰 정도다. 아, 장하다.[37]

선조조의 대가로 꼽힌 시인은 노수신, 황정욱, 최경창, 백광훈, 이달, 허봉, 허난설헌, 권필이다. 그런데 이들은 모두 당시에 뛰어난 경지를 이루었던 시인들이다. 노수신과 황정욱에 대해서 허균은 "소재 노수신과 지천 황정욱은 근대의 대가로서 둘 다 근체시에서 뛰어난 솜씨를 발휘하였다. 노의 오언율시와 황의 칠언율시는 모두 천년 이래의 절조이다."[38]라고 평한 바 있다. 최경창, 백광훈, 이달은 일찍부터 삼당시인으로 일컬어진 시인들이었으니 말할 나위가

37 許筠, 『惺所覆瓿稿』 卷25 「說部四 · 惺叟詩話引」.

38 許筠, 『惺所覆瓿藁』 卷25 「惺叟詩話」.

없고 허봉, 허난설헌과 권필도 역시 당시에 특장을 보였던 시인들이다.

시화(詩話)의 서술이므로 시인만을 제시하고 있지만, 이 시기 문단의 쟁점과 활력은 대체로 시에서 나왔다고 할 수 있다. 특히 당시의 시풍이 유행하면서 기존에 침체되어 있었던 문단에 새로운 활력을 불어넣었고 덩달아 많은 문인 재사들이 자신의 목소리를 내면서 문단에 모습을 드러내었던 것이다. 이런 변화의 바람이 바로 선조조에 불었다.

농암 김창협은 이 시기의 분위기에 대해 아래와 같이 비판하기도 하였다.

> 세상 사람들은 우리나라의 시가 선조조보다 성한 적이 없다고 하지만 나는 사실은 이때부터 시도(詩道)가 쇠하기 시작했다고 생각한다. 선조조 이전의 시인들은 모두 송시(宋詩)를 배워 격조가 아순(雅馴)하지 못하고 음률도 간혹 해적(諧適)하지 못한 경우가 많았지만, 요컨대 또한 성글어 거칠고 진솔하면서도 침후(沈厚)하고 노건(老健)하여 다듬거나 꾸미지 않아서 저마다 일가의 시를 이루었다. 그러나 선조조에 이르러 많은 문사가 등장하였고 당시(唐詩)를 배우는 자도 갈수록 많아졌을 뿐 아니라, 중국의 왕세정과 이반룡의 시도 점차 우리나라로 전래되어 사람들이 비로소 이를 사모하고 본떠서 정교하게 단련하게 되었다. 하지만 이로부터 작법이 일률적이어서 음조가 서로 비슷하고 더 이상 천질(天質)이 남아 있지 않게 되었다. 이로 인해 선조조 이전의 시를 읽으면 그래도 그 시인을 느낄 수 있으나 선조조 이후의 시를 읽으면 거의 그 시인을 느낄 수 없게 된 것이다. 이것이 시도(詩道)가 성행하고 쇠퇴한 차이이다.[39]

농암은 선조조 이후로 시인들이 당시(唐詩)를 배우고 명시(明詩)를 학습하면서 오히려 이전에 간직하고 있었던 질실한 가치, 곧 천질(天質)을 상실하게 되었다고 비판하였다. 시의 성취를 헤아리면서 격조와 음률보다는 천질을 판단의 기준으로 적용한 것이다. 곧 허균의 비평과는 그 기준이 달랐으니, 둘 사이의 의견에 불일치가 발생하고 서로 다른 결론에 이른 것은 당연한 결과다.

그러나 그럼에도 불구하고 우리는 두 비평가의 관점의 차이를 떠나 농암의 말을 통해서도 선조조에 이미 많은 시인들이 문단에 등장해 있었던 것이 사실이며 이들을 일으켜 세운 변화의 바람은 당시풍의 유행과 밀접하게 연관되어 있었던 것이 사실임을 다시 확인할 수 있다.

나) 외래문물 수용에 따라 변화된 국면들[40]

명나라 가정 연간 이후로 중국 쪽의 상업 출판 여건이 크게 호전되어 방각본 출판과 유통이 대량으로 이루어졌다. 동시에 문예의 분위기도 다분히 낭만적인 방향으로 독특하게 변화되어 갔다. 중국과의 교섭을 통해 지속적으로 외래의 문물을 접하고 있던 조선의 지식인들로서는 자연스럽게 새로운 경향의 출판물과 문예 풍조를

39 金昌協, 『農巖集』 卷34 「雜識 · 外篇」.

40 이 절은 신영주의 「17세기 문인들의 趣의 구현과 서화금석에 대한 관심」(성균관대학교 박사학위청구논문, 2006)을 바탕으로 작성하였다.

경험할 수 있는 여건이 마련된 것이다. 16세기 후반에 이르러 조선에 새로운 문예 풍조가 나타나고 문예의 표현 방식이 거칠고 과감해졌던 것은 무엇보다 전환기의 격동 속에서 가치 질서가 흔들리고 재편되면서 나타난 결과라고 할 수 있지만 동시에 급격하게 밀려든 외래 문물과 문예 풍조의 영향도 적지 않았다.

중국에서 간행된 도서들이 16세기 중반 이후에 대거 국내로 유입되었던 정황은 유만주(兪晩柱)의 기록에서 확인할 수 있다. 유만주는 『흠영(欽英)』에서 숙민공(肅敏公) 유강(兪絳 1510~1570)이 사은사로 중국을 다녀오면서 배에 가득 도서를 싣고서 돌아왔던 사실을 아래와 같이 밝혀두었다.[41]

> 상서 숙민공(肅敏公)은 젊은 시절에 곤궁하였기 때문에 책을 읽으려면 번번이 책을 빌리는 고생을 해야 하였다. 과거에 급제하고 현귀해진 뒤에는 서적을 모으기로 마음을 먹고서 수로로 조천(朝天)하고 돌아오는 길에 한 배 가득이 책을 사서 싣고 바다를 건너 돌아왔다. 서적이 많았을 것임은 미루어 알 만하다. 이를 나누어 시골 별장과 서울 집에 보관해두고 따로 해양산방(海陽山房)에도 보관해 두었다. 그런데 공은 글을 읽을 줄 아는 자가 가져가면 따져 묻지 않아서 산방에 서적이 한 권도 남지 않게 되었다. 시골 별장과 서울 집에 보관한 것도 태반이 사라지고 말았다. 지금 자손이 지키고 있는 것은 중복된 것이 많고 목록만 있는 것도 많다. 또 한질

41 김영진의 「18세기 말 서울의 명・청 서적 유통 실태」(『17,18세기 동아시아의 독서문화와 문화변동』, 이화여자대학교 한국문화연구원, 2004년)에서 소개한 내용을 참고하였다.

전체가 산일되어 겨우 한두 권만 남은 것도 있다. 장서의 목록이 4책이 남아 있는데 사이사이에 기문(奇文)과 이서(異書)의 이름이 많이 포함되어 있다고 한다.[42]

유강이 사은사로 중국을 다녀온 해는 명종 13년(1558)이다. 당시 첨지중추부사로 있던 유강은 3월 말에 사은사에 임명되었고 사행을 마치고 돌아와 그해 9월 초에 복명하였다. 바로 이때 돌아오는 길에 배를 가득 채울 정도로 많은 분량의 서적을 싣고 돌아왔던 것이다. 유만주는 위의 기록을 남긴 이틀 뒤에 위에서 언급한 장서목록 4책 가운데 한 책을 얻어 보았는데, 그 안에 적힌 서적이 2,874권에 이른다고 한다.[43] 전체를 합하면 어림잡아 만권에 이를 수도 있다는 말이 된다. 유강이 구입해온 도서가 어떤 것들이고 이 도서들이 당시에 어떤 영향을 끼쳤는지에 대해서는 알려진 바가 없지만, 수입된 서적의 분량만큼은 그 이전까지 유래를 찾아볼 수 없을 만큼 많은 것이었다.

중국의 출판물이 본격적으로 수입된 것은 임란 이후였지만 유강이 당시에 이미 도서를 모으기로 마음을 먹고 실재로 대량의 도서를 구입해 올 수 있었다는 것은, 다른 누구라도 충분히 중국 출판물을 구입해올 수 있는 여건이 형성되어 있었다는 것을 의미한다.

한 세대 뒤의 이야기이지만 진계유(陳繼儒 1558~1639)의 말에 따르면 도서를 좋아하는 조선 사신들은 중국에 입국할 때마다 5,60인이 매일 같이 저자를 돌면서 고서이든 신서이든 패관소설이든 조

42 兪晩柱, 『欽英』 21冊 丙午部(1786년) 1月 16日.

43 兪晩柱, 『欽英』 21冊 丙午部(1786年) 1月 18日.

선에 없는 것을 서목으로 작성한 다음 편을 나누어 찾아다니며 값을 아끼지 않고 사들였다고 한다.[44] 그 사이 다양한 종류의 중국 출판물이 인편을 통해 끊임없이 국내로 유입되었을 것임은 당연하다.

유강 이후로 그에 뒤지지 않을 만큼 많은 도서를 수입한 인물로는 허균이 있다. 허균은 필요에 의해서 계획적으로 도서들을 구입하여 자신의 저술에 활용한 경우이다. 그가 여러 번 사신 접대를 담당하고 중국을 왕래하는 기회가 있어서 가능할 수 있는 일이었다. 예컨대 허균이 엮은 『한정록』에는 수많은 명대 서적이 인용되어 있어 그가 얼마나 방대한 장서를 갖추고 있었는지를 짐작케 해준다. 『한정록』은 명대에 출판된 문예 저작들이 충분히 확보되지 않고서는 만들어질 수 없는 것이었다.

허균은 자신이 접근할 수 있는 각종 도서 중에서 한정(閑情)에 관계되는 곳마다 찌를 붙여두었다가 이를 16문으로 나누어 옮겨 적는 방식으로 『한정록』을 저술하였다.[45] 『한정록』에 기록되어 있는 범례의 앞부분을 먼저 소개해본다.

> 나는 경술년(1610) 여름에 병으로 세간 일을 물리친 뒤에 문을 걸어 닫고 객을 사절한 채로 지내고 있었다. 긴 하루를 보낼 만한 것이 없던 중에 마침 책 상자 안에서 몇 질의 책을 찾아낼 수 있었다. 태사 주지번이 준 『서일전(棲逸傳)』, 『옥호빙(玉壺氷)』, 『와유록(臥遊錄)』 세 가지다. 이를 거듭해서 읽고 나서 세 책에서 발췌한

44 陳繼儒, 『太平淸話』, "朝鮮人極好書, 凡使臣到中土, 或限五六十人, 或舊典或新書稗官小說, 在彼所缺者, 五六十人日出市中, 各寫書目, 分頭遇人遍問, 不惜重値購回, 故彼國反有異書藏本也."

45 許筠, 『閑情錄』「凡例」.

> 내용을 네 부분으로 나누어 모으고 '한정록(閑情錄)'이라고 이름을 붙였다. 첫째는 은일(隱逸), 둘째는 한적(閑適), 셋째는 퇴휴(退休), 넷째는 청사(淸事)이다. 직접 베껴서 책상머리에 놓아두었더니 벗들이 보고서 모두들 좋다고 한다.[46]

허균은 『한정록』을 집필하기 4년 전인 1606년에 원접사 유근(柳根)의 종사관이 되어 중국에서 사신으로 온 주지번(朱之蕃)과 양유년(梁有年)을 만났었다. 윗글에서 언급한 『서일전』, 『옥호빙』, 『와유록』 3종은 당시에 주지번에게 『시준(詩雋)』, 『고인독(古人牘)』, 『태평광기(太平廣記)』 등의 서적과 함께 선물로 받은 것이었다.[47] 허균은 이 서적들을 토대로 새롭게 『한정록』이라는 저술을 집필하기에 이르렀다.

허균은 1610년에 마침 신병을 이유로 사직하고 요양하던 여가에 우연히 주지번이 준 서적들을 읽고 느껴지는 바가 있어 『한정록』을 계획하게 되었던 것이다. 그는 먼저 네 사람의 기록을 발췌하고 스스로 견문한 일들을 사이사이 덧붙여 한 책으로 만들었다. 그리고 여기에 고인의 시부(詩賦)와 잡문(雜文) 중에서 한일(閑逸)에 대해

46 許筠, 『閑情錄』 「凡例」.

47 『한정록』의 서문에 "유・하(劉何)의 서일전(棲逸傳)"이라는 말이 있으니 『서일전』은 유의경의 『세설신어』와 하량준의 『하씨어림』을 함께 일컬은 명칭일 듯하다. 『서일전』은 본디 『세설신어』와 『하씨어림』에 있는 편명 가운데 하나로 고인 일사의 일화를 모아놓은 부분인데, 여기서는 두 서적의 별칭으로 쓰인 것이다. 『옥호빙』은 명나라 도목(都穆)이 고금의 고일(高逸)에 관한 이야기를 채집하여 기록한 책이고 『와유록』은 송나라 여조겸(呂祖謙)이 『세설신어』, 『동파잡저(東坡雜著)』, 『도연명집(陶淵明集)』 등에서 일부를 발췌하여 엮은 책으로 알려져 있다.

읊은 내용을 모은 후집을 붙여서 10편의 초본 『한정록』을 완성하였다.[48]

허균은 여기에서 멈추지 않았다. 기왕에 『한정록』을 엮는 작업을 시작한 김에 좀 더 체계를 갖춘 저술로 만들기 위해 중국 도서를 대량으로 구입하기에 이른다.

> 나는 집에 사적(史籍)이 부족해서 기술한 내용이 너무 소략해져서 아쉬웠다. 그래서 빠진 일들을 보태어 넣어 전서(全書)를 만들고 싶은 생각이 간절하여 이를 계획한 지가 오래되었다. 하지만 일이 바빠서 겨를이 나지 않았었다. 그러던 중에 갑인(1614)과 을묘(1615) 두 해에 일로 거듭 북경에 다녀올 때에 가산을 덜어 거의 4천여 권에 이르는 서적을 구입하게 되었다.[49]

자신의 집에 구비하고 있는 서책이 많지 않아 『한정록』에 기술한 내용이 너무 소략하게 된 것을 아쉬워하던 차에 더 완성도를 갖춘 저술로 만들기 위해 4천여 권에 이르는 중국 출판물을 구하기에 이르렀다는 것이다. 허균은 1614년에 진하천추사(陳賀千秋使)가 되고 1615년에 동지 겸 진주부사(冬至兼陳奏副使)가 되어 북경을 다녀오는 기회에 이 도서들을 구입해서 들여왔다.[50]

48 許筠, 『閑情錄』 「閑情錄序」.

49 許筠, 『閑情錄』 「凡例」.

50 당시에 구입한 도서 중에 끼어 있던 『임거만록(林居漫錄)』에 종계(宗系)의 사실이 잘못 기록되어 있어 이를 변무(辯誣)할 것을 건의하였다가 이로 인해 곤경을 당하기도 하였다. 實錄廳, 『光海君日記』 6년(1614) 10월 10일 기사 참조.

두 차례의 사행에서 구해온 서적이 『한정록』 집필에 구체적으로 어떻게 활용되었는지는 확인할 수 없지만, 현재 전해지고 있는 『한정록』에서 실제로 몹시 방대한 양의 수입 서적이 인용되어 있음을 확인할 수 있다. 아래에 『한정록』에 인용되어 있는 도서를 소개한다.

『한정록』 소재 인용 도서[51]

NO	서명	권수	시대	저자	NO	서명	권수	시대	저자
1	弇州四部藁	174	明	王世貞	50	巖棲幽事	1	明	陳繼儒
2	弇山堂別集	100	明	王世貞	51	養魚經	1	春秋	陶朱公
3	見聞搜玉	8	明	高鶴	52	歷代眞仙體道通鑑	53	元	趙道一
4	經鉏堂雜志	8	宋	倪思	53	列仙傳	2	漢	劉向
5	癸辛雜識	6	宋	周密	54	艶異編	-	-	-
6	高士傳	3	晋	皇甫謐	55	吳越春秋	10	漢	趙煜
7	公餘日錄	1	明	湯沐	56	玉壺氷	1	明	都穆
8	勸誡叢書	-	-	-	57	臥遊錄	1	宋	呂祖謙
9	睽車志	6	宋	郭彖	58	容齋隨筆	16	宋	洪邁
10	近思錄	14	宋	朱熹呂祖謙	59	魏志	30	晋	陳壽
11	金丹正理大全	-	元	趙友欽	60	劉氏鴻書	180	明	劉仲達
12	金罍子	44	明	陳絳	61	劉昫唐書	200	晋	劉昫等
13	丹鉛錄	27	明	楊愼	62	陸文裕公集	100	明	陸深
14	道書全集	-	-		63	耳談類林	-	-	-
15	讀書鏡	10	明	陳繼儒	64	夷門廣牘	126	明	周履靖
16	讀書錄	11	明	薛瑄	65	李氏焚書	6	明	李贄
17	讀書十六觀	1	明	陳繼儒	66	李翰林集	30	唐	李白
18	明世說新語	8	明	李紹文	67	林居漫錄	11	明	伍袁萃
19	明野史彙	100	明	王世貞	68	自警編	9	宋	趙善璙
20	名臣言行錄	75	宋	朱熹等	69	灼艾集	10	明	萬表
21	夢溪筆談	26	宋	沈括	70	長公外紀	2	明	王世貞
22	問奇類林	36	明	郭良翰	71	藏說小萃	7	明	李鶚翀

23	文山集	21	宋	文天祥
24	文選	60	梁	蕭統
25	眉公茶董	2	明	陳繼儒
26	眉公秘笈	130	明	陳繼儒
27	眉公十部集	4	明	陳繼儒
28	白氏長慶集	71	唐	白居易
29	百川學海	-	明	左圭
30	法藏碎金錄	10	宋	晁迥
31	貧士傳	2	明	黃姬水
32	史記	130	漢	司馬遷
33	事文類聚	-	宋	祝穆等
34	四友齊叢說	38	明	何良俊
35	四子粹言	170	-	-
36	山家淸事	1	宋	林洪
37	西湖游覽志	24	明	田汝成
38	仙傳拾遺	40	宋	杜光庭
39	宣和學古論	-	-	-
40	說郛	120	元	陶宗儀
41	聖學啓關臆說	3	明	龍遇奇
42	世說新語	3	劉宋	劉義慶
43	世說新語補	4	明	王世貞
44	蘇文忠公集	84	宋	蘇軾
45	小窓淸記	5	明	吳從先
46	壽養叢書	-	-	-
47	修眞秘錄	1	-	符道人
48	詩人玉屑	20	宋	魏慶之
49	顔氏家訓	2	北齊	顔之推
72	張紫陽集	-	宋	張伯端
73	張子全書	15	宋	張載
74	楮記室	15	明	潘塤
75	戰國策	33	漢	劉向
76	正學集	24	明	方孝孺
77	朱子全書	112	宋	朱熹
78	遵生八牋	19	明	高濂
79	知非錄	2	明	黃時燿
80	晋書	130	唐	房玄齡
81	澄懷錄	2	宋	周密
82	參同契	1	漢	魏伯陽
83	輟耕錄	30	元	陶宗儀
84	太平廣記	500	宋	李昉等
85	太平淸話	4	明	陳繼儒
86	婆羅館集	2	明	屠隆
87	稗史彙編	175	明	王圻
88	稗海	368	明	商濬
89	避暑錄話	2	宋	葉夢得
90	何南師說	1	宋	程顥
91	何氏語林	30	明	何良俊
92	鶴林玉露	16	宋	羅大經
93	漢書	120	漢	班固
94	海嶽集	1	宋	米芾
95	玄關雜記	-	-	-
96	厚生訓纂	-	-	-
97	後漢書	120	宋	范曄

51 본 도표는 신승운의 「한정록 해제」(『국역성소부부고』Ⅳ, 민족문화추진회, 1981)에서 옮긴 것임. 『한정록(閑情錄)』에 인용된 서적은 97종인데, 이 가운데 권수가 확인되지 않는 12종을 제외한 85종 서적의 권수를 모두 합하면 4,121

위의 표에서 알 수 있듯이 허균이 활용한 저작 중에는 명대의 문예 저작이 상당한 분량을 차지하고 있다. 명 대 후반기의 문예 흐름을 대표하는 왕세정(王世貞), 진계유(陳繼儒), 원굉도(袁宏道)의 저작을 비롯하여 『삼재도회(三才圖會)』를 엮은 왕기(王圻)의 저술 등 여러 저작들이 망라되어 있다. 이 가운데 『소창청기(小窓淸記)』, 『하씨어림(何氏語林)』, 『세설신어(世說新語)』, 『지비록(知非錄)』, 『미공비급(眉公祕笈)』, 『암서유사(巖棲幽事)』, 『명세설신어(明世說新語)』, 『공여일록(公餘日錄)』, 『고사전(高士傳)』, 『문기유림(問奇類林)』, 『옥호빙(玉壺氷)』, 『저기실(楮記室)』, 『미공십부집(眉公十部集)』 등은 『한정록』에 자주 인용된 것들이다.[52]

허균은 이렇게 많은 수입 서적을 활용하여 선조조의 문예 성향을 보여주는 대표적 역작으로 『한정록』을 남길 수 있었다.

이호민의 경우도 1606년에 주지번의 접반관이 되었다가 음인(陰印)으로 된 해서 서첩 몇 종을 얻었다. 주지번은 이호민이 병이 나자 아들 이경륙(李景陸)을 불러 약을 주면서 이 서첩들을 선물하였다.[53] 허균과 이호민의 사례는 당시 접반 과정에서 이루어진 문예

권이 된다.

52 한영규, 「'閒適'의 선망과 『한정록』」, 『문헌과해석』 19호, 2002. 170쪽.

53 李好閔, 『五峯集』 卷8 「題朱太史書貼後」. 국내에 축적된 도서들은 우리 사신들에 의해 수입된 것뿐만이 아니라 중국 사신들이 예물로 사용하려고 지니고 왔던 중국 출판물의 분량도 상당하였다. 그 중에는 서화와 문방 기완 등도 포함되어 있었다. 1605년 3월 29일에 이호민이 6폭 병풍을 감상하고 그 위에 기록한 「당인서화병발(唐人書畫屛跋)」(『五峯集』 卷8)에서 "나는 정유년과 무술년, 기해년 사이에 감군어사 진효(陳效)의 접반사가 되었고 임인년에 다시 반봉태자조(頒封太子詔) 정사 한림시강 고천준(顧天埈)과 부사 행인 최정건(崔廷健)의 원접사가 되어 세 선생의 문하인들과 교유할 수 있었다. 중국인들

교섭의 단면을 보여준다.

이러한 문예 교섭의 영향으로 조선의 지식인들은 기존의 것과는 다른 새로운 형식의 저작을 만들어내기 시작하였다. 허균은 이를 대표하는 인물이다. 중국의 학술 동향을 누구보다 신속하게 접했던 허균은 이를 계기로 새로운 형식의 작업을 시도하였다.

ㄱ. 세설산보주해(世說刪補注解) : 주지번이 선물한 왕세정의 『세설신어보(世說新語補)』를 주해하여 엮음

ㄴ. 고시선(古詩選) : 한(漢)과 위(魏)의 것을 중심으로 하여 당 이전의 고시 300여 수를 모아 6편으로 엮음

ㄷ. 당시선(唐詩選) : 양사굉의 『당음(唐音)』과 고병의 『당시품휘(唐詩品彙)』와 이반룡의 『당시산(唐詩刪)』을 절충하여 당시 2천 6백여 수를 모아 60권으로 엮음

ㄹ. 송오가시초(宋五家詩鈔) : 왕안석, 소식, 황정견, 진사도, 진여의 등 다섯 사람의 시 중에 걸작을 추려서 엮음

ㅁ. 명사가시선(明四家詩選) : 하경명, 이몽양, 이반룡, 왕세정 네 사람의 시 중에 걸작 1,300수를 추려서 24권으로 엮음

ㅂ. 사체성당(四體盛唐) : 성당 시기에 절정에 이른 가(歌), 행(行)과 오언율시, 칠언율시를 모아 엮음

ㅅ. 당절선산(唐絶選刪) : 이반룡의 『고금시산(古今詩刪)』, 서자충의 『백가선(百家選)』, 양사굉의 『당음(唐音)』, 고병의 『당시품휘(唐詩品彙)』 중에서 뛰어난 절구를 추려서 10권으로 엮음

은 예물을 보낼 때에 서책, 글씨, 그림, 향, 차 등의 물품을 많이 사용한다."라고 하였다. 이렇게 조선의 사대부 집안에 축적된 도서들 중에는 명 말에 중국에 들어갔던 서양 선교사들에 의해 처음 한역된 서학서도 다수 섞여 있었다.

위에 열거한 것들은 허균이 중국 출판물을 토대로 엮어낸 새로운 경향의 저술들이다. 이 저술들은 16세기 후반 조선의 문예 상황을 단적으로 보여주는 하나의 징표가 되기도 한다.

예컨대 『세설산보주해』는 『세설신어보』를 발췌하여 주해를 붙인 저술로 여겨진다. 『세설신어보』는 중국 명 말에 위진(魏晉) 시대의 풍류를 추구하고 청담(淸談)을 즐기는 풍조가 유행하여 『세설신어』가 새롭게 재조명되면서 하량준(何良俊)이 그 속편의 성격으로 『하씨어림(何氏語林)』을 엮었는데, 왕세정이 다시 이 두 저술을 절충하여 새롭게 만들어낸 저술이다. 명 말의 문예 지식인들이 추구하던 이상적 삶의 모습을 잘 보여준다. 허균은 이 『세설신어보』를 주지번에게서 선물로 받았었다.[54] 술을 마시고 단약을 시험하면서 현담을 이야기하고 노래와 연주를 즐기고 시문과 서화를 품평하는 소인(騷人), 일사(逸士)들의 일화를 담고 있는 『세설신어보』는 『세설신어』와 함께 그 자체로서 명 말의 문예 풍조를 상징하고 있다고 해도 과언이 아니다. 허균은 여기에 주해를 달아 새롭게 조선에 소개하는 역할을 담당하고자 하였다.

『고시선』과 『당시선』 및 『사체성당』과 『당절선산』 등도 모두 명대에 출판된 『당시품휘』, 『당시산』, 『고금시산』, 『백가선』 등 시 관련 선집들을 토대로 선별하여 엮은 선집들이다. 당시 중국에서 명대 후반의 의고 사조가 유입되고 그 영향으로 조선 내부에서 당시풍의 시가 크게 유행하였던 풍조를 반영하고 있다. 또한 『명사가시선』은 명대의 전칠자를 대표하는 하경명과 이몽양을 비롯하여 후칠

54 許筠, 『惺所覆瓿藁』 卷4 「世說删補注解序」.

자를 대표하는 이반룡과 왕세정 네 사람의 뛰어난 시 작품 1,300수를 뽑아 엮은 선집이다. 16세기 명나라 시단의 최신 경향을 체감할 수 있도록 안배되어 있는 저술이다.

『송오가시초』는 왕안석, 소식, 황정견, 진사도, 진여의 등 송나라 다섯 시인의 시 작품에서 걸작을 추려서 엮은 선집이다. 허균은 그 서문에서 "시는 송에 이르러 사라졌다고 할 수 있다. …… 천 편 만 수가 모두 패방(牌坊)에 걸린 시처럼 냄새나고 부패한 말이어서 시도(詩道)에서 수만 리 밖으로 벗어나 있다. 어찌 슬프지 않은가?"라고 하여 송시를 격하하면서 "고시는 경이(瓊彝)나 옥찬(玉瓚)처럼 낭묘(廊廟)에서 사용할 수 있지만, 이사(里社)의 연회에 사용하기에는 토궤(土簋)나 자준(瓷尊)보다 편리하지 못하오. 내가 송시를 버리지 않는 것도 이 때문이오."라고 하였다. 현실적 필요에 의해 송시를 취할 뿐이라는 말이다. 당시가 가진 위상이 하늘 높은 곳에 있다면 송시는 위상이라고 말할 수조차 없는 지극히 속된 영역에서 벗어나지 못하고 있는 듯하다. 하지만 그래도 송시 중에서 조선에서 가장 유행하였고 가장 뛰어나다고 생각한 다섯 시인의 작품을 선별하여 소개함으로써 당시에 보조를 맞추고자 하였다.

허균은 이처럼 중국의 최신 동향에 촉각을 세워 관련 서적을 두루 열람하고 이를 조선에 소개하는 첨병의 역할을 충실히 수행하여 조선 문단의 문풍을 진작하고자 도모하였던 인물이었다. 그가 이런 역할을 수행할 수 있었던 것은 그의 주변에 많은 중국 서적과 관련 정보들이 축적되어 있었기 때문에 가능하였다.

지봉 이수광도 허균의 경우처럼 중국의 서적을 활용하여 『지봉유설』을 남겼다. 이는 『한정록』의 경우처럼 방대한 장서가 없이는 만들어질 수 없는 저술이었다. 『지봉유설』은 이수광이 1614년 7월에 자서를 작성하고 그의 아들 이성구(李聖求)와 이민구(李敏求)가 1633년에 출간하였다. 「범례」에 따르면 전체가 3,435조로 이루어져 있고 육경과 소설(小說) 등 348종의 도서가 인용되어 있으며 2,265인의 인명이 기록되어 있다.[55] 인용된 중국 도서 중에서 일부의 서목을 제시하면 아래와 같다.

『지봉유설』 소재 주요 인용 도서

NO	서명	권수	시대	저자	NO	서명	권수	시대	저자
1	弇山堂別集	100	明	王世貞	24	續博物志	10	晉	李石
2	弇州四部藁	174	明	王世貞	25	藝經	-	-	-
3	癸辛雜識	6	宋	周密	26	藝文類聚	100	唐	歐陽詢
4	高士傳	3	晋	皇甫謐	27	藝苑卮言	8	-	王世貞
5	菊譜	-	-	-	28	容齋隨筆	16	宋	洪邁
6	歸田錄	2	宋	歐陽修	29	酉陽雜俎	30	唐	段成式
7	東坡志林	5	宋	蘇軾	30	酒譜	1	-	-
8	杜陽雜編	3	唐	蘇鶚	31	竹譜	10	-	李衎
9	空同集	66	明	李夢陽	32	搢紳便覽	-	-	-
10	梅譜	-	-	-	33	太平廣記	500	宋	李昉等
11	明一統志	90	明	李賢等	34	太平御覽	1000	宋	李昉等

55 李睟光, 『芝峯類說』「凡例」.

12	夢溪筆談	26	宋	沈括	35	通典	200	唐	杜佑
13	墨客揮犀	10	宋	彭乘	36	稗史彙編	175	明	王圻
14	墨莊漫錄	10	宋	張邦基	37	稗海	368	明	商濬
15	捫蝨新話	15	宋	陳善	38	風俗通義	10	漢	應劭
16	博物志	10	晉	張華	39	風土記	-	-	-
17	白虎通義	4	漢	班固	40	避暑錄	2	宋	葉夢得
18	北夢瑣言	20	宋	孫光憲	41	鶴林玉露	16	宋	羅大經
19	事文類聚	170	宋	祝穆等	42	海內十洲記	1	漢	東方朔
20	事文玉屑	24	-	楊淙	43	香奩集	3	唐	韓偓
21	三才圖會	160	明	王圻	44	侯鯖錄	8	宋	趙令畤
22	石林燕語	10	宋	葉夢得	45	澠水燕談錄	10	宋	王闢之
23	續文獻通考	254	明	王圻					

지봉은 1590년에는 성절사가 되었고 1597년에는 진위사가 되었고 1611년에는 주청사가 되어 모두 세 차례 중국을 다녀왔다. 그리고 안남과 유구의 사신들을 만나 문답한 내용을 기록한 『안남국사신창화문답록(安南國使臣唱和問答錄)』과 『유구사신증답록(琉球使臣贈答錄)』을 비롯하여 『조천록(朝天錄)』과 『속조천록(續朝天錄)』 등의 기록을 남겼다. 그만큼 사행이 그에게는 국제적 인맥과 식견을 가질 수 있게 만들어준 계기가 되었다. 이 계기를 활용하여 중국 출판물들을 구입하고 이국의 지식인들을 만나 그쪽의 학술과 문예의 분위기를 체득하여 안목을 넓힐 수 있었다.

중국 출판물의 유입은 이후로도 계속되었다. 서책뿐 아니라 서화첩 따위도 지속적으로 유입되었고 이는 지식인들의 인식의 변화에 상당한 영향을 끼쳤다. 이 역시 명대 후반에 각종 화보집이 대량으로 출판되었던 상황과 무관하지 않다. 중국 쪽에서는 만력 연간(1575~1620) 이후로 삽화를 곁들인 출판물이 급격히 증가하면서 명승지를 망라하여 도설한 판화집과 역대 회화 작품을 싣고 해설을 붙인 판화집의 간행이 성행하였다. 특히 중국에서 출판되어 선조조 말년에 조선으로 유입된 『역대명공화보(歷代名公畫譜)』 및 『시여화보(詩餘畫譜)』와 『당시화보(唐詩畫譜)』 등은 동기창과 진계유 등에 의해 주도되었던 남종 문인화의 화풍을 유행시키는 기폭제가 되었다. 특히 고병(顧炳)이 편찬하여 『고씨화보(顧氏畫譜)』로 더욱 알려져 있는 『역대명공화보』는 사대부 독자들이 직접 중국 회화를 체계적으로 수집하고 감상하는 데에 필요한 통시적 안목을 얻을 수 있도록 돕는 지침서 역할을 하였다.

16세기 중반 이후로 국내에 대량으로 유입된 중국 출판물은 지식인 사회에 커다란 반향을 일으켰다. 이를 경험한 지식인들은 기성의 관념 속에 갇혀 있는 자신을 발견하고 이에서 벗어나기 위해 시도하였다. 이런 풍조는 점차 학문의 다양성을 인정하고 외래 문물의 개방적 수용을 긍정하는 방향으로 발전되었다.

3) 전란기의 경험과 그 이후—사의식의 전환[56]

왜란 당시 좌의정을 지내고 환도 이후 영의정을 맡아 여러 해 선조를 보좌하던 서애(西厓) 유성룡(柳成龍)(1542~1607)은 전란의 상황을 이렇게 전하였다.

> 임진년의 변란에 왜적이 경성으로 쳐들어왔다. 어가가 서쪽으로 갔다가 이듬해 계사년 4월에 도성이 비로소 회복되어 그해 10월에 환도하였다. 공사(公私)의 건물, 궁궐, 종묘사직이 모두 텅 비었고 도서(圖書), 전장(典章), 문물(文物)이 남김없이 재가 되어 있었다.[57]

당시 도성 한양이 전란에 심하게 훼손되어 각종 건물과 도서, 전장, 문물이 남김없이 불타서 재로 되었다고 한탄조로 말하였다. 이는 외형적인 피해에 불과하다. 부모 형제와 이웃들이 전란에 희생되고 조국의 산천이 능욕당하는 모습을 지켜본 백성들은 울분과 분노에 휩싸여 삼척동자까지 죽기로 싸우려 했던 것이 당시의 분위기였다.[58] 곧 국가의 명운을 지키고 생존을 보장받는 것이 무엇보다 급선무로 여겨지던 때였다.

선조조에 대북(大北)의 영수로서 영의정에 올랐던 아계(鵝溪) 이산해(李山海 1539~1609)도 당시의 상황을 이렇게 전하였다.[59]

56 이 절은 신영주의 「17세기 문인들의 趣의 구현과 서화금석에 대한 관심」(성균관대학교 박사학위청구논문, 2006)을 바탕으로 작성하였다.

57 柳成龍, 『西厓集』 卷15 「記明廟御筆」.

58 柳成龍, 『西厓集』 卷14 「沈遊擊求通使倭國議〔丙申正月〕」.

중원(忠州)이 패하여 만사가 무너지고	中原一敗萬事裂
삼경(한성, 개성, 평양)이 불타 성한 집 없는데	三京灰燼無餘戶
마을마다 사내들은 돌아오지 않고	村村丁壯去不還
온통 고아와 홀어미뿐이라오	滿目孤兒與寡女

왜란이 발생하자 대가를 호종하여 개성으로 파천했다가 다시 평양으로 대가를 호종하면서 시시각각 전황을 접하였을 그가 전한 당시의 참담한 실정이다. 임금을 모시고 차례로 옮겨갔던 세 도읍이 모두 잿더미로 변하여 성한 가옥이 남아있지 않다고 하였으니, 전황이 얼마나 급박하게 돌아가고 있었는지 알 만하다. 이로 인해 장정들이 모두 전장으로 달려가서 마을에 오직 아이와 아낙들만 남아 있다고 한다.

당시 전란의 참담함을 보여주는 기록들은 이 뿐이 아니다. 왜란이 일어나고 두 해가 지난 1594년 가을에 여헌(旅軒) 장현광(張顯光 1554~1637)은 전란으로 피폐해진 조선의 참담함을 이렇게 전하였다.

> 내가 불초하고 형편없는 사람으로 그 죄가 크고 잘못이 지극하니 전란의 와중에 신주(神主)도 보전하지 못하고 말았다 …… 요사이 세상이 난리를 겪으면서 온갖 물건이 모두 고갈되었고 온갖 일이 모두 폐지되었다.[60]

59 李山海, 『鵝溪遺稾』 卷1 箕城錄 「再次東坡海州石室韻」.

60 張顯光, 『旅軒續集』 卷7 「奔竄中事亡儀略」.

효와 예를 목숨처럼 중시하던 당시였지만 난리로 선대의 신주(神主)마저 보전하지 못했다는 그의 고백은 당시의 급박한 상황을 잘 보여준다. 이미 무엇 하나 온전히 갖추어진 것이 없었을 것임은 짐작이 간다. 조선이 성립한 이래 크고 작은 나랏일들이 무수히 많았으나 한반도를 온통 황폐하게 만든 16세기 말의 이 전란처럼 거대한 사건은 있지 않았다. 그러고 보면 200여 년 동안 태평한 시대를 구가했던 조선이 이때에 이르러 처음으로 외세로부터의 거국적 침략을 받았던 상황이었다. 더욱이 전란 이후로 조선의 종이 값도 천정부지로 치솟았다고 하니,[61] 당시의 문예 환경이란 참으로 열악할 수밖에 없다.

이처럼 심각한 혼란을 경험한 조선사회는 전란 이후로 모든 분야에서 많은 변화가 이루어졌다. 전란의 상흔이 전국토를 할퀴고 기존의 질서와 가치가 뒤흔들리면서 이로 인해 조선사회에 수많은 변화가 초래되었던 것이다. 다만 사회 내부에서 오랜 동안 유지되어 오던 기성의 질서와 가치가 모두 폐기된 것은 아니어서 이것이 전란 이후에도 여전히 관성의 힘으로 작용하여 사회의 향방을 가늠하는 방향추의 역할을 하였다. 이로써 전란으로 상처받은 기존의 사회 질서도 어느 정도는 다시 치유되고 회복될 수 있었으나, 그럼에도 불구하고 전란의 충격은 그 이전과 이후를 확연하게 다른 것으로 바꾸어놓았다.

이렇게 시작된 변화는 마침내 조금도 꿈쩍하지 않을 듯이 공고하게 굳어져 있던 학계의 풍조까지 서서히 변화하였다. 아래는 장유

61 張顯光, 『旅軒集』 卷10 「草扇銘」.

의 『계곡만필』에 실려 있는 한 조목의 내용으로 1635년 4월에 기록된 것이다.

> 중국의 학술은 다양하여 정학(正學)도 있고 선학(禪學)도 있고 단학(丹學)도 있으며 정주(程朱)를 배우는 자도 있고 육씨(陸氏)를 배우는 자도 있어서 문경(門徑)이 하나가 아니다. 우리나라의 경우는 유식하고 무식하고를 떠나 책을 끼고 읽는 자들이 모두 정주(程朱)만 칭송할 뿐이라 다른 것을 배운다는 말은 들어보지 못하였다. 우리나라의 사습(士習)이 과연 중국보다 나아서 그러냐면 그렇지는 않다. 중국에는 학자가 있는 반면에 우리나라에는 학자가 없어서이다. 중국의 인재는 지취(志趣)가 결코 녹록하지 않아서 때때로 뜻이 있는 선비가 나타나 진실한 마음으로 학문에 매진하곤 한다. 때문에 자신이 좋아하는 바에 따라서 배우는 바가 다르기는 하지만 이따금 실제로 터득하는 바가 있다. 우리나라는 그렇지 않아서 국량이 작고 구속되어 도무지 지기(志氣)가 없다. 겨우 정주(程朱)의 학문을 세상 사람들이 귀중하게 여긴다는 말만 듣고 입으로 외고 겉으로 높이는 척만 할 뿐이다. 그래서 잡학(雜學)이 없을 뿐만 아니다. 정학(正學)인들 어찌 제대로 되었겠는가. 비유하자면 땅을 개간하여 씨앗을 뿌려 이삭이 나오고 열매가 맺힌 뒤에야 오곡(五穀)인지 돌피인지 쭉정이인지를 구별할 수 있음과 같다. 망연한 맨땅에서 무엇이 오곡이 되고 돌피가 되고 쭉정이가 된단 말인가.[62]

계곡이 17세기 초에 경험한 학계의 분위기를 전한 말이다.[63] 우리나라의 학자들은 누구를 막론하고 정주의 글을 읽을 뿐 다른 서적을

62 張維, 『谿谷漫筆』 卷1.

63 張維, 『谿谷漫筆』 「自敍」.

읽지 않아서 잡학(雜學)에 종사하는 자가 없을 뿐 아니라 정학(正學)을 제대로 꿰뚫는 자도 없게 되었다고 한다. 당시의 학문 풍토에 대한 부정적 인식이요 비판적 반성을 보여준다.

일찍이 명종은 "천문서(天文書)와 의서(醫書)는 잡술서(雜術書)이므로 간행해서는 안 되건만 감인관(監印官)이 쓸데없이 늠료만 허비하며 교서관 관원에게 교감을 시키고 있다."[64]고 하여 잡술서 간행에 대해 부정적인 태도를 보인 바 있었다. 1553년 3월의 일이다. 이것이 바로 당시 조선 학문 풍토의 현주소였다. 명종의 태도는 계곡이 지적한 대로 정학만을 존중하고 잡학을 경시하는 한계를 분명하게 보여준다. 그만큼 학문의 자율성과 다양성이 보장되지 못하였고 보편적 인문 지식의 재편과 신지식의 축적도 더디고 어려웠다.

계곡은 편협하고 척박한 학문적 토양 위에서는 새로운 것을 바랄 수 없고 무엇이 그르고 무엇이 바른지조차 구별할 수 없다는 자기 반성적 시각에서 현실의 문제를 새롭게 인식하고자 하였다. 우리나라의 현실이 그렇고 보면 이에서 탈피하기 위해서는 학문의 다양성을 수용하고 자율성을 보장하는 길 밖에 없다고 생각하여, 중국의 경우를 제시하면서 정주의 학문 뿐 아니라 잡학이 공존해야 그 속에서 새로운 시각이 열리게 되고 정학에 대해서도 더욱 명확한 이해를 이끌어낼 수 있다고 역설하였다.

이런 비판적 반성이 어떻게 나타날 수 있었을까? 계곡이 이처럼 지적하고 반성할 수 있었던 것은 물론 그가 개명된 사고의 소유자였

64 實錄廳, 『明宗實錄』 8年(1553) 3月 2日 기사.

기에 가능하였다. 하지만 실제로는 기존의 도학 중심적 학문 풍토가 왜란 이후 나타난 내외의 여러 요인으로 인해 새로운 국면으로 변화하고 있었고 그런 맥락에서 계곡의 이런 주장도 나올 수 있었다. 이는 결국 사대부 지식인의 입장에서는 시대에 걸맞은 '사(士)의 본분이 무엇인가'라는 문제에 대한 고민과도 연관되어 있다.

전란 이후의 변화는 문예 방면에서도 분명하게 나타난다. 몇 가지 예를 들어본다. 아래는 이재(頤齋) 조우인(曺友仁 1561~1625)이 지은 고시의 일부이다.[65]

늙은 나는 그림을 사랑함이 골수에 들어	老我愛畫入骨髓
만금을 깨트려 그림 한 폭을 장만하는데	欲破萬金購一紙
용담 노인도 나와 같은 벽이 있어	龍潭老子與我同此癖
시렁과 상자를 채우니 얼마나 지나친가	滿架盈箱何其侈

탁이(卓爾)는 임흘(任屹 1557~1620)의 자이고 용담(龍潭)은 그의 호이다. 용담은 왜란이 일어나자 의병을 모아 많은 전공을 세워 발탁되었으나 당파 간의 반목이 심해지자 벼슬에서 물러나 처사로 여생을 보냈던 인물이다. 이 시는 이재가 용담에게 석양정(石陽正) 이정(李霆)의 묵죽 한 폭을 줄 것을 청하는 내용으로 되어 있다. 용담의 집 시렁과 상자 안에 그림이 가득하였다는 이재의 언급은, 그렇게 많은 그림을 가지고 있으니 하나쯤 나에게 주어도 되지 않겠느냐는 논리로 한 말이니 다소 과장일 가능성도 없지는 않다. 하지만 적어도 용담이 그림 수집에 유별난 취미가 있었을 것임은 짐작해

65 曺友仁, 『頤齋集』 卷1 「寄任卓爾求石陽墨竹」.

볼 수 있다. 또한 자신의 그림에 대한 벽이 골수에 들어 있다고 거침없이 고백하고 있는 이재의 태도에서도 이전 시대의 경우와는 사뭇 다른 모습을 발견하게 된다.

아래의 시는 현곡(玄谷) 조위한(趙緯韓 1567~1649)이 석전(石田) 성로(成輅 1550~1615)에게 준 시이다.[66]

평소 그림을 사랑하는 벽이 심하여	愛畫平生一癖深
그대의 보첩(寶帖)이 천금에 달함을 알지만	看君寶帖抵千金
아쉽게도 세상에는 지음이 적으니	可憐世上知音少
검을 좋아하는 서군 마음을 알아주려나	誰會徐君好劍心

석전 성로는 스승이었던 정철(鄭澈 1536~1593)과 친구였던 권필(權韠 1569~1612)이 정치적 파란에 휩쓸려 곤액을 당하는 모습을 목도하면서 세상에 대한 욕심을 버리고 처사로 살았던 인물이다. 위의 시는 석전이 가지고 있던 화첩이 탐이 나서 갖고 싶어졌던 현곡이 석전에게 이런 뜻을 보이기 위해 지은 것이다. 계찰이 자신의 칼을 좋아한 서군의 마음을 이해하고 나중에 칼을 서군의 무덤에 바쳤던 역사적 사실에 착안하여 석전도 그렇게 해주기를 바란다는 뜻을 전한 재미있는 시이다. 현곡도 자신의 고백처럼 평소에 그림을 사랑하는 벽이 심하였고 석전도 천금에 달할 화첩을 지니고 있었던 그림 애호가였던 것이다.

이처럼 선조조 말년 무렵에 이르러 사대부 문인들은 예술에 대한 관심을 적극적으로 표방하기 시작하였다. 이는 이 시기에 이르러

66 趙緯韓, 『玄谷集』 卷9 「寄石田成重任輅乞畫」.

사의식이 새로운 역사의 국면에 맞추어 새로운 지점으로 전환하고 있었음을 보여준다.

이는 한 세기 이전 15세기 후반의 상황과 대조를 보인다. 아래는 15세기 말에서 16세기 초반에 활동하던 이락정(二樂亭) 신용개(申用漑 1463~1519)의 말이다. 이락정은 보한재(保閑齋) 신숙주(申叔舟 1417~1475)의 손자이다.

> 나는 일찍이, 사람들이 기(奇)하고 고(古)함을 좋아하여 글씨로는 왕희지와 조맹부의 것을 구하려 하고 그림으로는 굳이 곽희와 이성의 것을 요구하려 함을 병통으로 여겼었다. 이들은 이를 얻지 못하면 당세의 제일로 알려진 자의 글씨를 찾아 구해서라도 자신의 보배로 삼으려 하면서도 그것이 벽이 됨을 깨닫지는 못하였다. 이로써도 문아하다는 이름을 얻을 수 있으리라 생각하였고 사람들도 혹 이로써 허여했기 때문에 고금이 이를 되풀이 하여 여기에서 벗어나지 못하였다.[67]

이는 굳이 기(奇)하고 고(古)한 것을 구하여 문아(文雅)하다는 평판을 들어보려고 고집하는 사람들의 욕구에 대해 비판한 내용이다. 서화 그 자체의 기고(奇古)한 미적 특질을 중시하기보다는 실용적 쓸모가 더 우선한다는 생각으로 이해할 수 있다. 이칙(李則 1438~1496)의 자식 형제들이 선인의 유묵을 모아 병풍으로 만들어 추모(追慕)의 정을 붙이고자 한 점을 효의 일면으로써 칭찬하기 위해 이런 논리를 글쓰기에 활용한 측면도 없지는 않을 듯하다.[68]

67 申用漑, 『二樂亭集』 卷8 「書李知事則書屛尾」.

68 申用漑, 『二樂亭集』 卷8 「書李知事則書屛尾」.

그러나 서화 예술에 대한 관심이 벽에 이름을 경계하고 내면의 수양에 더 치중해야 한다는 자신의 견해를 피력하기 위한 의도가 더욱 컸을 것이다. 이락정의 조부는 안평대군을 중심으로 한 조선 전기 지식인들에게 예술적 분위기가 물씬하게 충만 되어 있었음을 보여주었다면, 이락정은 특히 16세기로 접어드는 무렵에 완물상지라는 구호 아래 예술에 대한 예술적 접근을 경계하던 사회 풍조의 일면을 보여주었다.

예술 그 자체가 없었던 것도 아니요 이를 추구한 인물이 없었던 것도 아니지만 예술의 독자적 특성을 부각시키기 보다는 실용적인 측면을 강조하고 도덕적 산물로 몰아가려는 경향이 16세기로 넘어가면서 점차 사회 전반적으로 강하게 형성되었던 것이 사실이다. 비슷한 시기에 김안로(金安老 1481~1537)처럼 『용천담적기』에 오도자(吳道子)부터 조맹부(趙孟頫)에 이르기까지 회화와 관련한 여러 가지 이야기들을 소개하면서 엄연히 회화 예술 취미를 즐기는 모습을 보여준 인물들도 있기는 하였지만 이들이 당시의 주류를 형성하지는 못하였고 그 취미를 적극적으로 표방할 만한 사회 분위기도 점차 위축되고 말았던 것이다.

위축되었던 분위기가 다시 살아난 것이 바로 왜란을 겪은 이후였다. 16세기 말 왜란 이후로 17세기 전반까지는 국가적으로 극심한 두려움과 울분을 경험하였고 한편에서는 붕당 사이의 정략적 다툼이 끊이지 않아 사대부들이 신변의 위협에서 자유롭지 못했었다. 하지만 역설적으로 이 무렵의 심각한 위기는 조선 지식인의 문예에 대한 관심을 유발하였고 문예 분위기가 이전에 비해 크게 변화할 수 있게 만들었다.

이렇게 된 데에는 앞 장에서 알아보았듯이 대량으로 국내에 유입되었던 새로운 성향의 중국 출판물들도 큰 요인으로 작용하였다. 이 출판물들은 문인지식인들의 문예관에 상당한 반향을 불러일으켰다. 이전에 도학적 가치관에 입각한 문학론이 우세하였던 것에 비해 이시기에 이르면 문장 그 자체의 미를 추구하는 경향이 강하게 나타났고 이에 대한 문인지식인들의 담론이 활기를 띠었다. 이와 더불어 서화를 비롯한 문예 취미의 방면에서도 다채로운 양상으로 변화가 이루어져서 지식인들은 이제 완물상지로 제약받아왔던 예술 활동에 대해 자신의 기호로서 표방하면서 자발적이고 적극적으로 접근하기 시작했으며 이를 자신의 벽이라고 망설임 없이 말하게 된 것이다.

이상에서 살펴본 바와 같이 왜란 직후 극심한 고통을 겪었고 당쟁으로 인한 정치적 혼란도 가중되어 있었던 상황이었다. 그렇기는 하지만 그런 가운데에서도 향락과 소비의 문화가 완전히 사라져 있었던 것은 아니었다. 이런 풍조가 내재하여 있었기 때문에 전란으로 어수선한 속에서도 새로운 문화의 지형이 만들어질 수 있었음을 간과할 수 없다.

3. 문예 저변의 확장과 취의 성장

1) 사대부 신진 작가군의 등장[69]

조선이 세워지고 2백여 년이 지나는 동안 별다른 국가적 전란이 없이 비교적 평온한 세월이 이어지던 16세기 후반에 수도 한양에서는 사치와 향락의 풍조가 생겨났음은 앞서 살펴본 바와 같다.[70]

69 본 절은 신영주의 「16세기 후반 시대상의 전변과 일탈의 문예미학–허균(許筠)의 전오자(前五子)를 중심으로」(『한문고전연구』 27권, 한국한문고전학회, 2013)를 바탕으로 작성하였다.

70 조우인(曺友仁 1561~1625)은 1600년 여름에 성균관에서 친구 조자정(趙子精)과 함께 음악을 논하다가 젓대로는 장안의 제일 고수로 알려진 악사(樂師) 허씨(許氏)의 연주를 듣고 지은 「청적가(聽笛歌)」(『頤齋集』 卷1)에서 “한양이 예부터 대단히 번화하여, 층층이 지어올린 갑제가 높이 솟아 있고. 금 술통에 화촉을 밝힌 화려한 잔치 자리에, 연나라 미녀 조나라 미녀가 줄지어 있었네. 이 곡조를 일찍이 이곳에서 연주할 적에는, 어찌 천지가 금세 뒤집힐 줄을 알았으랴. 〔長安自古盛繁華, 疊榭層楹開甲第. 金樽芳燭綺羅筵, 燕腰趙質相連袂. 此曲曾向此中吹, 豈知天地俄翻覆.〕”라고 하여 임란 이전의 한양에 문물이 번화하고 유흥의 분위기가 물씬하였음을 술회하였다.

또 선조 16년(1583) 이후로 음악의 경향도 크게 변하여 이를 지적한 보고가 있다.[71] 사대부들이 계산풍류(溪山風流)로 '자연미를 추구'하는 일이 16세기 시가사의 주조를 이루고 있었으면서도 한편에서 성시(城市)의 호귀(豪貴)들이 주축이 되어 '인생미를 추구'하는 향락적 경향의 음악이 출현하였음을 근거로 한 보고이다. 아울러 전자가 사대부적 예술 세계의 본령에 해당하고 당시로서는 보다 창조적인 것이었으나 후자의 향락적 경향이 다음 시대의 예술 경향과 더 맞닿아 있음을 지적하였다.

이러한 분위기는 16세기 말의 전란으로 잠시 수그러들었지만 전란 이후 곧 회복되어 사회 전반으로 영향을 끼쳤다. 임형택 선생은 이 무렵 문예 활동의 경향이 보다 '인생미를 추구'하는 방향으로 진행되었다고 평하였다.

> 우리 선묘(宣廟)가 문치(文治)에 공을 들여 새로운 인재를 배양하자 도덕(道德)과 문장(文章)을 갖춘 선비가 많이 배출되어 전후 수십 년 사이에 명가(名家)의 큰 문집이 차례로 간행되었다. 아, 성대하도다.[72]

인용문에서 이정귀가 언급하였듯이 도회지적 풍조가 물씬하던 16세기 후반 한양 도성의 공간 속에서 자연스럽게 문예를 창작하고

71 임형택, 「18, 19세기 예술사의 성격」『한국학연구』 제7집, 한국학연구소, 1995. 이득윤(李得胤 1553~1630)이 정두원(鄭斗遠)과 계미년 이후로 변화한 음악의 실체에 대해 논의하며 주고받은 서신이 『현금동문류기(玄琴東文類記)』에 실려 있다.

72 李廷龜, 『月沙集』 卷40 「芝峯集序」.

소비하는 인구의 저변이 확장되었다. 이들에 의해 다양한 모습의 성과도 제출되었음을 발견하게 된다.

이 시기 문사들 가운데 현실 정치에서 벗어나 문학에 침잠하는 은둔자형 문사의 존재가 눈에 띈다.[73] 이들에게서 청담을 즐기려는 풍조가 상당히 힘을 얻고 있었다는 것도 역시 흥미로운 점이다. 좌절을 경험하였거나 경험을 공유하였던 이들은 복잡한 현실에 관한 속내를 이야기하기보다 벗들과 어울려 술을 마시며 악가와 시를 즐기고 놀이를 공유하는 삶을 추구하려는 경향을 강하게 보였다. 이들이 어울리는 일상의 곳곳이 문학을 소비하고 생산하는 공간으로 바뀌면서 자연스럽게 문학 활동이 이루어지고 새로운 문학 작품들이 생산되곤 하였다.

이들이 보여주고 있는 이런 삶의 방향성은 개인의 독특한 기질과 취향만으로 설명하기는 어려운 측면이 있다. 이는 급격한 전환기에 해당하는 16세기 후반의 시대 배경 속에서 만들어진 역설적 모습으로 이해된다. 정치에 염증을 느끼고 물러난 이들이 문학을 매개로 삼아 자신들의 속내를 토로함으로써 은둔과 청담을 지향하는 시대 정조가 만들어진 것이었다. 결국 이런 움직임들이 다발적이고 지속적으로 나타나 16세기 문예의 장을 다변화시키는 역할을 하였다. 선조조 문예계의 성격을 밝히는 작업의 하나로서 이들의 문예 활동을 검토할 필요성이 제기된다.

73 강정화, 「16세기 유일문학(遺逸文學)의 특징」, 『동방한문학』 30권, 동방한문학회, 2006.

특히 허균과 그 주변에서 교유하던 인물들은 주목을 요한다. 이들은 도성의 외형적 발달 이면에 공존하고 있던 불행한 시대의 그늘 속에서 고뇌하곤 하였다. 순탄치 못한 고단한 삶 속에서 벗어나려는 심리적 에너지가 이들 주변에서 축적되면서 이들은 이를 일탈의 모습으로 해소하기도 하였다. 엄연한 시대의 한계를 조롱하기도 하고 극단적 상황에 처해서는 저항에 가까운 모습을 보이기도 하였다. 아니면 절망을 내재화하여 체념으로 일관하거나 오히려 이에서 초월하여 달관한 경지에 이른 모습을 보여주기도 하였다. 이는 은둔자형 문사들의 행보와 유사하게 중첩되는 부분이 있다.

허균이 이들 중에서 10인을 선별하여 전오자(前五子)와 후오자(後五子)로 나누어 명명하였던 것은 우연한 일로 보이지 않는다.

> 나는 세상과 틀어져서 당로(當路)에 있는 공경들과 능히 사귀지 못하고 오직 옅은 기예를 가지고 문단의 동맹(同盟) 두세 형제들에게 알아줌을 받았을 뿐이다. 이들과 밤낮으로 서로 좇아 혹은 수창하거나 혹은 담론하여 이로써 서로 절차탁마하면서 한가로이 해를 마치곤 하였다. 이들은 바로 권필(權韠) 여장(汝章)과 이안눌(李安訥) 자민(子敏)과 조위한(趙緯韓) 지세(持世)와 나의 재종형 허적(許𥛚) 자하(子賀)와 어릴 때부터 친하였던 벗 이재영(李再榮) 여인(汝仁)이다. 이 다섯 사람은 모두 세상에 드문 문장을 갖추었으면서 시대에 쓰이지 못하고 곤궁한 것도 모두 같다. 문인에게는 숙명 같은 것이어서 으레 고된 운수에 처하는 것이란 말인가. 마침내 오자(五子)에 대한 시를 지어서 이로써 이들의 풍아(風雅)를 현양하고, 사귀었던 정을 기술해두어 때때로 보면서 스스로 위안으로 삼으려 하는 바이다. 이들의 순서를 먼저 연치로써 기록하고 문별

로써 마무리한다.[74]

허균이 전오자를 노래한 시의 첫머리에 기술해둔 내용이다. 전오자는 권필(權韠 1569~1612), 이안눌(李安訥 1571~1637), 조위한(趙緯韓 1567~1649), 허적(許樀 1563~1640), 이재영(李再榮 1567~1623)을 일컬은 호칭이다. 이들은 한때 밤낮으로 어울려 시문을 수창하고 문예를 담론하며 허물없이 지내던 사이이다.

허균은 이들 외에 다시 다섯 사람을 꼽아 후오자(後五子)로 명명하고 이들을 시로 노래하기도 하였다. 정응운(鄭應運 1568~?), 조찬한(趙纘韓 1572~1631), 기윤헌(奇允獻 1575~1624), 임숙영(任叔英 1576~1623)이 여기에 속한다. 나머지 한 사람은 시가 전란에 훼손되어 그가 누구인지 확인되지 않는다. 후오자를 노래한 시의 첫머리에는 "권필은 '「전오자시」에 견주어도 우열을 가릴 수 없는 시다.'라고 논평하였다. 시서(詩序)와 시 한 수가 병화에 유실되어 나머지 한 사람이 누구인지 알 수 없다."[75]라는 주석이 달려 있다. 전란 통에 기록 일부가 훼손되어 권필이 이 시를 접하였을 때에는 이미 네 사람을 노래한 시만 남아 있었을 뿐 나머지 한 사람을 노래한 시는 남아 있지 않았던 것이다.

『병한잡술』에 수록되어 있는 전후 작품의 창작 시기를 따져보면 허균이 이 두 편의 시를 창작한 때가 광해군 2년(1610) 무렵임을 유추할 수 있다. 천추사에서 해임되어 대죄하고 있던 1610년 4월에

74 許筠, 『惺所覆瓿稿』 卷2 「病閑雜述・前五子詩」.

75 許筠, 『惺所覆瓿稿』 卷2 「病閑雜述・後五子詩」.

창작한 시가 「전오자시」의 앞에 배열되어 있고,[76] 1610년 9월에 충청도 관찰사에 제수된 신식(申湜)을 임지로 보내면서 창작한 시가 「전오자시」와 「후오자시」의 중간에 배열되어 있다.[77] 또 1610년 9월에 함경도 관찰사에 제수된 한준겸(韓浚謙)을 임지로 보내면서 창작한 시가 「후오자시」의 뒤에 배열되어 있다.[78] 이를 근거로 두 편의 시가 1610년 9월을 전후한 무렵에 창작되었다고 추정해볼 수 있다. 1610년에는 허균이 11월에 전시(殿試) 대독관(對讀官)의 직임을 맡았었는데, 직책을 이용하여 조카를 급제시켰다는 죄목으로 탄핵을 받아 의금부에 하옥되기도 하였다. 허균에게는 그다지 순조롭지 못하던 시기였다.

허균이 동시대의 시인 10명을 전후로 5명씩 묶어 조합한 데에는 당시에 조선에 전해진 중국 문예 풍조에 대한 경험과 무관하지는 않을 것이다. 왕세정이 자신의 주변 문인을 선별하여 전오자와 후오자로 조합한 적이 있었고 이후에 전칠자(前七子)와 후칠자(後七子)가 등장하였었다.

허균 이후에 분서(汾西) 박미(朴瀰 1592~1645)도 시문으로 사귀었던 자신의 벗 다섯 사람[79]을 '오자(五子)'로 묶어 「오자시(五子

76 許筠, 『惺所覆瓿稿』 卷2 「病閑雜述・余以病火動, 不克燕行, 竢譴巡軍, 作長句贈奇獻甫以抒懷」.

77 許筠, 『惺所覆瓿稿』 卷2 「病閑雜述・奉送申同知湜出按江原道」.

78 許筠, 『惺所覆瓿稿』 卷2 「病閑雜述・奉送柳川韓相國出按咸鏡道」.

詩)」를 지은 바 있다.[80] 박세채는 이에 대해 아래와 같이 말하였다.

> 아 공은 일찍이 오자시(五子詩)를 지어서 명나라의 왕세정과 이반룡 등 여러 공에 견주었다. 대개 융경(隆慶 1567~1572)과 만력(萬曆 1573~1620) 연간에 천하가 한 집안처럼 변하여 같은 문자를 사용하고 같은 윤리 기강을 따르게 된 뒤로, 붓을 잡은 선비들이 모두 동쪽으로 전해진 교화의 바람에 변화되어 충분히 세상에 제 목소리를 낼 수도 있고 천고(千古)에 명성을 떨칠 수도 있게 되었기 때문에 가능해진 것이다.[81]

융경과 만력 연간에 이르러 조선의 문화 수준이 크게 향상되었고 이에 따라 뛰어난 문인 재사들이 등장하여 다투어 세상에 자신의 목소리를 내면서 활약하고 천고에 명성을 떨칠 만큼 대단한 성취를 보일 수 있게 되었기에, 명나라 왕세정과 이반룡의 무리에 견줄만한 오자와 같은 문인들도 있게 되었다는 것이다.

박미가 다섯 문인을 묶어 오자로 명명한 시기는 선조조를 벗어나 그 후가 되어, 허균이 문인 열 사람을 전오자와 후오자로 명명하였던 시기와는 한 세대 정도의 간극이 존재한다. 하지만 박세채의 지적처럼 선조조 이후로 조선 문인들의 문학 수준이 이미 이전 시대에 비해 크게 향상되어 당시 조선에서 명성을 떨치고 있던 명 말의 문

79 다섯 사람은 기암(畸庵) 정홍명(鄭弘溟 1582~1650), 지천(遲川) 최명길(崔鳴吉 1586~1647), 계곡(谿谷) 장유(張維 1587~1638), 낙전당(樂全堂) 신익성(申翊聖 1588~1644), 백주(白洲) 이명한(李明漢 1595~1645)이다.

80 朴瀰, 『汾西集』 卷1 「五子詩〔并叙〕」.

81 朴世采, 『南溪集』 卷69 「跋汾西集〔十一月二十七日〕」.

사들에 견주어도 손색이 없다고 자부할 수 있을 정도가 되었던 것이다. 이에 대한 생각은 허균과 박미가 모두 같았을 것이다.

박미는 오자와 관련하여 아래와 같이 술회하였다.

> 내가 세상과 어긋나 있을 때에 오자(五子)가 문장의 일로써 엄연하게 찾아와주었으니 이는 둘도 없이 기쁜 일이었다. 다만 세상 일이 무상하여 새벽 별처럼 제각기 흩어진 뒤로는 혹 평생 서찰만 전할 뿐 직접 가서 만나지도 못하고 있는 형편이다. 어찌 조물주에게 원망하는 마음이 없을 수 있으랴? 이에 이를 노래로 하여 전하는 것이다. 다섯 사람은 누구인가? 오천(烏川) 정홍명(鄭弘溟), 완산(完山) 최명길(崔鳴吉), 덕수(德水) 장유(張維), 동양(東陽) 신익성(申翊聖), 연성(延城) 이명한(李明漢)이 그 사람이다.[82]

전후 정황으로 보면, 박미가 오자와 어울려 교유하던 시기는 그가 폐모의 논의에 휘말려 곤경에 처하여 있었던 광해군 시절이었을 가능성이 크다. 다만 위의 시를 엮은 시기는 여러 해가 지나 인조가 반정에 성공한 이후일 것으로 보인다. 박미가 먼저 위의 다섯 사람을 오자(五子)로 묶어 노래하여 존중을 표하자, 이들도 번갈아 자신을 제외한 나머지 다섯 사람을 오자로 일컬으며 '오자시'를 차운하여 화답하였다.[83]

다만 장유만은 장인이었던 선원(仙源) 김상용(金尚容)이 자신을

82 朴瀰, 『汾西集』 卷1 「五子詩〔幷叙〕」.

83 鄭弘溟, 『畸庵集』 卷1 「五子詩次韻〔竝引〕」; 申翊聖, 『樂全堂集』 卷1 「五子詩」; 李明漢, 『白洲集』 卷11 「和五子詩」.

표방하는 일이라고 타일러서 「오자시」에 차운하여 화답하는 시를 남기지 않았다고 한다.[84] 자신이 '오자'로 불릴 수는 있겠지만 자신이 직접 그렇게 표방한다면 겸손의 덕에 맞지 않으므로 이를 경계하였던 것이다. 그만큼 이것이 당시로서는 가볍게 쓰일 수 있는 호칭이 아니라 적지 않은 정도의 책임감이 실릴 수밖에 없는 호칭이었다는 사실을 짐작할 수 있다.

박필주(朴弼周)는 일찍이 장유를 노래한 시에서 "공에게 다섯 명의 벗이 있어, 찬란하게 인문(人文)이 성하였었네."[85]라고 했었는데, 실제로도 장유를 포함한 여섯 사람의 존재가 당시 문단에서 적지 않은 비중을 차지하고 있었으며 충분히 대가로서 존중되고 있었던 것이 사실이다. 홍무적(洪茂績 1577~1656)이 장유에게 "분서(汾西)와 낙전(樂全) 두 도위(都尉)가 한창 예원(藝苑)에서 크게 명성을 떨치고 있는데 세상 사람들이 그 우열을 가리지 못하고 있습니다."[86]라고 언급한 것에서도 이런 정황을 확인할 수 있다.

그런데 흥미롭게도 신익성은 「오자시」를 지은 뒤에 한걸음 더 나아가 다시 네 사람, 곧 택당(澤堂) 이식(李植 1584~1647), 동주(東州) 이민구(李敏求 1589~1670), 현곡(玄谷) 정백창(鄭百昌 1588~1635), 현주(玄洲) 윤신지(尹新之 1582~1657)를 추가하여 「십자편(十子篇)」을 짓기도 하였다.[87] 나머지 한 사람은 자신이다.

84 朴世采, 『南溪集』 卷80 「伯父錦陽君朴公行狀」.

85 朴弼周, 『黎湖集』 卷2 「西平韓公浚謙、昇平金公瑬、海峰洪公命元之於高王考忠翼公, 谿谷張先生維、晉安尉柳公頎之於曾王考文貞公也, 無論其有淺深先後皆爲久要, 而厥藏皆在安山若有不偶然者, 感歎成詩.」.

86 朴世采, 『南溪集』 卷69 「跋汾西集」.

이들 외에도 사회(四懷)가 주목된다. 권필은 자신과 허물없이 지내던 벗 네 사람을 묶어 '사회(四懷)'로 명명하였다. 네 사람은 이안눌(李安訥), 홍춘수(洪春壽 1539~?), 송구(宋耉), 구용(具容 1569~1601) 네 사람을 이른다. 권필은 이들에 대한 이야기를 시로 풀어내고 그 서문에서 아래와 같이 언급하였다.

> 나는 성품이 서툴고 엉뚱하여 세상 사람들과 잘 맞지 않아 예법을 따지는 선비들에게 몹시 배척을 받았다. 서로 허물없이 지내는 사람이 오직 네 명이 있었으나 세상이 혼란하여 헤어진 뒤로는 생사를 알지 못한다. 이제 성대하던 지난 시절의 사귐을 생각하니 꿈결처럼 아득하게 느껴진다. 옛 생각에 감회가 일어나 오언시 네 수를 짓는다. 모두 1,750자다. 사회(四懷)로 이름 붙여 두보의 「팔애시」에 견준다.[88]

과거에 네 명의 벗과 허물없이 어울리던 때를 생각하다가 감회가 일어나 시를 짓게 되었다고 하면서, 성대한 지난 시절의 사귐을 추억하여 노래하였다. 구본현의 보고에 따르면 권필은 서강(西江)의 현석촌(玄石村)에서 성장하였고 이안눌은 서대문 밖에서 어린 시절을 보내다가 12세에 출계(出系)하여 거처가 바뀌었다. 이들은 주로 서강, 용산, 남산 등의 지역에서 교유하였고 이따금 구용의 별업이 있는 저자도(楮子島)에 가거나 그 건너편에 위치한 대산(臺山)의

87 申翊聖, 『樂全堂集』 卷1 「十子篇」.

88 權韠, 『石洲集』 卷1 「四懷詩幷序」.

별업에 가서 노닐었다고 한다.[89]

이들은 모두 16세기 후반에 문단에서 활약하였지만 벼슬로는 큰 성공을 거두지 못하고 번번이 좌절을 겪어야 했다. 이로 인해 주류에 끼어들지 못하여 곤궁하고 불만족스러운 삶을 살아야 했다. 그러나 세상에 이름을 떨칠 만한 문장 솜씨를 지니고 있었기에 수시로 시문을 통해 자신의 울울한 심사를 해소하곤 하였던 것이다.

위에서 보았듯이 선조조에 시인문사들이 크게 증가하였던 바, 단독으로 제 목소리를 내는 경우도 있었지만 곳곳에서 그 나름으로 무리를 지어 공동의 문학 활동을 실천하는 경우도 적지 않았다. 앞서 소개한 문인 집단들은 그 가운데 극히 일부에 불과하다. 그런데 이들이 공감대를 느끼고 집단을 형성할 수 있게 되기까지는 다양한 계기가 작용하였을 터인데, 이와 관련하여 계회가 주목을 끈다.

월사(月沙) 이정귀(李廷龜 1564~1635)의 갑계(甲契)는 당시의 이런 경향을 보여주는 대표적인 경우의 하나로서 당시에 계회가 문예 마당 역할을 하였음을 보여준다.[90] 이들은 모두 세 차례에 걸쳐 계원을 늘여갔는데 처음에 갑계를 결성한 때는 이들이 12세가 되던 선조 9년(1575)이었다.

89 구본현, 「권필과 이안눌의 교유와 문학 활동」, 『국문학연구』 14권, 국문학회, 2006.

90 신영주, 「월사 이정구의 갑계 조직과 『갑계첩』」, 『한문학보』 19권, 우리한문학회, 2008.

> 우리 집은 동리(東里)에 있다. 동갑내기 12명이 열두 살이 되던 해에 백곡(柏谷) 송정(松亭)에 모여 계회를 맺고 '오동(五同)'으로 이름 붙였다. 오동은 거지(居地), 생세(生歲), 기미(氣味), 학사(學舍), 인수(人數)가 모두 같아서 붙인 이름이다. 매일 문회(文會)를 가질 때에 가마를 탄 귀인이 지나다가 나란히 어깨를 붙이고 당당히 길을 가는 우리를 보면 '동촌기동대(東村奇童隊)'라고 가리켜 말하면서 수레를 세우고서 경의를 표하고 갔었다.[91]

이는 계원의 한 사람이었던 이호신(李好信 1553~1634)의 말이다. 동리(東里)는 현재의 명륜동에서 낙산을 거쳐 동대문에 이르는 동부(東部) 지역을 일컫는 듯하다. 당시 12세였던 이들은 12명의 동갑 친구를 모아 오동계(五同契)를 결성하여 함께 놀면서 공부하였다.

이들은 다시 18세가 된 선조 15년(1581)에 삼각산의 중흥사에 모여 신입 계원 6명을 추가하였다.

> 18세 되던 해 봄에 화악(華岳)의 중흥사(重興寺)에서 노닐었는데 당시 동갑내기 사림(士林) 여섯 명이 추가 가입을 원하여 상영(觴詠)하는 자리에 동참하도록 허락했다. 낙중(洛中)에서 우리를 영주선(瀛洲仙)이라 부른다.[92]

중흥사는 삼각산의 문수봉의 북쪽, 노적봉의 남쪽에 위치한 절이다. 그 아래쪽에 중흥동(重興洞) 골짜기가 뻗어있어 도성 사람들에

91 『甲契帖』「甲契跋」(李好信).

92 『甲契帖』「甲契跋」(李好信).

게 유람하는 장소로 인기가 높았다고 하는데,[93] 이들도 이곳에서 계회를 열어 술을 즐기고 시문을 수창하였던 것이다. 그런데 이들의 활동은 단순한 계회 모임 정도에서 그쳤던 것이 아니라 엄연하게 문예 동인 모임의 성격을 갖는 단체로서 한양 도성에서 존재감을 가지고 있었고 그 나름으로 반향을 일으키기도 하였을 듯하다. 우선은 이들이 낙중(洛中)에서 영주선(瀛洲仙)[94]으로 일컬어진 사실에서 이들이 문인 집단으로 간주되었음을 알 수 있다.

이 갑계는 다시 선조 33년(1599)에 상계 15명과 하계 3명을 증원하여 계원을 모두 36명으로 늘였다. 이 해에 계원들의 나이가 36세가 되었기 때문에 숫자를 맞추기 위해 삼청동에서 열린 계회에서 계원의 수를 늘인 것이었다.

36세가 되던 해에는 계원 중에 이미 대소과(大小科)에 합격하여 높은 지위에 오른 자가 많았기 때문에 특별히 삼청동(三淸洞)에서 성대한 잔치를 벌였다. 그리고 이날에 다시 상계로 15인을 보태고 하계로 아전 3인을 보태어 모두 36명이 되었다. 이로써 건궁(乾宮)의 숫자에 맞추어 교태(交泰)의 뜻을 갖게 하여 동고동락을 골육지친처럼 하기를 바란 것이다.[95]

93 『新增東國輿地勝覽』 卷3 「漢城府」; 『東國輿地備考』.

94 영주선(瀛洲仙)은 계원이 18명이어서 붙여진 명칭이다. 본디 당태종이 영관(瀛館)을 설치하고 두여회(杜如晦)와 방현령(房玄齡) 등 18명을 학사로 임명하여 정사와 학문을 토론하게 했었는데, 이들이 후에 영주십팔인(瀛洲十八人)으로 불리곤 하였다. 영주선(瀛洲仙)은 여기에서 나온 명칭이다.

95 『甲契帖』「甲契跋」(李好信).

위에서 알 수 있듯이 이들이 36세가 되는 1599년에는 상계 33명 중에 이미 15명이 문과에 급제하였다. 이후로도 13명이 문과에 추가로 합격하였고 그 나머지도 대체로 음직으로 벼슬에 나아갔던 만큼 이 갑계의 계원들이 당시에 이미 사회적으로 높은 입지에 올라 있었고 학문과 문학 역량도 이미 상당한 수준에 도달해 있었을 것이다.

이 갑계를 구성하고 있었던 계원 36명의 신상을 소개하면 아래의 표와 같다.

	성명	자	호	관력	과거
	상계(上契) 33명				
1	李廷龜	聖徵	月沙	文,左相	별시(1590)
2	權　盼	仲明	閉戶	文,判書	별시(1595)
3	閔馨男	潤夫	芝崖	文,二相	별시(1600)
4	尹　暘	時晦	晴江	文,參判	별시(1595)
5	洪　熹	和叔	萬峰	南,同敦	
6	柳　潚	淵叔	醉吃	文,副學	별시(1597)
7	李好信	士立	懶眞	文,大諫	정시(1603)
8	朴東說	說之	南郭	文,大成	정장(1594)
9	李綏祿	綏之	東皐	文,應敎	별시(1586)
10	安　璥	伯溫	芹田	文,大諫	식과(1612)
11	朴　瀲	巨源	芝浦	文,正郎	증광(1613)
12	李忠養	孝叔	後溪	文,參議	정시(1596)
13	尹民逸	顯世	芝山	文,判決	별시(1596)
14	宋　駿	進甫	省菴	文,參議	별시(1594)

15	閔汝儉	宗禮	雲村	文,府使	알성(1613)
16	洪乃範	伯陳	東江	文,縣監	정시(1603)
17	沈 闊	子曲	花塘	南,僉正	
18	李光胤	克休	瀼西	文,校理	별시(1594)
19	禹廷琛	季獻	沙潭	文,佐郎	식과(1591)
20	安 旭	明遠	淸川	文,僉正	국제(1602)
21	黃有中	中正	釣臺	文,佐郎	증광(1606)
22	權光烈	克晦	檜陰	文,判決	증광(1613)
23	吳行敏	汝勇	晝巖	文,郡守	별시(1608)
24	金 榛	志遠	雲巖	文,正郎	증광(1624)
25	鄭恢遠	大而	東里	南,郡守	사마(1585)
26	柳起門	光前		文,弼善	식과(1601)
27	趙文英	應世		南,司禦	
28	韓 禛	汝受		文,直講	
29	玄德升	聞遠	希庵	文,掌令	증광(1590)
30	尹 琓	仲圭		南	
31	柳希奮	亨伯	華南	文,判書	별시(1597)
32	金質幹	文吾	雙梅	文,參判	식년(1601)
33	鄭榮國	邦彦	灌園	文	별시(1594)
	하계(下契) 3명				
34	許世瀹				
35	羅香福				
36	朴敬雲				

위의 표에서 확인할 수 있듯이 계원 36명은 상계 33명과 하계 3명으로 구성되어 있다. 그리고 상계의 구성원들은 대부분 문과를 통해 벼슬에 나아갔던 당시의 최고 인재들이다. 이들이 이정귀를

중심으로 결집하여 계원 간의 부조와 친목을 도모하고 아울러 유흥을 즐기고 문학을 향유하였던 것이다.

본디 계회는 그 성격상 경조사와 관련이 깊어서 친목 도모와 계원 간의 부조가 중요한 목적이 된다. 월사의 동갑계도 다르지 않다. 계회가 있던 1600년의 어느 날에 계원들은 이 문제를 해소하기 위해 여섯 조목의 계헌(契憲)을 만들었다. 계헌은 아래와 같다.[96]

ㄱ. 봄가을로 강신(講信)하는 기일 이전에 유사가 회문(回文)을 내면 각자 술과 과일을 가지고 와서 공터에 모인다. 기구(器具)를 진설하는 일은 유사가 담당한다.

ㄴ. 유사 3인이 해마다 강신(講信)하는 날에 서로 교대한다. 교대할 때에는 따로 술과 안주를 준비하되 너무 풍성하게 하지는 않는다. 연고가 있으면 계장(契長)이 의논하여 다른 인원을 뽑는다. 직임을 잘 살피지 않으면 일제히 가서 벌을 준다.

ㄷ. 네 가지 상(喪)에 서로 돕는다. 부, 모, 자기, 처의 상이다. 바꾸기를 원하면 들어주되 동생과 자녀 외에는 허락하지 않는다.

ㄹ. 부음을 들은 당일에 유사가 회문을 내고 쌀 한 말을 성복(成服) 전에 상가에 보낸다. 계원은 성복 때까지 호상하고 발인할 때에 문밖까지 호송한다. 각자 건장한 노복 1명을 내어 연번(延燔)하게 하고 반혼할 때에 일제히 교외로 가서 맞이하고 장사할 때에 각기 치전(致奠)한다.

ㅁ. 계원이 지방으로 나가게 되면 유사가 기일 전에 회문을 내고 각자 술과 과일을 가지고 공터에 모여 전별한다.

ㅂ. 계원 중에 외직을 맡는 자가 있으면 부임한 뒤 3개월 안에 각자 차등에 따라 정목(正木)을 보낸다. 3품 이상은 3필, 2품 이상은

96 『甲契帖』「契憲六條〔庚子講信日議定〕」.

4필, 3품 이하는 2필이다. 3개월을 넘기는 경우에는 한 달에 1필씩을 추가한다. 서울의 아문(衙門)에 부임할 경우에도 1필을 낸다. 모두 유사가 맡는다.

전체가 여섯 조목으로 되어 있지만, 크게 보면 대략 봄가을의 정기 모임 운영에 관한 것, 네 가지 상사의 부조에 관한 것, 계원 간의 영송(迎送)에 관한 것으로 나누어진다. 이는 다른 친목계의 경우와 대체로 유사하다. 상사(喪事)에 타인의 도움이 절실하므로 이에 대비하여 많은 계회가 만들어졌던 것이 사실이다. 다만 위의 계원들은 대부분 관료들이어서 수시로 근무지를 옮겨야 했기 때문에 서로 영송(迎送)하는 일이 이들에게 중요한 문제로 인식되었던 듯하다. 그리고 거처를 옮길 때에 일시적으로 발생하는 재정적 부담을 분담하는 것도 중요한 문제가 되었다.

그런데 계헌에 따르면 이들은 매년 두 차례의 정기 모임과 계원을 영송하는 부정기 모임에서 저마다 술과 과일을 들고 공터에 모이게 되어 있다. 공터란 한강 주변의 누대와 도성 안팎의 명승지를 비롯하여 계원의 별업과 곳곳의 유적지 등이 모두 이에 해당할 수 있다. 계원의 수가 적지 않았으니 부정기 모임의 차수도 적지는 않았을 듯한데, 이들이 이 공터에서 술과 음식을 장만해두고서 즐길 수 있는 일이란 결국 일상에 관한 담론과 놀이, 그리고 문예 활동일 수밖에 없다.

곧 이 계회의 장소는 상황이 되면 언제든지 문예의 장으로 바뀌었을 개연성이 충분하였다. 이런 사실들은 선인들의 기록들을 통해 충분히 확인할 수 있다.[97]

선조조의 문인 집단 내에 서얼 문사들이 다수 등장하고 있다는 점도 주목할 필요가 있다. 실제로 16세기 중반 명종 연간부터 선조조에 문학에 뛰어나 명성을 얻은 서얼들의 모습이 포착된다. 이들은 자신의 재능을 넉넉히 발휘할 무대를 얻지 못하고 사회의 비주류로 밀려나 고단하고 답답한 삶을 살았던 바, 오로지 문학적 재능이 뛰어난 극소수의 인물들만이 이문학관(吏文學官)이나 한리학관(漢吏學官) 등의 제한된 임무를 수행할 기회를 얻을 수 있었다.

아래는 영조 즉위년(1724)에 정진교(鄭震僑) 등 서얼 260여 명이 연명으로 올린 상소의 내용이다. 비록 후대에 기록된 것이지만 앞 시대를 조망하는 입장에서 정리된 시각을 가지고 16세기 사실을 언급한 것이라는 점에서 의의가 있다.

> 성묘(成廟) 이후로 서얼이 과거에 응시하지 못한 지가 거의 백여 년이 되었습니다만 그 사이에 종종 걸출한 인물들이 나타났습니다. 박지화(朴枝華), 어숙권(魚叔權), 조신(曺伸), 이달(李達), 정화(鄭和), 임기(林芑), 양대박(梁大樸), 권응인(權應仁), 김근공(金謹恭), 송익필(宋翼弼) 형제 등 수십 명이 혹은 문장으로써 혹은 학문으로써 세상에 이름을 알리고 후인들에게 추앙을 받았습니다. 만약 밝은 조정에 등용시켜 그 포부를 펼치게 했다면 이루 말할 수 없을 만큼 나라를 빛내었을 것입니다.[98]

97 李廷龜, 『月沙集』 卷18 「別書狀李判校忠養庚契」.

98 承政院, 『承政院日記』 英祖 卽位年(1724) 12月 17日 기사.

위의 상소는 서얼로서 과거에 응시할 수 없어 자신의 포부를 접어야 했던 현실을 타개하기 위해 이미 오래전부터 부당하게 적용되어 왔던 서얼금고법(庶孼禁錮法)의 폐해를 드러내 밝히려고 작성된 것이었다. 위에서 언급한 수암(守庵) 박지화(朴枝華 1513~1592), 어숙권(魚叔權), 적암(適菴) 조신(曺伸 1454~1528), 손곡(蓀谷) 이달(李達 1539~1612), 송암(松庵) 정화(鄭和), 임기(林芑), 청계(靑溪) 양대박(梁大樸 1544~1592), 송계(松溪) 권응인(權應仁 1517~?), 김근공(金謹恭), 송익필(宋翼弼 1534~1599) 형제들은 대체로 명종조와 선조조에 걸쳐 활동하며 문학 방면에서 의미 있는 업적을 남겼으나 관료로서 성공할 기회를 획득하는 데는 실패한 서얼들을 대표한다.

예컨대 송익필의 경우에는 이산해(李山海 1539~1609), 최경창(崔慶昌 1539~1583), 백광훈(白光勳 1537~1582), 최립(崔岦 1539~1612), 이순인(李純仁 1533~1592), 윤탁연(尹卓然 1538~1594), 하응림(河應臨 1536~1567)과 더불어 팔문장(八文章)으로 일컬어졌을 만큼 당대에 뛰어난 문인으로 평가받았으나 신분의 한계에 구속되고 혼란한 정국에 휘말려 순탄하지 못한 삶을 살다가 울울하게 생을 마감할 수밖에 없었다. 후일에 이덕무는 팔문장을 언급하면서 "신분이 한미한 송구봉(宋龜峯 송익필)도 팔문장에 끼일 수 있었으니 당시의 공론이 바르고 풍속이 두터웠음을 알 수 있다."[99]라고 아름답게 평하였지만, 사실은 신분으로 인한 한계가 여전히 이들을 구속하고 있었다. 다만 이런 이유로 도리어 문학 방면

99 李德懋, 『靑莊館全書』 卷53 「耳目口心書六」.

에서 자신의 재능을 발산하려는 경향이 이들에게서 나타나게 되었다. 현실적으로 출세의 길이 제약되는 상황에서 부득이 문학을 통해 재능을 발휘하고 강박을 해소하기를 바랐기 때문이었다.

한편으로 조선의 조정에서는 또 그 나름으로 서얼금고를 철폐하는 문제에 대해 이전부터 꾸준하게 논란을 제기해 왔다. 특히 16세기 후반에 이르러 동등한 기회를 요구하는 서얼들의 요구가 자못 거세지자 조정에서의 여론 공방도 자못 뜨겁게 이루어졌던 것이 사실이다. 그 결과 선조조 후반에 다수의 서얼들이 실제로 과거를 통해 관료로 진출하는 기회를 얻기도 하였고, 일부 서얼들은 문학 방면의 재능을 인정받아 조선과 중국의 이문(吏文)을 다루는 직책을 맡기도 하였다.

조신(曺伸)의 경우는 세상에 크게 쓰여서 조사(詔使)가 올 때마다 반드시 필찰(筆札)의 일을 맡았었는데,[100] 규봉(圭峯)이 조사로 조선에 입국했을 때부터 자양(紫陽)이 왔을 때까지 줄곧 전례(典禮)의 일을 맡았을 만큼 예학에도 능통했다. 다만 당시로서는 적당한 직함을 얻지 못하고 매번 의원(醫員)의 직함으로 일을 맡을 수밖에 없었다. 이후로는 서얼 출신으로서 문학과 예학에 능통한 자들이 계속 이 일을 물려받아 참여하게 되었는데 이들은 새로 설치한 한리학관(漢吏學官)에 소속되었다.

정번(鄭蕃)의 경우는 서얼이라는 이유로 과방(科榜)에서 삭제되고 한리학관의 직임이 맡겨진 적이 있었는데, 이후로는 조사가 올 때마다 아예 서얼을 학관(學官)으로 삼아 필찰을 맡기곤 하였다.

100 許筠, 『惺所覆瓿藁』 卷5 「題適菴遺稿序」.

어숙권, 정화, 박지화, 권응인 등이 연이어 이 일을 맡았다. 조신에서 시작된 서얼의 접반 사무가 한리학관의 설치로 정례화된 것이다.

허균의 벗 이재영(李再榮 1553~1623)도 네 차례나 이 일을 맡았는데, 그 역시 서얼이었다. 이재영은 유근(柳根)을 대신하여 주지번(朱之蕃)과 양유년(梁有年)에게 화답한 시를 대부분 대필하였을 만큼 민첩하고 재능이 풍부했다.[101]

안대회는 서얼지식인들이 초기부터 자신들의 문견을 기록한 『소문쇄록』, 『패관잡기』, 『송계만록』 등을 통해 서얼로서의 불평스런 심기를 곳곳에서 드러내기도 하고 서얼 시인들에 대한 소개와 비평에 호의를 보였다고 분석하였다. 이후 서얼 문사들이 당대 저명한 시인들과 교분을 맺으면서 재능을 마음껏 과시하여 자신들의 차별을 시재(詩才)로써 극복하였을 뿐 아니라 모두 문집을 남길 정도로 그 수준이 높았지만 당시의 일류 문인에 비해서는 여전히 그 시적 성취가 높은 것으로 보이지 않고 남아 있는 작품도 많지 않다는 한계가 있다고 하였다. 다만 이들이 조선 중기에 이렇게 두각을 나타낼 수 있었던 것은 선조조의 당시풍(唐詩風) 고조와 깊이 관련이 있으며 임진왜란 이후로 17세기에 두각을 나타낸 서얼 시인이 많지 않고 서얼 문학의 성취도 주로 명나라 사행과 일본 사행의 실무 담당자들에게서 나왔지만 이들이 당시로서는 매우 선진적인 지식과 경험을 갖추고 있었다는 특징이 있다고 지적하였다.[102]

101 許筠, 『惺所覆瓿藁』 卷22 「惺翁識小錄上」.

102 안대회, 「서얼 시인의 계보와 시의 사적 전개－18세기 참신한 시풍의 형성과

서얼 문인들은 사회의 불합리로 인한 질곡에 노정될 수밖에 없었는데, 광해군 시절에 여주의 북한강변에서 시와 술로 세월을 보내던 강변칠우(江邊七友)의 존재는 이런 사회 분위기를 상징적으로 보여준다.

강변칠우는 영의정 박순(朴淳)의 서자 박응서(朴應犀 ?~1623), 목사 서익(徐益)의 서자 서양갑(徐羊甲 ?~1613), 관찰사 심전(沈銓)의 서자 심우영(沈友英 ?~1613), 병사 이제신(李濟臣)의 서자 이경준(李耕俊 ?~1613), 상산군(商山君) 박충간(朴忠侃)의 서자 박치인(朴致仁 ?~1613)과 박치의(朴致毅 ?~?) 및 김평손(金平孫 ?~1613) 등 일곱 사람을 이른다. 모두 고위 관료의 자식으로 태어났으나 서자라는 낙인을 떼어내지 못하여 관료 진출의 기회를 얻지 못하고 현실을 불평하다가 죽임칠현(竹林七賢)을 모방하여 강변칠우(江邊七友)의 모임을 결성한 뒤에 시와 술로 소일하였다고 알려져 있다.

서양갑, 심우영, 이준경, 김평손 등은 선조가 승하하고 광해군이 즉위하자 서얼의 금고를 풀어 관리로 나갈 수 있게 해줄 것을 연명상소로 요구하였는데, 이 요구가 수용되지 않자 이듬해 1609년에 여주로 물러나 함께 생활하기 시작하였다.[103] 이들은 이후 자신들의 포부가 실현되지 못하여 쌓였던 불만을 해소하지 못하고 도리어 약탈이라는 방식으로 분출하였다가 계축년(1613)에 불행하게도 정치적 올가미에 걸려들어 계축옥사의 빌미를 제공하는 희생양이 되고

서얼시인」, 『문학과 사회집단』, 1995.

103 實錄廳, 『光海君日記』 5年(1613) 4月 25日 기사.

말았다. 서얼의 사회진출이 얼마나 힘겹고 고단한지도 이들을 통해 짐작할 수 있다.

곱지 않은 사회의 시선 속에서 자신의 이상을 마음껏 펼치지 못하는 현실을 숙명처럼 받아들여야 했던 이들은 생활에서 직면하는 좌절을 문예를 통해 해소하곤 하였는데, 경우에 따라 그 성향이 과격하고 도발적이었다. 타고난 재능의 자유로운 발산을 제약하는 신분적 굴레와 이성을 상실한 치열한 정쟁의 파란 속에 얽매여 신음하며 좌절을 경험할 수밖에 없는 것이 이들이 처한 현실이었으므로 이런 현실로부터 과감하게 탈출하고자 꿈꾸었던 것이다.

가) 유한처사들의 시주풍류와 낭만의 노래

왜란을 전후한 시기에 조선 안에서 둘째가라면 서러울 만큼 시문에 대한 자부심이 대단하고 재기도 발랄한 일군의 시인 문사들이 무리지어 오가며 시주(詩酒)와 풍류(風流)를 즐기고 낭만(浪漫)을 구가(謳歌)하던 모습들이 목격된다. 이들은 선배들과 달리 나라 안팎에서 도래한 신경향의 문예 환경 속에서 성장하여 자연스럽게 새로운 경향을 온몸으로 흡수할 수 있었고 이를 소화하여 충분히 자기의 것으로 체화할 줄 알았던 새로운 유형의 문인들이었다.

> 공은 어려서부터 재명(才名)을 자부하였는데 억울하게 욕을 당한 뒤로 세도의 험난함을 깨닫고서 더 이상 과거 공부를 일삼지 않고 고문사(古文詞)에 더욱 힘을 쏟았다. 공과 교유하던 사람들은 모두 당시의 재주 있는 인재들로서 서로 명절(名節)을 중시하면서

> 누구의 간섭도 받지 않는 듯이 노닐었다. 얼마 후에 감찰공(監察公)과 진사공(進士公)이 잇따라 세상을 떠나고 곧이어 왜란이 일어나 경황없이 피난하던 중에도 상제(喪制)를 성실하게 지키고 학문도 그만두지 않았다. 상기를 마친 후에 상경하여 정고옥(鄭古玉), 권석주(權石洲) 등과 어울려 강과 산을 오가며 술을 마시고 시문을 창작하였다. 월정(月汀)과 오봉(五峯) 같은 선배 사종(詞宗)들도 모두 찾아가 망년(忘年)의 사귐을 맺었을 정도다.[104]

이는 택당(澤堂) 이식(李植)이 동악(東岳) 이안눌(李安訥 1571~1637)에 대해 이야기한 것이다. 이안눌은 이행(李荇 1478~1534)의 증손이자 이식의 종숙으로서 문장이 이행의 풍도를 갖추었다는 평을 받았다. 본관은 덕수(德水)이고 자는 자민(子敏), 호는 동악(東岳), 시호는 문혜(文惠)이다. 12세 때인 1582년에 재종숙인 사헌부 감찰 이필(李泌 1538~1592)과 능성 구씨(綾城具氏)의 양자가 되었다.

구본현의 보고에 따르면,[105] 이필의 조부 이기(李芑)는 윤원형과 함께 1545년에 을사사화를 일으켜 선조대왕 즉위 후에 모든 훈록을 박탈당하였다. 또 이필의 장인 구엄(具渰 1512~?)은 연산군의 외손으로서 상당한 재력을 소유하고 있었으나 권귀(權貴)들과 결탁하여 평판이 좋지 않았다. 이런 가정환경 속에서 성장한 이안눌은 상당한 부담을 느꼈을 것이라고 추정하였다.

이안눌은 이전에 16세가 되던 해에 반시(泮試)에서 여러 번 장원

104 李植, 『澤堂集·別集』 卷9 「禮曹判書贈左贊成東嶽李公行狀」.

105 구본현, 「권필과 이안눌의 교유와 문학 활동」, 『국문학연구』 14권, 국문학회, 2006.

을 차지하였다. 18세에 치른 진사 초시에서도 수석을 차지하였고 뒤이어 치러진 한성시에서도 합격자 명단에 이름을 올렸다. 이렇게 문학에서 뛰어난 재능을 발휘하였으나 훼방하는 자들의 모함에 빠져 한성시에서 정거되는 상황에 이르고 말았다. 그는 이후로 과거 공부를 버리고서 고문사(古文詞)를 익혀 당대의 재준(才俊)들과 어울리면서 명절(名節)을 힘쓰고 남들에게 구애받지 않는 생활을 즐겼다고 한다.[106]

그런데 얼마 후에 양부와 친부가 차례로 세상을 떠나고 곧바로 왜란까지 발생하여 피난하였다가 상을 마치고서 다시 서울로 돌아왔는데, 이때 좌의정 정순붕(鄭順朋)의 자제인 고옥(古玉) 정작(鄭碏 1533~1603)과 석주(石洲) 권필(權韠) 등 벗들과 어울려 강으로 산으로 오가면서 술을 마시고 시를 수창하였다. 그리고 이 시절에 한 세대를 앞선 선배 문인 월정 윤근수와 오봉 이호민도 나이를 잊은 벗으로 자리를 함께 하여 흥을 즐기고 문학을 담론하였다.

이안눌이 이처럼 교유를 넓힐 수 있었던 것은 그가 남산 아래에 위치한 동원(東園)을 소유하고 있었기에 가능했는지도 모른다. 동원은 본디 외가 능성 구씨의 재산이었다가 이필을 거쳐 그가 물려받아 관리하던 공간이다.[107]

> 동악 선생은 남산 아래에 훌륭한 동산과 큰 저택을 소유하고 있었다. 처음에는 선생의 외가 구씨(具氏)가 살던 곳으로 선생이 구

106 李植, 『澤堂集·別集』 卷9 「禮曹判書贈左贊成東嶽李公行狀」.

107 구본현, 「李安訥의 東園과 詩壇에 대하여」 『한국한시작가연구』 9권, 한국한시학회, 2005.

씨의 제사를 받들면서 이를 소유하게 되었다. 대개 남산의 한 자락이 동쪽으로 뻗어 내려와 동산의 위쪽에 닿았는데 당기는 듯 감싸는 듯 따로 하나의 구역을 만들어놓았다. 선생이 호를 동악(東岳)으로 한 것도 이 때문이다. 위쪽에 기이한 바위가 있고 바위 아래에 조금은 평탄하면서 넓어서 수백 명도 앉을 만한 공간이 있다. 흙을 다져 단(壇)을 만들었는데 둘러싼 적목(赤木)과 송회(松檜)가 푸르고 시원하게 우거졌고, 단의 좌우에 있는 달고 시원한 샘은 한여름에도 마르지 않는다. 단의 아래에 지은 집은 크고 넓어 밝게 트여 있다. 서쪽 회랑에 세운 높은 누대는 팔방으로 창이 트여서 도시를 굽어보면 궁궐의 푸른 동산과 천가만호에 걸쳐진 연하(煙霞)가 모두 궤안(几案)에서 보여서 바람을 타고서 훌쩍 세상 밖으로 벗어나는 같은 느낌이 들게 만든다. 그 지세가 그윽하고 깊숙하며 눈에 보이는 풍경이 청명하고 아름다워 참으로 도읍의 현포(玄圃)와 같다. 선생이 날마다 당세의 명류인 오봉(五峰), 석주(石洲), 학곡(鶴谷) 등 제공과 단에서 모이고 누대에서 모여 주연을 베풀고 시를 수창하니 사람들이 모두 신선인양 우러러 보았고 소영(韶英)의 노래인양 노래하면서 그 누대를 가리켜 시루(詩樓)라고 하고 그 단을 가리켜 시단(詩壇)이라고 하였다. 비록 옛날의 설루(雪樓)와 나관(蘿館) 같은 승집(勝集)도 아마 어깨를 견줄 수 없을 것이다.[108]

동원(東園)이 조성된 사연을 소개하고 있다. 이 동원은 현재 서울시 필동에 위치한 동국대학교 서쪽 경내에 있었다. 이안눌은 이 동원에 마련한 시루와 시단을 문학의 마당으로 적극 활용하여 이호민(李好閔), 권필(權韠), 홍서봉(洪瑞鳳) 등 당대의 시인묵객들을 불러들였고 이들과 어울려 시문을 수창하고 담론하면서 마음껏 낭

108 李溟, 『桐江遺稿』 卷5 「東園記」.

만을 즐길 수 있었던 것이다. 후일 이안눌의 현손 이주진(李周鎭)은 이곳을 정비한 뒤에 바위 위에 '동악선생시단(東岳先生詩壇)' 여섯 글자를 새겨두어 이것이 현재까지 전해진다.

이후 그는 벗들의 권유로 다시 과거에 응시하여 29세 때인 선조 32년(1599)에 정시에서 을과로 합격하여 출사하게 되었다.

허균은 광해군 2년(1610) 4월에 병화(病火)로 인해 예정되어 있었던 천추사의 임무를 수행하지 못하고 견책을 기다리던 날에 창작한 시에서 이렇게 노래하였다.[109]

일찍 권필·이안눌과 신교(神交)를 맺고	神交早定權與李
활을 차고 좌우에서 자웅을 겨루니	屬韃左右誰雌雄
어려서부터 유연(幽燕)의 침울함이 있고	幽燕沈鬱自年少
물을 걷는 낙신(洛神) 버선처럼 청묘하네	步波洛襪眞淸妙

이안눌과 권필, 그리고 허균이 젊은 시절부터 어울려 시를 겨루며 저마다 특색이 있는 경지를 이루어갔음을 보여준다. 허균이 스스로 붙인 주석에 따르면 사람들은 이안눌의 시에 대해서는 "유연(幽燕)의 소년 같아서 이미 침울한 기운을 젊어지고 있다"[110]고 평하였고, 권필의 시에 대해서는 "낙신이 파도를 타고 사뿐히 걸어가는데 그 눈빛이 빛나고 난향 같은 기운을 뿜는 듯하다"[111]고 평하였다

109 許筠, 『惺所覆瓿稿』 卷2 「病閑雜述·余以病火動 不克燕行 竢譴巡軍 作長句贈奇獻甫以抒懷」.

110 許筠, 『惺所覆瓿稿』 卷2 「病閑雜述·余以病火動 不克燕行 竢譴巡軍 作長句贈奇獻甫以抒懷」.

고 한다.

이들은 단순히 수창을 즐기는 것으로 끝나지 않고 상대 시문의 특성에 대한 정확한 인식을 가지고 있었고 시문의 연마를 위해 서로에게 조언을 아끼지 않았다. 예컨대 호곡 남용익은 "이안눌이 권필을 그리워하는 것은 두보가 이백을 그리워하고 왕세정이 이반룡을 그리워하는 것과 같다. 젊은 시절에는 시를 창작하면 권필에게 가서 바로잡기 전에는 함부로 남에게 보이지 않았다."[112]라고 하였다. 이안눌과 권필이 문학적으로 강하게 유대하고 있었음을 알 수 있다. 이안눌은 자신의 창작물을 반드시 권필에게 보인 뒤에야 밖에 내어놓았을 만큼, 누구보다 권필을 존중하였고 그의 의견을 신뢰하였다.

한편 권필은 자신과 절친하였던 이안눌과 홍춘수(洪春壽 1539~?), 송구(宋耇), 구용(具容 1569~1601)을 함께 묶어 「사회시(四懷詩)」에서 노래하였는데, 이안눌에 대해서는 아래와 같이 노래하였다.[113]

옛날에 내가 한양에 있을 때	昔在漢京時
나이가 어려 호기를 부리고	年少尙豪毅
세상살이 요령에 어두워	涉世昧樞機

111 許筠, 『惺所覆瓿稿』 卷2 「病閑雜述·余以病火動 不克燕行 竢譴巡軍 作長句贈奇獻甫以抒懷」.

112 南龍翼, 『壺谷詩話』.

113 權韠, 『石洲集』 卷1 「四懷詩幷序」.

시를 평할 때에도 화려함만을 높였지 論詩誇斐亹
동병상련하는 그대가 아니었다면 苟匪子同病
지음이 몇이나 있었을까? 知音復能幾
그대 재주는 붕새 날개 같은데 君才北溟羽
힘을 잃고 그물에 걸렸으니 失勢困罝罻
막야 보검이 낡은 상자에 갇혀 鏌鎁閉塵匣
부질없이 기운만 뿜는 격이었소 空有斗間氣
당시에 나는 처지가 영락하여 我時坐閑冷
고습도치처럼 움츠리고서 頭角縮如蝟
고단한 마음을 기댈 곳이 없었으니 孤懷靡所託
천리마 꼬리에 붙은 파리 같았다오 蠅附得驥尾

한양 도성에서 2년의 나이 터울로 젊은 시절을 보내던 두 사람은 이 무렵에 모두 낙척한 처지로 지내다가 동병상련의 정을 느끼면서 더욱 가까워지게 되었고 이후로도 오랜 동안 교유를 지속하게 되었다. 권필이 한양에서 호기를 부리고 이안눌이 힘을 잃고 그물에 걸렸을 때란 임란 직전의 시기일 것으로 보인다. 권필은 이안눌을 가리켜 정의가 두터운 유일한 친구라고 칭찬하였고, 이안눌은 권필을 마음을 함께 하는 세상에 하나뿐인 친구라고 칭찬하였다. 권필이 죽은 뒤에도 이안눌은 해마다 권필의 기일에 시를 지어 위로하였다고 한다.[114]

권필이 사회(四懷)로 묶였던 네 사람도 임란 직전에 활발하게 교유하던 벗들이었다. 이안눌은 나이 터울이 30년이 넘는 왕방(王方)

114 구본현, 「권필과 이안눌의 교유와 문학 활동」, 『국문학연구』 14권, 국문학회, 2006.

홍춘수(洪春壽)를 그리워하며 "왕방(王方)을 못 본 지 이제 5년에, 둘 다 소식이 아득하니 어찌할까. 〔不見王方今五年, 可堪消息兩茫然.〕"[115]라고 노래하였다. 이는 문집에 실린 전후의 시를 헤아려볼 때 윤팔월이 들었던 병신년(1596)에 지었을 것으로 추정되므로 이들이 아마도 임란 직후에 헤어져 아직 재회하지 못하였던 것으로 보인다.

이안눌의 교유는 권필, 허균에 국한되지 않고 또 다른 벗들로 확장되어 있다. 이경석(李景奭)은 「현곡집서(玄谷集序)」에서 조위한(趙緯韓)의 교우 관계를 이야기하면서, "서로 막역하여 용이 구름을 만난 듯이 의기가 투합한 자는 석주 권필과 동악 이안눌이다. 작품을 이해하고 칭찬을 아끼지 않았던 자는 오산 차천로와 창주 차운로다."[116]라고 회상하였다. 권필과 이안눌이 조위한과 막역한 사이로 교유하였고 조위한은 또 차천로 형제와 문학 방면에서 긴밀한 관계를 유지하고 있었음을 말한 것이다. 조경(趙絅)도 「현곡집서(玄谷集敍)」에서 윤근수, 최립, 황정욱 등 여러 노선생이 그를 소우(少友)로서 허여하였고 권필, 이안눌, 차천로 등이 시사(詩社)를 결성하여 더불어 연마하면서 희소노매(戱笑怒罵)를 함께 하였다고 기록하고 있다.[117]

115 李安訥, 『東岳集・續集』 「有懷王方洪先生」.

116 李景奭, 『白軒集』 卷30 「玄谷集序」.

117 趙絅, 『龍洲遺稿』 卷11 「玄谷集敍」.

조위한(趙緯韓 1567~1649)은 권필, 이안눌과 연배가 비슷하여 친구로서 막역하게 지내었는데, 그 역시 문학 방면에서 이름을 날렸을 만큼 뛰어난 재주를 타고난 문인이었다. 자는 지세(持世)이고 호는 현곡(玄谷)으로, 「한양협소행(漢陽俠少行)」을 지은 조찬한(趙纘韓)의 친형이다.

그는 42세가 되던 1609년에 증광시(增廣試) 문과(文科)에 갑과(甲科)로 급제하였다. 그런데 이때에 허균이 고관(考官)으로 참여하여 조위한의 책문을 2등에 두었다고 한다. 허균은 1609년 10월에 그에게 보낸 편지에서 "제가 시험관으로 있으면서 형의 책문을 낮추어 2등에 두었으니 '오색의 햇빛에 눈이 혼미해진다'는 것이 되고 말았습니다. 그러나 형이 한기(韓琦)와 같은 사업을 이루고 소식(蘇軾)과 같은 문장을 이루기를 바랍니다. 그러면 충분합니다."라고 하였다.[118] 허균은 조위한이 관료로서 공을 세울 것을 권하면서도 여전히 문학에 대한 기대도 늦추지 않고 소식과 같은 뛰어난 문장을 이룰 것을 기원하였다.

그러나 허균의 기대와 달리 조위한은 광해군 5년(1613)에 계축옥사에 연루되어 파직되더니 10년 동안 버림을 받아 재기하지 못하였다. 인조반정 이후에 조정에 복귀하기는 했지만 내내 순탄하지 못하여 외직을 전전하다가 79세에 비로소 예조 참판에 올랐다.

118 許筠, 『惺所覆瓿稿』 卷21 「與趙持世〔己酉十月〕」.

나의 벗 조지세(趙持世)는 나이가 40세에 이르도록 급제하지 못하여 아직 성균관 유생의 일에 시달리고 있다. 나 역시 갈옷을 벗고 벼슬한 지가 16년이 되었지만 여전히 말단에서 머물러 붉은 조복을 입지 못했다. 이렇게 우리는 기호가 같을 뿐 아니라 세상에서 버림받은 처지도 같아서 서로 좋아하는 막역한 친구가 되어 아침저녁으로 어울려 잠시도 떨어지려고 하지 않았다. 날마다 풍아(風雅)를 논하고 고금(古今)을 이야기하며 다시 세상일에 걸려들지 않은 것이 여러 해다.[119]

허균이 말하였듯이 이들은 순탄하지 못한 삶에 처하여 있으면서 더욱 막역한 사이가 되었다. 기호가 같고 처지도 같아 잠시도 떨어지지 않았는데 만나면 언제나 풍아를 평론하고 고금을 담론하였다고 한다. 허균은 1607년에 "저는 일을 벌이기를 좋아할 뿐 주관이 없는 사람인데, 시평(詩評)을 형에게 보이게 되어 부끄럽기 그지없습니다. 형은 부디 입을 굳게 다물어서 절대로 남에게 말하지 마십시오. 비방만 늘어날까봐 두렵습니다."[120]라는 내용으로 조위한에게 편지를 보낸 적이 있다. 서로 불우한 시절에도 변함없이 문학으로 동인이 되어 서로를 단련시키고 이끌어 문학에서 성취를 이루고자 한 것이었다.

119 許筠, 『惺所覆瓿稿』 卷5 「送趙持世赴京序」.

120 許筠, 『惺所覆瓿稿』 卷21 「與趙持世丁未十二月」.

조찬한(趙纘韓 1572~1631)도 친형 조위한과 함께 이들과의 교유에서 빠질 수 없는 인물이다. 그는 자는 선술(善述)이고 호는 현주(玄洲)이고 관향은 한양(漢陽)이다. 군기시 첨정을 지낸 바 있는 기효증(奇孝曾 1550~?)의 사위인데, 기효증은 바로 고봉 기대승(1527~1572)의 장남이다.[121] 조찬한이 후일 기대승의 유집 간행을 주관한 것은 이런 인연 때문이다. 그는 영암 군수(靈巖郡守)로 재직하던 계축년(1613)에 『양선생왕복서』 3권을 간행하고 선산 부사(善山府使)로 재직하던 기사년(1629)에 『고봉집』 3권을 간행하였다.[122]

아래의 글은 박세채가 1670년 5월 15일에 작성한 조찬한의 묘갈명의 일부이다.

> 만년에는 서예를 즐겨 종요와 왕희지의 법을 깊이 얻었으니 만나는 사람에게 써주면 반드시 거두어 보배처럼 여겼다. 이런 이유로 석주(石洲) 권필(權韠), 동악(東岳) 이안눌(李安訥), 소암(疏庵) 임숙영(任叔英) 같은 절친한 벗들이 그를 '예원(藝苑)의 거장(鉅匠)'이라고 부르며 정중하게 떠받들었다. 그리고 백헌(白軒) 이경

121 奇大升, 『高峯集』 附錄 卷1 「行狀〔鄭弘溟〕」.

122 奇大升, 『高峯集·別集』 附錄 「後識」. 또한 기효증(奇孝曾)이 『양선생왕복서(兩先生往復書)』에 붙인 「후지(後識)」에 따르면, 임신년(1572) 겨울에 기대승이 세상을 떠난 뒤에 장남 기효증이 유고를 정리하여 간행하고자 하였으나 실행하지 못하다가 임자년(1612) 겨울에 사위 조찬한이 영암(靈巖)의 수령으로 부임하자 이 일을 상의하여 이듬해 10월에 역사를 시작하였고 다음 해 봄에 일을 마무리할 수 있었다고 한다.

석(李景奭), 천파(天坡) 오숙(吳䎘), 소은(素隱) 신천익(愼天翊) 등의 후배들이 모두 공에게 학업을 배우고 익혀서 명성을 이룰 수 있었다.[123]

조찬한이 만년에 서예에 심취하여 상당히 깊은 경지에 올랐다고 하여 그를 예원의 거장으로 추켜세운 인물들이 다름 아닌 권필, 이안눌, 임숙영 등이다. 택당 이식은 그에 대해 "소부(騷賦)는 초한(楚漢)의 법을 따르고 산문과 잡저는 좌마(左馬)의 법을 따랐으며 변려는 서유(徐庾)의 성조(聲調)를 깊이 터득하고 시의 대편(大篇)과 광운(廣韻)은 두·한(杜韓)과 나란히 하였다. 다만 근체의 절구와 율시는 별다른 공력을 들이지 않았으나 그래도 모두 기발하고 자득한 경지를 얻어 송대(宋代)의 격조(格調)에는 떨어지지 않았다."[124]라고 하였다. 또 "공의 스승과 벗이 모두 당대의 종장(宗匠)들인데 그 중에 가장 친숙했던 사람은 동악 이안눌과 석주 권필이고 그 다음은 소암 임숙영이다. 공의 문장은 이 몇 분의 장점을 겸비하면서 한쪽으로 치우치는 부분이 없었으니 그 위대함을 알 수 있다."라고 서술하였다.[125] 이안눌, 권필과 임숙영이 조찬한의 가장 주요한 문학 동지였음을 말하면서 조찬한의 문장을 극찬하였다. 박세채와 이식의 말을 통해 당시에 조찬한이 이안눌, 권필, 임숙영 등과 절친한 벗이 되어 문학을 매개로 함께 어울렸음을 알 수 있다.

123 朴世采, 『南溪集』 卷74 「承政院左承旨趙公墓碣銘」.
124 李植, 『澤堂集·別集』 卷5 「玄洲遺稿序」.
125 李植, 『澤堂集·別集』 卷5 「玄洲遺稿序」.

조찬한이 정시에서 장원에 올라 전시에 직부(直赴)할 자격을 얻은 때는 선조 38년(1605)이다. 선조가 좌의정 기자헌(奇自獻)과 대제학 유근(柳根) 등에게 명하여 유생들에게 정시를 치르게 했을 때에 조찬한이 거수(居首)를 차지하여 이 자격을 얻을 수 있었다.[126] 그리고 그 이후부터 한동안 내외 관직을 오가며 벼슬살이를 하였다. 허균, 권필 등과 어울려 함께 시문을 수창하며 종유하기 시작하던 시기는 아마도 그 이전이었을 것이다.

권필의 다음 시는 이들이 20대 시절에 이미 절친한 벗이었음을 보여준다.[127]

난을 피해 고찰에 들어가	艱難投古寺
만난 것은 옛 인연 때문이라	邂逅是前緣
뜻밖에 오늘 만났으니	不謂看今日
어찌 예전과 같으랴	何由似昔年
늦가을 서리에 낙엽이 지고	深秋霜隕葉
추운 밤 빗물에 시내가 우는데	寒夜雨鳴泉
평생의 일을 이야기하려니	欲話平生事
무단히 눈물만 줄줄 흐르네	無端涕泫然

권필이 선조 30년(1597) 늦가을에 병화(兵火)를 피해서 용진산(用眞山)에 갔을 때에 조찬한도 병화를 피해 그곳에서 지내고 있었다. 뜻하지 않게 마주친 두 사람은 손을 마주잡고서 함께 이야기를 나누었다고 한다. 위의 시는 바로 그때 권필이 읊었던 것이다. 조찬

126 實錄廳, 『宣祖實錄』 38年(1605) 5月 7日 기사.

127 權韠, 『石洲集』 卷3 「用眞寺口占示趙善述〔纘韓〕」.

한은 이전에 권필에게 서찰을 보내 이 절에서 만나기로 기약하였던 적이 있다. 그때는 뜻대로 되지 않아 만나지 못했지만 결국 이때에 이르러 기약 없이 우연하게 이곳에서 서로 만나게 되었던 것이다. 1597년이면 조찬한은 26세 때이고 권필은 29세 때이다.

이들의 교유는 특정한 시기에 일시적으로 이루어졌던 것은 아니었다. 서로에게 무게감 있게 영향을 미쳤던 평생의 지기였다고 말할 수 있을 듯하다.

임숙영(任叔英 1576~1623)도 주목되는 인물 가운데 한 사람이다. 그는 자는 무숙(茂叔)이고 호는 소암(疎菴), 서하(西河)이고 본관은 풍천(豊川)이다. 증조는 한성부 판윤을 지낸 죽애(竹崖) 임열(任說)이고 조부는 창락 찰방을 지낸 임숭로(任崇老)이다. 부친은 감역을 지낸 임기(任奇)이며 외조부는 승지를 지낸 정유일(鄭惟一)이다. 선조 9년(1576)에 태어나 어려서부터 사계 김장생에게 수학하였고 문과에 급제하여 지평의 벼슬을 지냈다. 사후에 광주(廣州)의 귀암서원(龜巖書院)에 향사되었다.[128]

그에 대한 공식적인 평가는 『인조실록』에 실려 있는 그의 졸기에서 확인된다. 졸기에는 그의 총명한 성품과 규모가 웅대한 시문과 개결한 지조가 특별하게 언급되어 있다.[129] 총명하여 10세에 시를

128 金長生, 『沙溪全書』 卷47 附錄 「門人錄」.

129 實錄廳, 『仁祖實錄』 1年(1623) 閏10月 3日.

지을 줄 알았다거나 여러 서적을 두루 열람하여 한번 읽은 것을 모두 기억하였다거나 생원진사시에 내걸린 방을 한번 보고 정확하게 외어서 사람들이 놀라게 하였다는 정도는 예사로운 칭찬일 수 있다. 국가의 전고, 씨족의 내력, 산천의 도로, 풍요(風謠)와 재부(財賦) 등에 대해서도 모두 꿰뚫어 알고 있었다. 특히 천하 지리에 통달하여 마치 그 지역을 직접 왕래해본 사람처럼 또렷하게 알았다고 알려져 있었다. 인조가 한번은 경연 자리에서, 그가 중국 지리에 밝아 중국인과 담론할 때에 그들을 놀래게 만들었던 사례를 거론하며 그 사실 여부를 경연관에게 질문하였던 일화가 전해진다.[130]

하지만 그에 있어서 무엇보다 문학 성향과 처세에 대한 부분이 주목된다. 이에 대한 졸기의 기록은 아래와 같다.

> 문장을 지을 때에 붓을 잡기만 하면 즉시 이루어졌다. 사륙문에 특히 능해서 창작한 「통군정서(統軍亭序)」가 중국의 학사에게 '천년 만에 다시 절조가 해외에서 나왔다.'는 칭찬을 들었을 정도다. 일찍이 이규보의 300운 시를 흠모하여 600운의 율시를 지었더니 사람들이 그 웅대한 솜씨에 탄복하였다. …중략… 이이첨의 무리가 더욱 미워하더니 비방한다는 죄목을 뒤집어씌워 관작을 삭탈하여 외지로 내쫓았다. 이후로 동호(東湖)로 물러나 생활하였는데 짧은 베옷 차림으로 오두막집에 거하면서 끼니를 이을 죽도 부족하였다. 하지만 즐거움을 잃지 않고서 지푸라기 하나라도 남에게서 취하지 않았다.[131]

130 李植, 『澤堂集 · 別集』 卷10 「任疏菴言行錄」.

131 實錄廳, 『仁祖實錄』 1年(1623) 閏10月 3日.

위에서 말하듯이 임숙영은 문장의 기세가 거침이 없고 특히 사륙문에 능하였다. 그리고 600운에 달하는 장편의 시도 능숙하게 지어내어 명성을 떨쳤다. 실제로 그는 716운 1,432구에 이르는 장편의 「술회(述懷)」라는 시를 창작하여 강화에 있는 이안눌에게 보낸 바 있고,[132] 또 100운 200구에 이르는 장편의 「관창(觀漲)」이라는 시를 창작하고 거듭 두 차례나 차운하여 모두 3수를 완성하는 괴력을 발휘하기도 하였다.[133] 다만 개결하고 강직한 성품 탓에 시류에 섞이지 못하고 결국 쫓겨나 전야에서 오랜 세월을 보내야 했다. 다만 이로 인해 도리어 벼슬에서 소외되어 물러나 있던 여러 은사들을 만나 시문으로 교류할 수 있는 기회를 얻게 되었다.

우암 송시열은 이식의 시장(諡狀)에서 임숙영과의 만남을 소개하였다. 이식이 신해년(1611)에 부친을 따라 남쪽 지역으로 내려갔을 때에 마침 족부 이안눌이 담양 부사로 재직하고 있었기 때문에 그에게 시법(詩法)을 배우게 되었다는 것이다. 그리고 그곳에서 권필, 홍서봉, 임숙영, 차천로 등과 어울려 시문을 수창하고 평론할 기회도 가질 수 있었는데 이때에 이들에게서 많은 칭찬을 들었다고 한다.[134]

임숙영은 같은 해 3월에 치러진 별시 문과 전시(殿試)에서 작성한 대책(對策) 끝부분에서 시사(時事)를 극론하다가 삭과되는 일이 있었다.[135] 당시 척족이 횡포를 부린 일과 이이첨이 왕의 존호를 올

132 任叔英, 『疏菴集』 卷2 「述懷. 寄呈江華李東岳〔安訥〕使君〔七百十六韻〕」.

133 任叔英, 『疏菴集』 卷2 「觀漲〔一百韻〕」.

134 宋時烈, 『宋子大全』 卷203 「澤堂李公諡狀」.

135 尹國馨, 『甲辰漫錄』.

리려고 한 일을 강하게 비난하였기 때문에 광해군이 격노하여 명단에서 그의 이름을 지우도록 명하였던 것이다. 하지만 다행스럽게 삼사의 오랜 간쟁으로 명이 환수되었고 7월에 명단에 다시 이름을 올릴 수 있었다.

그런데 임숙영은 이처럼 고단한 상황에 처해있으면서도 언제나 변함없이 비슷한 처지의 다른 문인들과 어울려 문학을 공유하는 삶을 즐기고 만족하였다. 이들은 시세에 편승하지 않고 불의에 항거하거도 하고 물러나 처사로 지내면서 자신의 열정을 시문에 쏟아붓기도 하여 삶의 지향이 서로 유사하게 닮은 부분이 있다. 김익형(金益亨)은 스승 정백창이 양근에 있을 때에 임숙영과 이식도 배척을 받고 물러나 주변에 살았는데 서로 종유하며 수창한 시문이 책상에 넘칠 정도였다고 술회하였다.[136]

훗날 남구만은 임숙영이 이때에 지었던 시를 김익형을 통해 전해 듣고서 차운하여 이렇게 읊조렸다.[137]

일찍이 큰 계책을 대궐에 올리니	曾將大策獻君門
지난 어둠을 깨는 아침 햇볕 같았어라	煥若朝陽破宿昏
하늘로 떠난 지 이제 몇 해이던가	上赴玉樓今幾載
이름만 남아 세간에 전해지노라	只留名字世間喧

임숙영이 이들과 교류하면서 시문을 수창하였는데 특히 변려문

136 南九萬, 『藥泉集』 卷1 「金益亨言, 渠少時受學於鄭玄谷百昌. 其時鄭公寓居楊根江上, 任疏菴叔英李澤堂植俱斥於時, 居止相近, 從遊甚樂, 唱酬篇什, 溢於几案云. 余聞而感焉, 使金生誦所記三公詩各一章, 輒步其韻以識之.」

137 南九萬, 『藥泉集』 卷1 「金益亨言……輒步其韻以識之」.

창작으로 뛰어난 솜씨를 발휘하였다. 허균은 1610년에 지은 「후오자시」에서 임숙영에 대해 아래와 같이 노래하였다.[138]

서하는 민첩함이 뛰어나	西河敏絕倫
만권 서적을 전부 외더니	萬卷悉口誦
9구 8색의 고문에 통달하고	古文洞丘索
굴원 송옥의 이소를 이어 받았네	離騷踵屈宋
변려문에 더욱 능했으니	尤工駢驪辭
서릉 유신의 종자가 어찌 있으랴	徐庾寧有種
사마상여 「상림부」는 괜한 과장이요	徒誇上林賦
양웅 「감천부」도 낙제했으니	未第甘泉頌

9구와 8색을 통달하고 굴원 송옥의 이소를 온전하게 계승하였다고 평할 수 있을 만큼 변려문에 능하였으니, 서릉과 유신의 수준 정도는 그에게 있어서 오르기 어려운 정도가 아니라는 것이다. 더구나 사마상여가 지은 「상림부」는 공연히 과장되게 읊었을 뿐이고 양웅이 지은 「감천부」도 과거에서 낙제를 받을 만한 것이어서 그의 변려문에 견주어 그렇게 대단하다고 할 만한 작품은 아니라고 평하였다. 최고의 칭송이라고 말하지 않을 수 없다. 허균은 1610년 7월에 임숙영에게 보낸 편지에서도 '임숙영의 사륙문은 최치원보다 뛰어나다'거나 '임숙영의 문장은 왕세정과 비슷하다'고 에둘러 말하였다.[139] 허균은 그가 변려문에 있어서 이미 최고의 수준에 이르렀다고 보았던 것이다.

138 許筠, 『惺所覆瓿稿』 卷2 「病閑雜述・後五子詩」.

139 許筠, 『惺所覆瓿藁』 卷21 「與任茂叔庚戌七月」.

기윤헌(奇允獻, 1575~1624)도 뛰어난 문학적 재능으로 선조조에 주목 받았던 인물 가운데 한 사람으로 꼽힌다. 그는 초명은 충헌(忠獻), 내헌(乃獻)이고 자는 헌보(獻甫)이고 관향은 행주(幸州)이다. 조부는 한성부윤을 지낸 기대항(奇大恒)이고 부친은 기응세(奇應世)이다. 모친은 우찬성을 지낸 임백령(林百齡)의 딸이다.

허균은 1610년에 창작한 「후오자시」에서 그를 이렇게 노래하였다.[140]

그대는 정승의 아우지만	君是相公弟
야윈 모습은 빈한한 선비라오	癯然若寒品
어려서 고시에 힘써	少小力古詩
침식을 잊고 읊조리더니	諷詠忘食寢
때로 참맛을 얻어	有時得眞味
단 샘물을 따라 마시는 듯하였네	如酌甘泉飮
큰 시는 말달리듯 경쾌하고	大篇倏騁驥
작은 시는 비단처럼 찬란하여	小章燦摛錦
낙빈왕 송지문에 어깨 견주고	駱宋肩欲齊
하경명 이몽양도 입대지 못한다오	何李舌還噤
다만 곤궁하여 끼니를 구하는데	窮途只索米
누가 곡식으로 후의를 베풀어줄까	厚誼誰捐廩
벗들은 부침하길 잘 하건만	同調善浮沈
그대는 그리 못함을 내가 잘 아니	知君吾最甚
자주 와서 시가를 수창하세나	數來可唱酬

140 許筠, 『惺所覆瓿稿』 卷2 「病閑雜述 · 後五子詩」.

영의정을 지낸 기자헌(奇自獻)의 아우로서 영달한 삶을 누릴 만도 하였다. 그러나 실상은 빈한한 선비처럼 수척한 행색을 하고 오로지 고시를 익히기 위해 애를 써서 장쾌하면서도 섬세한 경지를 구축하였다. 그의 성취는 낙빈왕과 송지문과 어깨를 겨룰 만하고 하경명과 이몽양도 함부로 입을 댈 수 없을 만한 정도였다고 인정되었다. 그럼에도 불구하고 그는 생계가 궁할만큼 어려운 처지에서 벗어나지 못하였다. 허균은 그가 다른 벗들이 세속의 풍파에 맞추어 적절하게 처세하는 것처럼 하지 못해서라고 위로하였다. 그리고 그런 그에게 근심을 잊고서 함께 시가를 수창하며 즐기자고 권유를 하고 있다.

그는 선조 36년(1603)에 치러진 식년 진사시에서 1등 5위의 성적을 얻었고, 2년 뒤인 선조 38년(1605)에 치러진 증광시 문과에서 병과 23위의 성적으로 급제하였다. 이후 1608년에 승문원 박사가 되었으며, 광해군 2년인 1610년에 공조 좌랑에 오르고 이후 황해도사, 공조정랑, 군기시 정, 세자시강원 문학으로 옮겨 갔다.

이 무렵 친형인 기자헌은 영창대군을 옹립하려는 소북 인사들을 탄핵하고 1608년에 광해군을 즉위시켰던 대북의 핵심 인물로서 좌의정에 제수되었었다. 곧 탄핵되기는 하였으나 여전히 정국의 주도권을 쥐고 있었다. 그런데 기윤헌은 자신이 아직 정치에 있어서 새내기이기도 하고 또 형의 후광을 입는 것을 바라지도 않아 하급 관리에서 전전하고 있었다. 1615년에는 장령을 거쳐 안악 군수에 부임하였지만 사간원의 탄핵을 받아 관직이 삭탈되었다. 이후 광해군

9년(1617)에 인목대비(仁穆大妃)를 폐위하자는 주장에 반대하다가 기자헌이 유배되었을 때에도 그가 함께 유배되어 여러 차례 국문을 받기까지 하였다. 하지만 마침내 혐의가 입증되지 않아 1618년에 풀려날 수 있었다.

그런데 이 폐비의 문제로 허균이 기자헌과 대립하여 노선이 맞서고 오해가 중첩되면서 이 두 사람 사이의 인연은 악연으로 바뀌었다. 이후 기씨 집안이 함께 가세하여 허균을 공격하기 시작하였고 허균을 1618년 8월에 발생한 격서 사건의 배후로 몰아 결국 불행한 최후를 맞이하게 만들었다. 그 불행은 허균에게서 멈춘 것이 아니었다. 기자헌과 기윤헌도 결국 인조 2년(1624)에 이괄(李适)의 난이 일어나자 이들에 동조하였다는 혐의를 받고 붙들려 옥에서 세상을 떠나고 말았던 것이다.

이처럼 허균과 기윤헌의 관계가 불행한 결말로 이어지고 말았지만 처음에는 그렇지 않았었다. 불행이 싹트기 이전에 허균은 그의 문학적 재능을 알아보고 최고의 칭찬을 아끼지 않았었다. 기윤헌이 대과를 통과하여 출사하였으나 환로가 순탄하지 못하여 낮은 지위를 전전하던 시절에도 허균은 울울하고 고단한 그를 시로써 위로해 주곤 하였다.

아래는 허균이 「후오자시」를 짓기 여러 달 전인 1610년 4월에 전체 56구로 창작한 장편시의 일부이다.[141]

141 許筠, 『惺所覆瓿藁』 卷2 「病閑雜述 · 余以病火動 不克燕行 竢譴巡軍 作長句贈奇獻甫以抒懷」.

늦게 만난 기랑은 기상이 높아 晩得奇郎氣突兀
한조각 말로도 세상을 놀래며 落章片語驚千秋
기랑은 몸가짐이 얼마나 꼿꼿한지 奇郎立身何骯髒
세상을 노려봄이 시골에 묻힐 사람 아니네 傲睨不肯在草莽
전에 우리와 힘을 겨뤄보니 頃從吾儕角拳勇
우리 셋 힘으로도 당해내기 버거웠으니 吾儕三人力難當
위로 노조린 · 낙빈왕과 최융 · 이교를 포괄하고 上苞盧駱與崔李
아래로 이몽양 · 하경명을 덮을 정도네 下掩崆峒大復子

'기랑'은 기윤헌을 이른다. 그리고 '우리 세 사람'은 허균, 권필, 이안눌을 이른다. 권필과 이안눌은 일찍부터 친구로 지내던 사이인데 이때에 와서 기윤헌이 새로 무리에 참여하여 시가(詩歌)를 수창하게 되었음을 말하였다. 실제로 허균의 문집에서는 1610년 이전에 기윤헌과 만났음을 보여주는 어떠한 기록도 확인되지 않는다.

위의 시에 나타나듯이 허균이 그에게 걸었던 기대는 예사로운 것이 아니었다. 허균은 기윤헌의 재능은 세 사람이 당해낼 수 없을 정도로 대단한 것이라고 칭찬을 아끼지 않았다. 심지어 당나라의 노조린, 낙빈왕, 최융, 이교를 아우를 수 있을 만하고 명나라의 이몽양과 하경명을 뒤덮을 수 있을 만큼 빼어난 것이었다고 극찬하기까지 하였다. 이것만 보더라도 그에게 거는 허균의 기대가 어떠했는지를 짐작할 수 있다.

허균은 1611년 1월에 기윤헌에게 보낸 편지에서도 "이달 보름에 배소에 도착했는데 새우도 부안만 못하고 게와 자라도 벽제만 못합니다. 식탐을 부리는 사람으로서는 굶어 죽을 지경입니다."[142]라고 하였다. 탄핵을 받고 함열(咸悅)에 유배되어 있으면서 농을 섞어

넋두리를 할 만큼 이 무렵 서로 마음을 터놓았던 사이임을 짐작할 수 있다.

그러나 정작 기윤헌의 시세계를 보여줄 만한 그의 작품이나 제가의 다른 평가는 아쉽게도 전해지지 않는다.

나) 소외 지식인들의 낙척불우와 방달의 외침

지금까지 40년	至今四十年
진흙탕에서 실컷 고생하고도	泥塗飽轗軻
평생의 의리가 아교 같아서	平生膠漆義
나의 풍류 허물을 용서하네	略我風流過
…중략…	
평소 임천에 살기로 기약했으나	素期在林泉
결행하지 못하는 나는 진짜 겁쟁이로다	不決吾眞懦

이는 허균이 「전오자시」에서 권필(權韠 1569~1612)에 대해 노래한 부분이다.[143] 허균과 권필은 이 무렵 뜻을 펴지 못하고 낙척한 선비로 지내면서 서로의 처지에 대해 공감하고 있었다. 현실 속에서 구속이 느껴졌을 때 두 사람은 서로 어울려 문예와 풍류의 공간을 탈출구로 삼았다. 그 처지를 누구보다 잘 알고 있었기에 서로 의지할 수 있었던 것이다. 그러면서 이들이 꿈꾸는 또 하나의 세계

142 許筠, 『惺所覆瓿稿』 卷21 「寄奇獻甫〔辛亥正月〕」.

143 許筠, 『惺所覆瓿稿』 卷2 「病閑雜述 · 前五子詩」.

는 세상에서 물러나 임천에 은둔하는 것이었다. 그러나 이들은 모두 그러지도 못하였고 여전히 예측하기 어려운 현실 속에 그대로 머물러 있을 뿐이었다.

장유의 말에 따르면 권필은 이마가 넓고 입이 크고 미간이 넓은 얼굴형에 체구가 크고 기상이 호방하였다. 또한 남을 놀랠 만큼 언론이 뇌락하면서도 간간이 재밌는 농담을 섞을 줄 알았던 사람이었다.[144] 또한 술을 마셔서 취기가 오르면 말이 더욱 호방해지면서 도도한 눈빛으로 시를 읊조리는데 그 풍신이 한가롭고 밝았다. 그럴 때면 굳이 종이에 붓을 대어 써내려가지 않아도 입을 실룩거리고 눈썹을 들썩거리는 그 모습 자체가 모두 시처럼 느껴진다고 하였다.

이처럼 시적인 삶을 살았기에 사람들로부터 "석주의 시는 100년 이래로는 있지 않았던 것"[145]이라는 평가를 받을 만큼 완성도 높은 시의 경지를 구축할 수 있었다. 선조가 이런 명성을 듣고 포의로 있었던 그를 불러 빈접사의 보좌관에 임명하는 특전을 내리기까지 하였다.

권필은 허균과 가장 오래 교유한 인물 중 한 사람이다. 김창호는 허균과 권필에 대해 '이들은 스스로 규범체계로부터 일탈하거나 규범체계의 부적응이 이전의 일탈지향을 강화시켰다는 경로상의 차이는 있지만 둘 다 당대 주류로부터 일정하게 벗어나 있는 아웃사이더였다.'[146]고 평하였다. 이는 허균과 권필의 사회적 성향을 잘 지적

144 張維, 『谿谷集』 卷6 「石洲集序」.

145 張維, 『谿谷集』 卷6 「石洲集序」.

한 것이다. 이들은 당대의 사회 규범으로 묶어 구속할 수 있는 인물들이 아니었다.

권필은 잦은 사화로 인해 기울어가던 가정에서 성장한 인물이다. 조부인 권기(權祺)가 김안로의 견제를 받아 어려움을 겪다가 처음에 서부(西部) 반송방(盤松坊)에 거처를 정하였고, 이후에는 부친 권벽(權擘 1520~1593)이 사화를 계기로 환로를 멀리하면서 권필이 10대 시절에 다시 서강의 현석촌에 거처를 정하게 되었다.[147]

그의 문학적 재능만큼은 충분히 왕을 보필할 만하고 왕유와 맹호연이 앞자리를 양보해야 할 정도로 뛰어난 것이었지만, 세상이 쉽게 그를 용납해주지 않아 궁벽한 골짜기에서 가난을 즐기며 굳이 자신의 포부를 펴려고 하지 않았다고 한다. 허균은 권필에 대해 또한 이렇게 말하였다.[148]

석주 권필은 천하의 선비라	石洲天下士
진실로 왕을 보필할 재주를 지녔으나	其才寔王佐
포부를 펴려고 하지 않고	抱負不肯施
궁벽한 데서 가난함을 기꺼워하네	甘爲窮谷餓
시는 천리를 깨쳤으니	爲詩透天竅
절창에 누가 화답할까?	絶唱有誰和
왕유와 맹호연은 응당 뒤가 되고	王孟合在後

146 김창호, 「권필과 허균의 교유와 그 당대적 의미」, 『한국한문학연구』 42권, 한국한문학회, 2008.

147 김창호, 「권필과 허균의 교유와 그 당대적 의미」, 『한국한문학연구』 42권, 한국한문학회, 2008. 김창호, 「권필 거주지 문제의 재고」, 『한자한문교육』 17권, 한국한자한문교육학회, 2006.

148 許筠, 『惺所覆瓿稿』 卷2 「病閑雜述 · 前五子詩」.

안연지와 사령운도 앞이 되지 못하네　　顔謝亦虛左

타고난 재능이 천하를 경륜할 만하였고 문학에 있어서도 왕유와 맹호연, 안연지와 사령운도 넘볼 수 없는 뛰어난 재능을 갖추고 있었다는 말이다. 그럼에도 불구하고 현실적 굴레에 갇혀 곤궁한 삶을 살 수 밖에 없었던 것이다. 그가 훗날 예교를 벗어나 거침없이 일탈된 모습을 보여주었던 것은 아무래도 이처럼 그 스스로 생각하고 있는 이상과 이를 수용하지 못하는 현실의 괴리에서 비롯되었을 것이다.

그는 환로가 도무지 순조롭지 못하였고 젊은 시절에 전란까지 겪으면서 빈한한 삶을 근근이 이어가는 신세에서 벗어날 수 없었다. 더구나 광해군의 실정을 비판하는 직언을 올리다가 권귀(權貴)의 미움을 사더니 급기야 시안(詩案)에 걸려들어 참수되는 큰 불행까지 겪고 말았다.[149] 그의 일생이 애잔하고 우울한 심사로 점철되었던 이유는 이처럼 녹녹치 않은 세상길에서 경험한 수많은 아픔에 연유한다.

권필은 「새벽에 차령을 넘다〔曉踰車嶺〕」라는 시에서 이렇게 노래하였다.[150]

사람살이 잘나고 못난이 없어　　人生無賢愚
먹고 사느라 늘 바쁘구나　　爲口長營營
살면서 어떻게 시속을 벗어나랴　　處世豈免俗

149 張維, 『谿谷集』 卷6 「石洲集序」.

150 權韠, 『石洲集』 卷1 「曉踰車嶺」.

나도 수고롭게 이 길을 가네　　　　也復勞此行

지금의 인생살이는 잘난 자도 못난 자도 가리지 않고 모두가 생계에서 자유롭지 못하여 겨를이 없고 자신도 여기에서 벗어날 수 없다고 한다. 삶에 지친 듯한 이런 모습은 평탄하지 못한 삶으로 인한 것이다. 권필은 정철의 실각을 계기로 출사를 단념하고 16세기 말에서 17세기 초반에 이르기까지 출사를 멀리하고 있던 불우한 벗들과 어울려 교유하였다.[151] 그런데 그나마 잔잔하게 평심을 유지하고 있던 권필의 어조는 이 무렵부터 중심을 벗어나 격동하기 시작하더니 사회적 통념으로부터 일탈하는 분방한 사고로 이어졌다.

당시 이안눌은 정거(停擧)당한 상태였으며 조찬한(趙纘韓)은 스승 성혼(成渾)을 비롯하여 정철(鄭澈)과 황정욱(黃廷彧 1532~1607) 부자의 억울함을 대변하고 있었다. 임전(任錪 1560~1611)은 대과에 실패한 후에 서인의 몰락을 탄식하였으며 성로(成輅 1550~1616)는 애초에 출사를 단념하고서 강화와 서강 등을 오가며 생활하고 있었다. 이들은 대개 서인이 몰락한 당대를 개탄하고 동인과 귀척의 행태에 분노하고 있었다. 따라서 동인 귀척을 풍자하거나 비분강개의 감정을 토로하는 것이 이들의 주된 대응 방식이었다.[152]

특히 권필은 으리으리하게 번창한 대갓집의 주문갑제를 지날 때

151 김창호, 「권필과 허균의 교유와 그 당대적 의미」, 『한국한문학연구』 42권, 한국한문학회, 2008.

152 김창호, 「권필과 허균의 교유와 그 당대적 의미」, 『한국한문학연구』 42권, 한국한문학회, 2008.

마다 침을 뱉기도 하고 시로써 세태를 풍자하기도 하면서 반항적 심사를 감추지 않고 드러내었다.

> 저는 타고난 성질이 서툴고 엉뚱하여 세상 사람들과 잘 맞지 않습니다. 주문갑제(朱門甲第)를 지날 때면 반드시 침을 뱉고, 누항(陋巷)의 봉실(蓬室)을 보면 반드시 서성이고 돌아보면서 곡굉음수(曲肱飮水)하면서 즐거움을 바꾸지 않는 주인이 아닐까 하고 상상합니다. 그리고 매번 세상 사람들에게 어질다는 평판을 받고 있는 현귀한 자를 만나면 노비처럼 비루하게 여기고, 향리에서 천대받는 임협(任俠)이나 백정을 만나면 반드시 기쁘게 사귀고 싶어 하면서 "아마도 비가(悲歌)를 부르는 강개(慷慨)한 사람을 볼 수 있겠구나."라고 합니다. 이로 인해 제가 사람들에게 해괴하게 여겨지지만, 저 자신도 무슨 생각으로 그러는 것인지 모르겠습니다. 이 때문에 세속과 부앙(俯仰)하고 싶지 않아 장차 산야(山野)로 물러나 은둔하며 수심양성(收心養性)함으로써 고인이 말한 도라는 것을 궁구해 보고자 했습니다. 이에 주돈이, 정호, 정이, 장재, 소옹, 주희, 여조겸의 저술을 취하여 읽으며 사색해보았습니다. 이로써 얻은 바가 있다고 감히 말할 수 있는 정도는 되지 못하지만 간혹 그 문의(文義)에 대해 마음속으로 깨달은 부분이 있습니다. 그래서 드디어 결의향학(決意向學)한 것이 이제 6, 7년이 되었습니다. 하지만 살펴주는 엄사(嚴師)가 없고 도와주는 익우(益友)도 없어 그럭저럭 시속과 부침하였고 시주(詩酒)를 즐기는 습관도 저를 얽어매었습니다. 이 때문에 도에 뜻을 두었다고는 하지만 언행은 예전 그대로일 뿐입니다. 족하가 이렇게 책망하는 것은 당연한 일입니다.[153]

153 權韠, 『石洲別集』 卷2 「答宋弘甫書」.

이는 송홍보(宋弘甫)에게 보낸 편지의 일부이다. 타고난 성품이 서툴고 엉뚱한 탓에 세상 사람들과 뜻이 맞지 않는다는 고백을 하고 있다. 주문갑제를 지날 때면 반드시 침을 뱉는 돌발 행동을 하였고 세상 사람들이 모두 어질다고 평하는 현귀(顯貴)한 자를 만날 때면 반드시 노비를 대하듯이 비루하게 여겼다고 한다. 이는 가슴 속 깊은 곳에 응어리져 있던 현귀들에 대한 적개심이 왜곡되어 표출된 것이다. 거꾸로 누항의 초라한 집을 보면 반드시 주변을 서성이면서 곡굉음수하며 즐거움을 바꾸지 않는 어진 주인이 살고 있지는 않을까 하고 상상하였다거나, 향리에서 천대받는 임협이나 백정을 만나면 반가워하며 반드시 사귀고 싶어 하면서 비가(悲歌)를 부르는 강개한 사람이 아닐까 하고 상상하였다는 것에서는 권필이 지향하고 있는 삶의 모습이 드러나 보인다. 부귀와 권세에서 소외되어 아래에 처하여 있으면서도 곡굉음수하며 안분지족하는 고결한 선비의 모습과 난잡한 행색과 더러운 직업으로 천대받고 있지만 본디 그 품은 뜻이 원대하고 기개가 강개한 임협과 백정의 모습에서 존경과 연민을 느끼고 있다. 이들에 대한 애틋한 마음이 어쩌면 현귀에 대한 적개심으로 표출되었는지도 모른다.

이런 사고방식은 단순하게 행동으로 끝나는 것이 아니라 곧 문학으로도 연결되었다. 아래는 권필의 「가탄(可歎)」이라는 제목의 시이다.[154] 당시 조정 관료들의 실태를 직설적 화법으로 적나라하게 폭로한 것으로 권필 문학의 역동성을 잘 보여준다.

154 權韠 『石洲集』 제7권 「可歎」.

원숭이가 관복 입고 주공(周公)인척 하니　　　猿狙法服擬周公
속안(俗眼)으로 어찌 가짜를 분간하랴　　　俗眼何曾辨異同
자문에 답하지 못하는 앵무새들　　　鸚鵡未應承顧問
먹던 쌀알만 조롱에 가득할 뿐이네　　　啄餘紅粒滿金籠

당시의 위정자들을 겨냥하여 조복을 입고서 마치 주공(周公)인 양 행세하고 있는 원숭이와 다를 바 없다고 격한 어조로 쏘아붙였다. 제 역할을 못하면서 음식만 축내고 있는 허울 좋은 부패한 관리와 사회의 부조리를 골계적인 화법으로 묘사한 것이다. 권필은 이처럼 그 성품이 방달하고 거리낌이 없어 예속에 구애되지 않고 언사를 가리지 않는 경우가 많았다. 이로 인해 거칠고 파격적이며 독특하고 직설적인 필치로 이루어진 작품을 만들어내어 선배 시인들이 보여주지 못했던 독특한 문학 세계를 구축할 수 있었다.

권필의 이런 의식은 「투구행(鬪狗行)」이라는 시에서도 확인할 수 있다.[155] 역시 세상의 부조리한 행태를 거친 언사로 비난하고 있다.

누가 개에게 뼈를 던져주었나　　　誰投與狗骨
개들이 사납게 싸우노라　　　群狗鬪方狠
작은 놈 죽고 큰 놈이 다쳐　　　小者必死大者傷
도둑이 엿보며 틈을 노리는데　　　有盜窺窬欲乘釁
주인은 웅크리고 밤새 훌쩍이니　　　主人抱膝中夜泣
비에 담장도 무너져 온통 걱정이네　　　天雨墻壞百憂集

155 權韠, 『石洲集』 卷2 「鬪狗行」.

형식이 자유로운 장단구의 고시를 활용하여 세상의 모습을 비유적으로 묘사하고 있다. 집을 지키는 두 마리 개에게 미끼를 던져 싸움을 붙이더니 두 마리가 모두 상처를 입은 틈을 기다려 집안으로 들어가 물건을 훔치려 하는 사악한 도둑의 모습이 보인다. 그런데 주인은 설상가상으로 폭우에 건물 담장까지 무너져 어쩔 줄을 몰라하고 있다. 이는 당시 국정을 담당하던 위정자들이 편당을 지어 서로 치열하게 다툼을 벌여 극심한 사회문제를 야기한 일을 빗댄 것이다. 또한 이들을 배후에서 조종하여 나라를 헤아릴 수 없는 위험에 빠뜨리려는 불온한 세력들이 숨어 있음을 간결한 필치로 고발한 것인데, 그 표현의 방식이 거침없고 몹시 반항적이다.

권필은 일찍이 단천(端川)의 수령으로 부임하는 이안눌을 전송하는 시에서 이렇게 고백하였다. "나는 본성이 방탄하고 세상과 실로 소원하여 풍진 속에서 문을 닫고서 열흘에 하루도 나가지 않네."[156] 이 시절 권필은 세속과 어울리지 못하고 산야(山野)로 물러나 6,7년 동안 도학(道學)에 침잠하기도 하였지만 여전히 술과 시를 즐기는 버릇을 버리지 못하였고 예전의 언행도 멈추지 못하였다.[157]

권필은 이에서 그치지 않고 이후 조정을 풍자하는 「궁류시(宮柳詩)」라는 시를 아래와 같이 지었다.[158]

156 權韠, 『石洲集』 卷1 「送李子敏安訥出守端川」.

157 權韠, 『石洲別集』 卷2 「答宋弘甫書」.

158 權韠, 『石洲集』 卷7 「聞任茂叔削科」.

궁류는 푸르고 꾀꼬리 오르내릴 때 宮柳青青鶯亂飛
도성 안 관료들 봄볕처럼 아첨하고 滿城冠蓋媚春暉
온 조정이 태평을 축하하는데 朝家共賀昇平樂
누가 포의에게 위언(危言)을 하게 했나 誰遣危言出布衣

위에서 말한 대궐 버들은 광해군의 외척으로서 발호하던 유씨(柳氏)들을 가리키고 포의는 임숙영을 가리킨다고 한다. 권필은 결국 이때에 광해군의 노여움을 사서 해남(海南)으로 귀양 가던 중에 동대문 밖에서 행인들이 건네주는 술을 폭음하고는 이튿날 44세로 파란만장한 인생행로의 최후를 맞이하고 말았다.

『대동기문』에는 권필의 궁류시가 "권필이 시사에 분개하여 시를 지어 풍자하였고 또한 면전에서 권귀를 질타하며 권세를 두려워하지 않은 것이 이와 같았다."[159]라는 말로 소개되어 있다.

권필과 마찬가지로 그와 절친하였던 임숙영(任叔英)도 불우한 삶에서 좀처럼 벗어나지 못하여 울울한 심사를 문학으로 달래야 했다. 권필은 「서하가(西河歌)」에서 "나의 벗 서하(西河) 임숙무(任茂叔)도 사륙문에 능하여 임춘과 서로 겨룰 만하지만 여러 차례 낙방하다가 올 봄에야 별시에 급제하였다. 그런데 그가 대책에서 척리(戚里)의 교만한 횡포를 곧장 공격하여 임금이 삭과를 명하였다."라고 기록하고 아래와 같은 시를 남겼다.[160]

159 姜斅錫 『大東奇聞』 권3 「光海朝」.

「행로난」을 노래하지 말고　　莫唱行路難
나의 「서하가」를 들어보라　　聽我西河歌
서하의 곧은 선비　　西河有直士
전후로 모두 불우하였으니　　前後皆蹉跎
뜬구름 벼슬이야 어찌 말하랴만　　浮雲軒冕何足道
훌륭한 이름은 영원히 사라지지 않아　　美名百世應不磨
임(林) 서하여, 임(任) 서하여!　　林西河任西河
재주가 높지만 운명이 박함을 어쩌랴　　才高命薄知奈何
예전부터 이런 사람 얼마나 많았을까　　古來此輩何其多

이는 허균이 「후오자시」를 짓고 몇 개월이 지난 뒤에 지어진 것이다. 이 무렵에 권필, 홍서봉, 차천로 등이 담양에 내려가 이안눌과 시문을 수창하였으니 이들의 교류가 여전히 단단하게 유지되고 있었음을 알 수 있다. 그리고 그 자리에 임숙영이 참여하여 수창과 평론을 공유하였고 과감하게 시사를 논한 행실이 이들에게 지지를 받았음이 권필의 말에서 드러난다. 이들이 문학을 공유하면서 국가의 시사에 대한 견해와 처세 방식에 대해서도 서로 소통하고 공감하였음을 짐작케 한다.

장유(張維)도 「소암집서(疎庵集序)」에서 옛 친구 소암 임숙영에 대해 평하면서, 세상에 드문 지조를 지녀서 쇠와 돌처럼 강하고 곧으며 얼음과 눈처럼 냉철하고 깨끗하며 언론이 준엄하여 천길 절벽처럼 우뚝하게 높은 기상이 있다고 하였다. 장유는 아울러 이렇게 말하였다.

160 權韠, 『石洲集』 卷2 「西河歌」.

광해군 때에는 정도(正道)를 지키다가 쫓겨나기도 했다. 권간(權奸)들이 농간을 부려서 함정을 두고 가혹한 형벌을 써서 세상을 통제하던 때라서 깨끗한 인사들 대부분이 물러나 침묵 자중하고 있었지만 무숙은 홀로 준엄한 말로 격렬하게 맞서서 조금도 굽히지 않았다.[161]

임숙영이 어려운 환경에도 불구하고 개결하고 단단한 성품을 버리지 않았음을 칭송한 말이다. 그뿐 아니라 임숙영이 폭력적이고 부조리한 위정자에게 주저 없이 저항하고 그로 인한 고난과 불편을 기꺼이 받아들여 즐길 줄을 아는 인간으로 묘사되어 있다. 임숙영의 경우는 본디 지체 높은 집안에서 태어났지만 그 자신의 기질로 인해 출사한 뒤로도 몹시 극심한 가난에 시달렸다고 한다. 비바람도 가리지 못하는 누추한 골목 작은 집에서 거적도 없이 흙바닥에서 지내면서 곡식으로 끼니를 잇기도 쉽지 않은 생활을 하였을 정도였다. 단단한 의지를 소유한 자가 아니라면 견뎌내지 못하였을 것이다. 주변 사람들은 그가 도저히 살 수 없다고 생각하였지만 그는 편안히 즐기면서 전혀 근심하는 기색이 없었다고 한다.[162]

그의 순탄하지 않은 생활은 이후로도 한동안 지속되었다. 1613년에는 광해군이 영창대군(永昌大君)을 제거하기 위해 무옥을 일으키자 다리가 아프다는 핑계로 정청(庭請)에 불참한 일로 파직되어 외직을 전전하다가 광주(廣州)에서 은둔하였었다. 이식의 말에 따르면,[163] 광해군 9년(1617) 겨울에는 이식이 여주로 물러나 있을 때에

161 張維, 『谿谷集』 卷7 「疎庵集序」.

162 張維, 『谿谷集』 卷7 「疎庵集序」.

조정에서 물러난 여러 인물들이 상류 지역에 거처하고 있었다. 그 중에서 양근(楊根 양평)에 있던 정백창(鄭百昌)이 가장 먼저 찾아왔고 용진(龍津)에 있던 임숙영(任叔英)도 찾아와 모임을 갖곤 하였는데, 견해가 다른 자들로부터 세 사람이 삼학사(三學士)로 일컬어지며 공격을 받았다고 한다. 정백창은 관찰사 정효성(鄭孝成)의 아들로 1611년 별시문과에 병과로 급제하여 사국(史局)의 일을 맡게 되었는데 이후 인목대비를 폐위하는 문제가 불거진 뒤에 이이첨 일당에게 맞서다가 삭직되어 이곳으로 물러났던 것이었다.

또한 이들 외에도 완평부원군(完平府院君) 이원익(李元翼)이 여주로 이주하였고 이경여(李敬輿), 조성립(趙誠立 1568~1627), 한언(韓琂), 여이징(呂爾徵) 등도 강가에 거처를 정하여 서로 왕래하곤 하였는데, 당시에 이들을 수상칠인(水上七人)으로 지목하여 죄를 씌우려는 자들이 있었다고 한다.[164]

선조조에 활발하게 문예 활동에 종사하였던 인물 중에는 몇 명의 서얼의 존재가 눈에 띈다. 특히 허균, 권필 등과 문예 동인을 형성하였던 인물로 허적(許In)과 이재영(李再榮)이 서얼 출신의 문인들인데 이들은 서얼이라는 신분적 한계로 인해 자신들의 뜻을 마음껏 펼칠 수 없었기에 문학 방면에 더욱 침잠하게 되었고 문학을 통

163 李植, 『澤堂集·別集』 卷17 「敍後雜錄·納祿東歸」.

164 宋時烈, 『宋子大全』 卷203 「澤堂李公諡狀」; 李植, 『澤堂集·續集』 卷3 「兵亂後乞暇歸省東谷舟發漢江上峽有感四絶〔丁卯〕」.

해 자신들의 울울한 심사를 해소하곤 하였던 바, 이들의 존재는 이 시기 문예의 다양성의 측면에서 하나의 독특한 현상으로 인정할 만한 것이었다.

허적(許樀 1563~1640)은 허균의 재종형으로 자는 자하(子賀)이고, 호는 수색(水色), 상고재(尙古齋)이다. 허방(許昉)의 서자로서 35세에 1597년 별시 문과에서 을과로 합격하였다. 하지만 서자라는 신분적 약점으로 인해 지방에서 판관과 찰방 등의 관직을 옮겨 다녔고 내직으로 들어와서도 6부의 낭관을 전전하다가 성균관 사예가 되었다. 66세가 되던 1628년 1월에 유효립(柳孝立) 등이 선조의 7남 인성군(仁城君) 이공(李珙)을 추대하여 반역하려는 음모를 모의하였다고 고변하여 그 공으로 3월에 영사공신 1등에 녹훈되고 양릉군에 봉해지면서 뒤늦게 겨우 신분이 오를 수 있었다. 이후에 군자감 정 등을 지내고 70세 이후에 종묘 제조를 거쳐 한성부 좌윤에 이르렀다. 이처럼 60세 이후에 정치적 상황에 응하여 지위가 상승하였으나, 그 이전까지는 문과에 급제하고서도 말단의 관직을 오가는 불운한 처지에서 벗어나지 못하였다.

허적은 14세 때(1576)에 당숙인 허균의 부친 초당(草堂) 허엽(許曄)을 찾아가 3년 간 수학한 적이 있다.[165] 8살 연상이었던 허적은 이후로 자주 허균의 집을 오가면서 둘 사이의 우의가 점차 두터워질 수 있었다. 허균은 허적에 대해 이렇게 노래하였다.[166]

165 許樀, 『水色集』 卷7 「祭岳麓堂兄文」.

166 許筠, 『惺所覆瓿稿』 卷2 「病閑雜述 · 前五子詩」.

천고에 드문 재주 간직하고서 自保千古希
한때 곤액을 당한들 어떠하랴 任遭一時軋
우리 형제간에 의지할 뿐이니 我生賴壎篪
군흉들이 멋대로 시끄럽게 비방하네 群咻恣嘲哳
멀리 구만리 붕새를 보라 遙睇九萬鵬
날쌘 날개를 어찌 오래 접어두랴 逸翮寧長鎩

허적이 서자 신분으로 태어나 벼슬길에서 불평등을 겪어서인지 시문에서는 온 힘을 다하여 높은 성취에 이르고자 하였다. 허균은 허적이 이미 문단에서 앞서나갈 준비가 되어 있고 예림(藝林)에서 깃발 내세우고 일가를 이룰 만한 능력도 갖추었다고 평하였다. 지금은 군흉들에게 곤액을 당하는 처지지만 곧 붕새가 구만 리 장천으로 날아오르듯이 시원스럽게 비상할 수 있으리라고 기대하였다.

조위한(1567~1649)은 광해군 시절인 1615년 즈음에 도사로서 함경도로 부임하는 허적을 보내는 자리에서 「도사 허자하를 보내다〔送許都事子賀〕」라는 시를 지었다.[167] 이것이 광해군 시절에 지어진 시라서 다소 거리가 있으나 여전히 고단했던 그의 모습을 보여주고 있다.

영욕과 승침(升沈)을 누가 주장하나 榮辱升沈孰主張
험한 세상 길 양장(羊腸)처럼 심하구나 嶔崎世路劇羊腸
쑥대 집의 원헌(原憲)은 기댈 곳 없이 굶는데 蓬間原憲飢無賴
화려한 진궁(秦宮)에는 환락이 끝없어라 花底秦宮樂未央
유독 문장만 명달(命達)을 미워하랴 豈獨文章憎命達

167 趙緯韓, 『玄谷集』 卷5 「送許都事子賀〔二首〕」.

홀로 곧음이 재앙을 부른다오 須知孤直致身殃
우리 사업이 오히려 이러하니 吾儕事業還如此
나가서 순선(巡宣)을 돕는 것도 나쁘지 않으리 出佐巡宣且不妨

이때는 허적이 과거에 급제한 뒤로 8년가량이 흐른 40대 초반 시절이다. 재능만으로 본다면 임금의 지우를 입고 조정에서 자신의 능력을 마음껏 발휘할 수 있어야 마땅한 때이다. 그러나 마치 양의 창자처럼 세상길이 험난하기만 하다는 것이다. 허적을 공자의 제자 원헌에 견준 것도 곤궁한 처지에서 벗어날 수 없을진대 오히려 도를 실천하며 만족하는 원헌의 삶을 살기를 기대한 것이다. 하지만 한편으로는 부조리한 세태의 극심한 모순을 직시하면서 불우한 삶의 향방에 대해 우려 섞인 근심을 하지 않을 수 없는 형편임을 잘 표현하고 있다.

이 무렵에 허적이 택한 삶은 문학에 침잠하고 현실에 순응하는 것이었다. 문장에 능한 것이 도리어 출세를 가로막고 정직한 삶이 도리어 재앙을 초래한다는 한탄 속에서 이들의 고충이 보인다. 이안눌도 함경도로 부임하는 허적을 전송하는 자리에서 "어린 아이로서 청해(靑海)에서 성명을 알리고, 늙은 관리로서 고산(高山)에서 풍모를 알리네. 십년 동안 여전히 지위를 굽히니, 독서 천 권도 평생 굶주림을 못 면하네."[168]라고 하였다. 북청 판관에서 고산 찰방으로 말단의 지방관을 전전하고 있으니 천 권을 책을 읽은 것도 아무 소용이 없고 굶주림을 면하지도 못한다고 한탄한 것이다.

168 李安訥, 『東岳集』 卷23 「拾遺錄下 · 奉送許子賀都事之咸鏡道, 君曾爲北靑判官高山察訪.」.

이와 같이 가슴 아픈 현실이 그를 괴롭게 하였으나 그가 문학의 방면에서 성취한 경지는 분명한 것이었다.

> 나의 재종형 자하씨(子賀氏)는 젊어서 고문을 배우기를 한 마음으로 부지런히 하더니 만년에 천리를 깨닫고 최상의 경지에 올랐다. 문장은 몹시 간결하고 중후하며 시는 한나라 악부와 위진 고시와 경룡(景龍)·개원(開元)의 근체시를 섭렵하여 날래고 매서우면서도 그윽하고 심원하여 우뚝이 스스로 일가를 이루었다. 부(賦)가 가장 드높고 아름다워 양(楊), 마(馬), 포(鮑), 사(謝)의 뜻을 깊이 얻었으니 우리나라 부(賦) 작가 중에는 미칠 자가 없다. 하지만 사람들은 그 소중함을 모를 뿐 아니라 비난하기도 한다. 그의 신분이 사람들의 마음을 움직일 수 없어서가 아닐까? 또한 개탄스러운 일이다. 이안눌은 안목이 높아 남을 인정하지 않지만 자하씨에 대해서만큼은 몹시 걸출하다고 떠받들고 권필도 옛 와존(瓦尊)과 동이(銅彝)에 견주어 이들 두세 사람이 존중하기를 극진히 하였다. 그러나 사람들은 이들 두세 사람보다 그 값을 낮추어 평가하니 귀머거리와 다를 것이 무엇인가.[169]

재종으로서 어려서부터 함께 어울려 서로를 잘 이해하고 있었던 허균은 허적이 고문을 익혀 최고의 경지에 도달하였다고 평하였다. 문장은 간략하면서 중후하고 시는 한나라 악부와 위진 고시와 당나라 중종조와 현종조의 근체시를 섭렵하여 스스로 일가를 이루었으며, 부의 경우에는 가장 기세가 드높고 아름다워 양(楊), 마(馬), 포(鮑), 사(謝)의 뜻을 깊이 얻어 우리나라의 부(賦)를 창작하는

169 許筠, 『水色集』「水色集序〔一號尙古齋〕」.

작가 중에서는 뒤따를 자가 없을 정도라고 하였다.

조위한은 연작으로 지은 「도사 허자하를 보내다〔送許都事子賀〕」[170]의 다른 시에서도 "옛날부터 사인(詞人)들은 온통 낙척하였으니, 요즘 청론(淸論)들만 문장으로 낙척한 것 아니라네. …… 세 번 용강을 건너는 사이 머리가 모두 세었으나, 오가는 사이에 시주머니 가득 채웠네."라고 노래하였다. 뜻을 펴지 못하고 외직으로 밀려나 용강(龍江)을 오가는 사이에 백발이 성성한 50세의 나이가 되었으나 사인(詞人)의 삶은 게을리 하지 않았다는 것이다.

허적은 불운한 인생의 고단함을 잊기 위하여 더욱 자신의 문우(文友)들과 어울려 시문 창작과 감상에 침잠하였고 이로써 상처받은 자존감을 치유할 수 있기를 기대하였을는지도 모른다.

> 노형(老兄)의 시는 몹시 성당의 시에 가깝습니다. 다만 너무 거세니 약간 평탄한 길로 들어간다면, 심전기나 송지문에서 어찌 멀리 벗어나겠습니까. 칠언고시는 『황정경』과 비슷하지만 조금만 더 시간이 지나면 필시 노조린과 낙빈왕을 내려다 볼 것입니다. 제 말이 너무 지나치다고 의심하지 마십시오.[171]

이는 허균이 1607년 10월에 허적에게 보낸 서간의 내용이다. 허적이 성당의 시에 가까운 시의 경지를 구축하였으며, 아직은 조금 거세지만 평탄한 방향으로 변화시킨다면 심전기나 송지문의 경지에도 이를 수 있을 정도라고 평가하였다. 칠언고시의 경우는 지금

170 趙緯韓, 『玄谷集』 卷5 「送許都事子賀〔二首〕」.

171 許筠, 『惺所覆瓿稿』 卷21 「與許兄子賀〔丁未十月〕」.

은 『황정경』과 비슷하지만 약간의 시간이 흐른 뒤에는 분명히 노조린과 낙빈왕을 뛰어넘을 수 있다고 평가하였다.

허적은 시문의 창작뿐 아니라 시문 비평도 충실하였다. 홍명원(洪命元 1573~1623)은 이에 대해 "허자는 청구(淸癯)하여 심후(沈侯)와 같은데, 시를 평론할 때에는 가도(賈島)와 맹교(孟郊)의 부류는 쳐주지 않는다."[172]라고 하였다.

허적과 함께 이재영(李再榮)도 서얼 신분의 문사로 뛰어난 문학적 역량을 보여주었던 인물이다.

이재영(李再榮 1567~1623)은 허균의 어릴 적 친구이다. 이후 허적과 함께 서얼로서 순탄하지 못한 시기를 보내다가 결국 방달한 삶을 살았던 인물이다.[173] 본관은 영천(永川), 자는 여인(汝仁)이다. 부친 이선(李選)은 이조 판서에 올랐던 인물이나, 노비 학금(鶴今)과의 사이에서 낳은 자식이 바로 그였으므로 신분적 굴레에서 자유로울 수 없었다. 이재영이 시인 이달(李達)이 간통해서 낳은 자식이라는 소문도 전해지고 있었다.[174]

그는 비록 천첩의 자식이었지만 재능이 뛰어나 선조 32년(1599년) 정시에서 갑과 1등으로 급제한 적이 있다. 이때에 왜적의 수급

172 洪命元, 『海峯集』 卷2 「送別許都事子賀」, "許子淸癯似沈侯, 論詩不數島郊流."
173 김창호, 「李再榮과 『秋苑詩話』」, 『한자한문교육』 24권, 한국한자한문교육학회, 2010.
174 實錄廳, 『仁祖實錄』 1年(1623) 3月 18日 기사.

을 벤 자를 허통(許通)하고 이들에게 훈련원에서 무과 전시를 치르게 하여 권승경(權升慶) 등 서얼 2백 6인이 합격되는 일이 있었다. 또한 일부 서얼 유생도 함께 허통되어 시어소(時御所)에서 시험을 치를 수 있게 되었으므로 이재영 등 10인이 합격된 것이었다. 하지만 이때 이재영이 천한 어미의 자식으로서 수석을 차지하였다는 부정적 여론에 밀려 삭과(削科)되는 불운을 감수해야 했다.

> 계미년(1583)에 소인들이 법을 어지럽혀 허통(許通)하는 길을 열어놓았다. 이로부터 서얼로서 과거에 급제하여 출사하는 자가 많아졌다. 임진년 난리에 기강이 크게 무너져 한 수급(首級)을 벤 자는 하천(下賤)을 가리지 않고 모두 과거 응시를 허용하였다. 이른바 수급을 베었다는 것은 변장(邊將)의 허위 보고에서 나온 것이 많아서, 도망하고 반역한 노예들도 모두 버젓이 끼어 있었다. 그래서 식자들이 한심스럽게 생각하였다. 이때에 이재영이 천창(賤倡)의 아들로서 용방(龍榜)의 수석을 차지하여 선왕(先王)의 명분(名分)이 하루아침에 실추되었으니, 어찌 깊이 탄식할 일이 아니겠는가.[175]

이는 『선조실록』 1599년 3월 17일 기사의 끝에 달린 사평(史評)이다. 이재영이 정시에서 장원을 차지한 일로 논란이 일었음을 보여준다. 이 일로 인해 선왕의 명분이 하루아침에 실추되었다고 하면서 비판의 목소리를 높이고 있다. 이틀 뒤인 3월 19일에는 사헌부에서 "급제한 이재영은 사사노비 학금(鶴今)의 자식인데, 학금은 천창(賤倡) 중에서도 더욱 심한 자로서 모든 백성들이 천시하여 더

175 實錄廳, 『宣祖實錄』 32年(1599) 3月 17日 기사.

럽게 여깁니다."[176]라고 아뢰었다. 이처럼 부정적 여론이 팽배하자 결국 삭과하는 것으로 결론이 나고 말았다. 이재영은 앞서 감시의 초시에서 합격하였을 때에도 대관의 논계(論啓)로 인해 삭거되었었다.[177]

이후 광해군 시기에 이재영은 문학적 재능을 적극 활용하여 이이첨의 지원 세력을 자처하였다. 이는 허균과 정치 노선을 함께 한 것이었다. 이를 기반으로 그는 광해군 7년(1615 을묘)에 치러진 알성시에서 을과 1등으로 급제하여 묵은 한을 풀 수 있었다.[178] 하지만 결국 안타깝게도 정치 소용돌이에 휘말려 불행한 최후를 맞고 말았으니, 말년에 잠시 벼슬에 나아간 것 말고는 세상살이의 답답한 굴레 속에서 거의 벗어나지 못하였던 것 같다.

이재영은 허균, 권필과 두터운 친분을 유지하면서 늘 시문을 주고받았다.

> 내가 큰 고을의 수령이 되었고 마침 자네의 거처와 가까우니 어머니를 모시고 이곳으로 오시게. 내가 봉급의 절반으로 대접할 것이니 결코 굶지 않을 것이네. 자네는 나와 처지가 다르지만 취향이 같네. 재주도 나의 열 배가 되는데 세상에서 버려짐이 나보다 심하니, 내가 늘 기가 막히는 이유라네. 나는 운수가 비록 기구해도 여러 차례 수령을 지내 연명할 만하네만, 자네는 사방을 떠돌며 입에 풀칠하고 있으니 모두 우리 책임일세. 밥상을 대하면 늘 부끄러워 음식을 삼킬 수 없으니, 서둘러 오시게. 이로 인해 비방을 받아도

176 實錄廳, 『宣祖實錄』 32年(1599) 3月 19日 기사.
177 實錄廳, 『宣祖實錄』 32年(1599) 3月 19日 기사.
178 實錄廳, 『宣祖實錄』 32年(1599) 3月 19日 기사.

개의치 않을 것이네.[179]

선조조 말년(1608) 1월에 허균이 이재영에게 보낸 편지이다. 허균은 1개월 전인 1607년 12월 9일에 공주 목사에 제수되었으니,[180] 부임한 직후에 이재영에게 이 편지를 보냈을 것이다. 이재영이 이때까지 끼니를 잇지 못할 만큼 낙척한 처지로 지내고 있었지만 그에 대한 허균의 신뢰는 변함이 없었다. 처지가 다르다고 말했으나 이는 먹고사는 문제를 말한 것일 뿐으로 서로의 신뢰를 해칠 만한 것이 아니었다. 애초에 서로 지향하는 바가 같아 일찍부터 함께 어울렸던 사이인 데다가 서로 누구도 넘볼 수 없을 만한 문학적 재능이 갖추고 있었기에 서로에 대한 강한 신뢰가 끝까지 유지될 수 있었던 것이다.

이후 뜻을 이루지 못하고 전전하던 이재영을 세상으로 불러낸 것도 허균이었다.

> 내가 다시 이번 걸음에 나서면 10년에 세 차례 막하(幕下)에 있는 것이니, 어찌 지루하지 않겠소. 사상(使相)이 꼭 자네를 얻으려 하니, 자네가 나오고 싶지 않다면 모르겠지만 세상에 뜻이 있다면 나오기를 바라네. 서기(書記)로서 함께 따라가면 즐거울 것이네. 서관(西關)의 천리 길에서 옛날 노닐던 곳을 다시 밟아보는 것도 유쾌한 일일 것이네. 국상 중이라서 성색(聲色)을 즐길 수는 없으나 여관의 푸른 등불 아래서 향을 피우고 마주 앉아 고금을 담론하고 시가를 지으면서 삼춘(三春)을 보내면 나쁘지 않을 것이네.[181]

179 許筠, 『惺所覆瓿稿』 卷21 「與李汝仁〔戊申正月〕」.
180 實錄廳, 『宣祖實錄』 40年(1607) 12月 9日 기사.

허균은 1691년 1월 원접사 이상의(李尙毅)의 추천으로 원접사 종사관이 되었다. 그런데 이때 이재영이 동행할 수 있도록 권유하고 있는 내용이다. 이후 이재영은 허균을 도와 이이첨의 측근에서 정치적 지원을 아끼지 않다가 최후를 맞았는데, 이 역시 허균과 뜻을 함께 하려다가 빚어진 일이었을 것이다. 결국 세상일로는 성공하지 못하고 말았지만, 두 사람이 함께 어울려 고금을 담론하고 시문을 읊조리며 현실의 굴레에서 일탈하고자 염원하였던 젊은 시절의 삶은 그대로 가치 있는 것이었다.

아래는 「전오자시」의 일부이다.[182]

내가 이 사내를 사랑하니	我愛藐丈夫
어려서부터 시문이 빛나지	詞華自童丱
백가의 말을 꿰뚫어	貫穿百家語
추환처럼 즐긴다네	嗜之如芻豢
…중략…	
시를 다투는 자가 있으면	詩壘値交鋒
내가 그대 위해 좌단(左袒)하리니	吾爲君左袒
온 나라가 그대를 비웃어도	笑者任滿國
진실은 감추기 어려운 법	其實自難贋
향읍에서 의식이 곤궁하고	下邑困桂玉
위도(危途)에서 우탄(憂歎)에 시달리며	危途飽憂歎
병(病)이 같은 고단한 벗이	寂寞同病客
하늘 끝에서 한해가 보내네	天涯歲將晏

181 許筠, 『惺所覆瓿稿』 卷21 「與李汝仁〔己酉正月〕」.

182 許筠, 『惺所覆瓿稿』 卷2 「病閑雜述 · 前五子詩」.

허균이 그 서문에서 밝혔듯이 두 사람은 가장 오랜 세월을 함께 한 친구였다. 또한 서로의 뜻을 정확하게 이해하고 고락을 함께 할 수 있는 사이이기도 하였다. 이들은 청장년 시기에 해당하는 선조조에 불우한 삶을 이어가다가 광해군 시기에 벼슬길에 나아가기는 했으나 이 역시 순탄치 못하여 결국 이로 인해 실각하고 죽음으로 내몰리는 최후를 맞고 말았다.

권필은 「탄식하다〔有歎〕」라는 시에서 당시 이들의 형편을 이렇게 토로하였다.[183]

전란이 멈추지 않은 지금	兵戈今未定
누구에게 나루터를 물어야 하나	何處問通津
땅 속에 새 귀신 많아지고	地下多新鬼
술자리에 옛 친구 줄어드는데	尊前少故人
노쇠한 몸은 안석에 기대어	衰年聊隱几
덧없는 세상에 홀로 눈물 흘리네	浮世獨沾巾
풍진 속에서 문을 닫고서	閉戶風塵際
쓸쓸히 또 봄을 지내노라	寥寥又一春

이들의 중심에는 언제나 허균이 자리하고 있었고 권필과 이재영, 이안눌, 허적, 조위한 등이 함께 어울렸던 정황이 여러 기록에 나타나있다. 이들은 문학에 있어서는 당대의 최고라고 자부할 만하였다. 권필이 이재영의 시에 대해 “그대는 굴원과 송옥 같은 재주가

183 權韠, 『石洲集』 卷3 「有歎」.

있고, 시문의 꾸밈은 애영(哀郢)을 뛰어넘네."[184]라고 칭찬하였을 정도다. 다만 그 능력을 정치 현실에서 인정받지 못하여 대체로 뜻을 이루지 못하는 경우가 많았다. 부득이 좌절과 아픔을 경험하면서 이를 문학에서 해소하여 매우 독특한 문학 세계를 보여줄 수 있었다.

2) 비주류 저층 문학의 성장

서얼의 경우 애초에 정치 사회의 핵심 고리에서 벗어나 출세의 길이 제한되어 있었지만 문예 방면에서 두각을 나타내어 명성을 떨치는 것은 가능한 일이었다. 실제로 앞서 살펴보았듯이 16세기 후반 선조조에 여러 서얼 문인들이 두각을 나타낸 바 있다. 하지만 여성과 중인의 경우는 이것이 쉬운 일이 아니었다. 더구나 천인의 경우에는 더더욱 가능할 수 있는 일이 아니었다. 16세기 후반에 이르러 이들 몇몇이 통념을 깨뜨리고서 문예의 장에 등장하기 이전까지 누구도 이들에게 문학 활동을 기대하기는 어려웠을 것이다. 그럴 만한 사회적 여건이 아직은 갖추어지지 않았었기 때문이다.

그 동안 문학에 있어서 활동이 드물었던 여성들이 16세기 후반에 이르러 다양한 경로로 문예를 소비하고 창작에 참여하였다. 여항을 근거로 활동하던 중인들도 생활수준이 향상되면서 자신들만의 독

184 權韠, 『石洲別集』 卷1 「次汝仁秋日感懷韻」.

특한 문화를 만들어 문예의 기층을 형성하였고 그 가능성을 보여주었다. 아울러 천인들도 문학에서 자신들의 존재감을 보여주기 시작한 것은 역사적인 사건이라 할 만하다. 설령 이들의 성취 수준이 상대적으로 높다고 말하기는 어려울 수 있더라도 이들이 문예의 장에 새로 진입하여 새로운 시대에 걸맞은 문예 환경의 형성을 촉발시켰다는 사실만으로도 이미 역사적 의의를 논하기에 충분하다.

먼저 여성 문학의 성장에 대하여 살펴보고 뒤이어 중인과 천인들의 문학 활동에 대해 살펴보기로 한다.

가) 여성 문학의 성장

이가원 선생은 이 시기의 여성 문학의 성장에 주목하여 "당시 여성계의 작가들은 앞서 보지 못했을 만큼 눈부시게 활발히 움직였다."고 '여류작가의 활약'을 서술하면서 허초희(許楚姬), 조경(趙瓊)의 첩 이옥봉(李玉峯), 정문영(鄭文榮)의 처 이씨(李氏), 신순일(申純一)의 처, 양사기(楊士奇)의 처, 정철(鄭澈)의 첩, 조씨(曺氏)를 소개하였다.[185] 여성의 문학은 일찍이 허균이 『성수시화』, 『학산초담』, 『국조시산』 등에서 적극적으로 소개한 바 있다. 이에 대해 이가원 선생은 혁명사상을 내재하고 있던 허균이 여성 해방

185 『학산초담』에는 이들 외에 권붕(權鵬)의 여종 금가(琴哥)가 추가되어 있다. 또 '양사기(楊士奇)의 처(妻)'가 『학산초담』에는 '양사언(楊士彦)의 첩(妾)'으로 되어 있고 『국조시산』(卷3, 국중본 123쪽)에는 '양사기(楊士奇)의 첩(妾)'으로 되어 있다.

문제를 암암리에 모색하고자 한 것이라고 평하였다. 허균 외에 이수광도 『지봉유설』에서 여성의 문학을 자세히 소개하였다.

이 자리에서 여성 문인들의 활약을 일일이 언급하기는 어렵지만 여성 문인을 대표하는 몇몇 문인들을 중심으로 그 대략을 소개해본다.

> 부인은 술과 음식이나 의논해야 마땅하다. 양잠하고 길쌈하는 일을 그만두고서 오직 시를 읊조리는 일에만 종사함은 아름다운 행실이 아니다.[186]

이는 심수경(沈守慶 1516~1599)이 자신이 살던 시대의 조선 남성들이 여인들의 문학 참여를 두고 하는 말을 기록으로 옮겨 놓은 것이다. 16세기 후반의 조선 사회에서 위와 같은 인식이 보편적인 것이었다면, 여성이 문학 활동에 참여하기 위해서는 이를 아름답지 못한 행실로 여기는 기성의 부정적 관념들과 충돌할 수밖에 없었을 것이다.

이 문제에 대해서는 두 세기가 지난 연암 박지원도 상당히 보수적인 입장에 서 있었다는 사실을 안다면 여성의 문학 활동이 참으로 녹녹한 일은 아니었음을 짐작할 수 있다. 박지원은 이렇게 말하였다.

> 규중에서 시를 읊는 것이 본디 아름다운 일은 아니나 외국의 한 여자로서 아름다운 명성이 중국에까지 전파되었으니 명예롭다고

186 沈守慶, 『遣閑雜錄』.

할 만하다. 다만 우리나라 부인으로서 이름과 자가 본국에 알려진 적도 없으니 '난설(蘭雪)'이라는 호 하나가 알려진 것만도 이미 과한 일인데 이름까지 '경번'(景樊')으로 알려져 곳곳에 기록되어 영원히 지우기 어렵게 되고 말았다. 재사(才思)가 있는 규중 여인들에게 분명한 본보기가 되지 않겠는가.[187]

외국의 한 여자로서 아름다운 명성이 중국에까지 전파된 것을 명예로운 일로 인정하기는 하였으나 여인의 시작 활동이 아름다운 일은 아니라는 인식을 가지고 있었음을 보여준다. 부인으로서 이름과 자가 국내에 알려진 경우도 있지 않은 것이 현실이니 난설(蘭雪)이라는 호가 중국에 알려진 정도도 이미 과한 일이라고 언급한 부분에도 이미 여인의 참여에 대한 편치 않은 인식이 깔려 있는 듯하다. 또한 '경번(景樊)'은 번천(樊川) 두목처럼 얼굴이 못난 남편을 사모하여 시집갔다고 주위 사람들이 놀려서 붙인 호칭인데 이것이 이름으로 잘못 알려져 곳곳에 기록으로 남아 씻을 수 없는 욕을 당하고 말았다고 안타까워한 대목에서도 여인의 참여에 대한 걱정 어린 시선이 내재되어 있음이 느껴진다.[188]

허균도 일찍이 당시 규방시인의 활약에 대하여 다음과 같이 말했다.

동방의 부인네 중에 시 잘하는 자가 드물었다. 이른바 '술 빚고

187 朴趾源, 『熱河日記』 「避暑錄」.

188 이규경은 「경번당변증설(景樊堂辨證說)」이라는 글에서 신돈복(辛敦復)의 『학산한언(鶴山閑言)』을 인용하여 '경번(景樊)'은 당나라의 번고(樊姑)라는 선녀를 사모하여 스스로 붙인 자호라고 변론하였다.

> 밥 짓는 일이나 해야지 밖으로 화려한 문사에 힘써서는 안 된다.'는 것 때문인가? 그러나 당나라 사람들의 시를 보면 규수로서 시로 이름을 떨친 자가 20여 명이나 된다. 이는 문헌으로 충분히 증명할 수 있다. 우리나라도 근래에 와서 제법 규수로서 시에 능한 자가 있게 되었다. 허난설헌 경번이 하늘 신선 같은 재주를 지녔고 옥봉도 대가라는 사실은 논란의 여지가 없다.[189]

조선의 16세기는 '술 빚고 밥 짓는 일이나 해야지 밖으로 화려한 문사에 힘써서는 안 된다.'는 여성 문학에 대한 기존의 경직된 관념 속에서 자유롭게 벗어날 수 있는 사회적 합의가 아직은 마련되어 있지 않았던 시기였다. 그렇기에 여성들이 자유롭게 문학 활동을 지속하기가 쉽지 않았고 이를 극복한 여성의 등장도 매우 드물고 더딜 수밖에 없었다. 그러나 중국의 경우는 이미 당나라 시대에도 규수로서 시로 이름을 떨친 자가 20여 명이나 되어 그 차이가 현격하다. 다만 조선도 17세기로 넘어가는 무렵에 이르면 제법 규수로서 시에 능한 자가 등장하게 되었다고 한다. 그 주인공으로 꼽은 인물이 곧 허초희와 이옥봉이다.

그렇다면 허균의 누이 허초희(許楚姬 1563~1589)와 조원(趙瑗)의 첩 이옥봉(李玉峯)은 여성의 문학 활동에 부정적이던 기성의 관념에 가장 앞서서 저항하고 견뎌내어 여성문학을 발전시킨 선구자의 역할을 하였다고 말할 수 있을 듯하다.

심수경도 중국의 경우에는 조대가(曹大家)와 반희(班姬)와 설도(薛濤) 등 시문에 능한 여인이 헤아릴 수 없이 많아 여인으로서 시

189 許筠, 『惺所覆瓿稿』 卷26 「鶴山樵談」.

문에 능한 것이 기이한 일이라 할 수 없지만 우리나라의 경우에는 그렇지 않다고 술회하면서 허초희와 이옥봉 외에 김성립(金誠立)의 처 허씨(許氏), 조원(趙瑗)의 첩 이씨(李氏), 정철(鄭澈)의 첩 유씨(柳氏)를 나란히 소개하였다.[190]

가장 이른 시기에 국내외에 널리 알려져 그 사이 가장 주목을 끌었던 대표적 여성 문인은 허초희(許楚姬)이다. 허초희는 자는 경번(景樊)이고 호는 난설헌(蘭雪軒)이다. 아래는 심수경이 기록해둔 허초희에 대한 이야기이다.

> 문사(文士) 김성립(金誠立)의 처 허씨(許氏)는 재상 허엽(許曄)의 딸이요 허봉과 허균의 누이이다. 허봉과 허균이 시에 능하여 이름이 났는데 누이가 더욱 뛰어나다고 한다. 호는 경번당(景樊堂)이다. 남긴 문집은 세상에 알려지지는 않았으나 「백옥루상량문(白玉樓上梁文)」이 많은 사람에 의해 전송되었고 시도 절묘하다. 안타깝게 일찍 요절하였다.[191]

난설헌을 언급하는 기록들은 모두 그녀를 초당(草堂) 허엽(許曄)의 딸이라거나 허봉과 허균의 누이로 소개하고 있다. 허봉과 허균이 이미 시로써 세상에 명성을 떨치고 있었기에 이들의 누이라는

190 沈守慶, 『遣閑雜錄』.

191 沈守慶, 『遣閑雜錄』.

사실만으로도 사람들의 관심을 끌기에는 충분하였을 수 있다. 하지만 그녀의 명성이 단지 여성이라는 특수성으로 인해 획득하였다거나 시재(詩才)가 풍부한 두 형제의 후광으로 인해 획득하였다고 하는 정도로 폄하하는 것은 곤란하다. 그녀가 창작한 것으로 알려진 「백옥루상량문(白玉樓上梁文)」의 경우 이미 세간에 널리 전송되어 많은 사람들로부터 수많은 찬사를 이끌어내었을 만큼 그녀 스스로 독특한 문학의 경지를 이루었던 것만은 사실이었다.

신흠도 그녀를 소개하면서, 세상에 간행된 그녀의 시집을 보면 한 편 한 편의 시가 모두 놀랄 만큼 뛰어나다고 하였다. 특히 세상에 전해지고 있는 「광한전상량문(廣寒殿上樑文)」은 화려하면서도 청아하고 건실하여 초당의 사걸(四傑)[192]에 견줄만한 작품이라고 극찬하였다.[193] 여성 문인의 존재가 도무지 들리지 않던 조선 문단에 이렇게 대단하게 이름을 알리고 그 높은 성취를 인정받았으니 우리나라의 여성 문학에 있어서 그야말로 파천황의 공을 세웠다고 말할 만도 하겠다.

다만 그녀의 문학적 성취는 완전하게 공인되었다고 말하기에 조심스러운 부분이 아직 남아있다. 오래 전부터 있어온 위작시비 논란이 여전히 해소되지 못하였기 때문이다. 일찍이 신흠도 이 문제를 제기하면서 이렇게 말하였다.

192 초당 사걸은 왕발(王勃), 양형(楊炯), 노조린(盧照隣), 낙빈왕(駱賓王)을 이른다.

193 申欽, 『象村集』 卷60 「晴窓軟談下」.

시집에 실린 유선시(游仙詩) 같은 시는 태반이 고인의 시 전편이다. 전에 읽었던 그녀의 근체시 중에도 '새로 화장한 얼굴 거울에 비춰보고, 애달파 잠 못 이루고 누각 아래에 서성이네. 〔新粧滿面猶看鏡, 殘夢關心懶下樓.〕'라는 두 구가 곧 고인의 시구다. 혹은 남동생 허균이 세상에 잘 알려지지 않은 시편을 표절해서 끼워 넣어 그녀의 명성을 알린 것이라고도 하는데 그럴 듯한 말이다.[194]

신흠의 말을 보면 당시에 이미 허초희의 시에 대한 위작 시비가 있었음을 알 수 있다. 예시한 시구는 「손내한 북리의 시에 차운하다〔次孫內翰北里韻〕」라는 제목의 칠언율시에서 둘째 연에 해당하는 부분으로 원나라 장욱(張昱)이 지은 칠언율시 「무제(無題)」의 둘째 연을 그대로 옮겨놓은 것이다. 또한 위에서 언급한 「유선시」는 칠언절구 87수의 연작시로 이루어진 「유선사(遊仙詞)」를 이르는데, 실제로 상당히 많은 부분에서 고인의 시구가 발견된다. 예컨대 81번째 시와 84번째 시를 보면 아래와 같다.

* 星冠霞佩好威儀 三島仙官入奏時 頻把金鞭打龍角 爲嗔西去上天遲
雲衫玉帶好威儀 三洞眞人入奏時 頻着金鞭打龍角 爲嗔西去上天遲
曹唐 「小遊仙詩」 98수 중 85번째 수 (『御定全唐詩』 卷641)

* 珠露金飆上界秋 紫皇高宴五雲樓 霓裳一曲天風起 吹散仙香滿十洲
入海浮生汗漫秋 紫皇高宴五雲樓 霓裳曲罷天風起 吹散仙香滿十洲
李九齡 「上淸辭」 5수 중 첫째 수 (『御定全唐詩』 권730)

194 申欽, 『象村集』 卷60 「晴窓軟談下」.

위에 예시한 두 수의 경우 각각 조당(曹唐)의 「소유선시(小遊仙詩)」와 이구령(李九齡)의 「상청사(上淸辭)」를 거의 그대로 베끼어 옮겼다고 말할 수 있을 정도로 표절되어 있음을 확인할 수 있다. 이는 예로 든 것에 불과하고 상당히 만은 부분에서 동일한 방식의 표절이 발견된다. 이런 까닭으로 결국 허초희가 남긴 시 작품들은 위작 시비에서 벗어날 길이 없어 보인다.

> 『난설헌집』의 「봉화염지가(鳳花染指歌)」는 명나라 사람의 '거울 닦으니 밝은 별똥이 달밤에 흐르고, 눈썹 그리니 붉은 비가 봄 산에 떨어지네. 〔拂鏡火星流夜月, 畫眉紅雨過春山.〕'라는 시구를 그대로 취하여 점화(點化)한 것이며 「유선사(遊仙詞)」의 두 편은 당나라 조당(曹唐)의 시이고 「송궁인입도(送宮人入道)」 한 편은 명나라 당진(唐震)의 시이다. 그밖에도 악부와 궁사 등의 작품 중에 옛 시를 몰래 취한 것이 많다. 이 때문에 한 집안 사람인 참의 홍경신(洪慶臣)과 정랑 허적(許樀)이 평소에 '난설헌의 시는 두세 편 외에 모두 위작이며 「백옥루상량문(白玉樓上樑文)」도 허균과 이재영이 엮었다'라고 하였다.[195]

이는 이수광이 『난설헌집』의 진위 문제에 대하여 『지봉류설』에서 언급한 내용이다. 허난설헌의 작품으로 수록된 많은 시가 위작임을 지적하였다. 심지어 두세 편 외에 모두 위작이라고 혹평하였을 정도다. 백번 양보한다고 해도 허난설헌의 작품으로 유전되고 있는 시의 상당 부분이 위작 시비에서 자유로울 수 없을 듯하다. 이규경(李圭景)도 유여시(柳如是)의 논술과 김성립의 후손 김수신

195 李睟光, 『芝峯類說』 卷14 「閨秀」.

(金秀臣)의 "허난설헌이 손수 시를 기록한 수십 장이 있는데 간행본과 아주 다르다", "지금 세상에 전해지는 간행본은 본디 허난설헌의 창작한 전부가 아니라 허균의 위본(僞本)이다"라는 증언을 토대로 위작이 섞여 있음을 주장하였다.[196]

그러나 허균의 말을 들어보면 전혀 그렇지 않은 듯하다. 아래는 허균이 「학산초담」에서 허난설헌에 대해 언급한 부분이다.

> 누님의 시문은 모두 천성에서 나온 것들이다. 유선시(遊仙詩)를 즐겨 지었는데 시어(詩語)가 모두 맑고 깨끗하여 음식을 익혀 먹는 속인으로는 미칠 수가 없다. 문장도 우뚝하고 기이한데 사륙문이 가장 좋다. 「백옥루상량문」이 세상에 전한다. 중형이 일찍이, "경번(景樊)의 재주는 배워서 그렇게 될 수가 없다. 모두가 이태백과 이장길의 유음(遺音)을 얻은 것이다."라고 한 적이 있다.[197]

이 글에서는 앞서 이재영의 손에서 나온 위작일 수 있다고 이수광이 언급했던 「백옥루상량문」에 대한 위작 시비는 전혀 엿볼 수 없다. 만일 이수광의 말이 옳다면 허균이 이를 모를 수 없었을 터이다. 둘 중 한 사람의 말은 잘못된 것이다.

다만 누구의 말이 옳은 지가 허난설헌 문학의 규모와 질을 논하는 데에 있어서 중요한 문제일 수 있으나 이것이 허난설헌 본인의 부정한 의지가 개입되어 있는 일은 아니며 몇 수의 시편만으로도 허난설헌을 여성 문인으로 인정하기에 충분할 것이다. 여전히 16세

196 李圭景, 『五洲衍文長箋散稿』「景樊堂辨證說」.
197 許筠, 『惺所覆瓿藁』 卷26「鶴山樵談」.

기 후반을 빛낸 여성 문인으로서의 허난설헌의 입지는 흔들릴 수 없다.

허난설헌과 같은 시기에 시로 명성을 얻었던 여인으로는 이옥봉(李玉峯)이 있다. 양녕대군의 고손자 옥천 군수(沃川郡守) 이봉(李逢)의 서녀로 태어나 운강(雲江) 조원(趙瑗 1544~1595)의 첩이 되었던 여인이다. 조원은 죽음(竹陰) 조희일(趙希逸)의 부친이다.

고손자 조정만이 기록한 「이옥봉행적(李玉峰行蹟)」[198]에 따르면 그녀는 친진한 왕실의 자손으로 매우 총명하였기에 그 부친 이봉이 기특하고 사랑스러워 문자를 가르쳤더니 이해가 남달랐고 배우기를 몹시 좋아하였다. 이에 이봉이 해마다 서적을 구입하여 독서를 도왔고 문학적 재능이 날로 발전하였다. 특히 시에 뛰어나 천기(天機)를 그대로 드러내고 옛 것에 얽매이지 않아 의치(意致)가 한가롭고 우아하였고 음조의 울림이 맑고 아름다워 뚜렷하게 개원(開元), 천보(天寶), 정시(正始) 연간의 음을 갖추어 진실로 규수(閨秀) 가운데 제일이었다고 한다.

혼기에 이른 이옥봉이 스스로 자신의 배우자를 선택하고자 하였다는 점도 매우 흥미롭다. 그녀는 자신의 뛰어난 재주에 걸맞은 글솜씨가 훌륭하고 당시에 크게 명성을 얻은 자의 아내가 되기를 원하였고 부친의 도움을 얻어 자신이 원하던 조원에게 시집갈 수 있었

198 趙正萬, 『寤齋集』 卷3 「李玉峰行蹟」.

다. 이옥봉은 조원이 이부 좌랑으로 있다가 괴산 군수, 삼척 부사, 성주 목사에 제수되어 부임하였을 때에도 모두 함께 하였다.

이옥봉의 문학적 수준은 남편 조원도 인정하였던 듯하다. 조원이 한번은 지어놓은 시를 보기를 청하는 자가 있는데 마침 지어놓은 것이 없어 이옥봉에게 응대할 시를 짓도록 한 적이 있었다고 한다. 그만큼 조원이 그녀의 시를 인정하였던 것인데, 이옥봉은 이때 "어찌 남산의 승려에게 빗을 빌리지 않습니까?〔何不借梳于南山之僧〕" 라고 재치 있게 답변하였다고 한다.

그녀가 영월(寧越)을 지나면서 지은 시를 소개하면 아래와 같다.[199]

닷새는 장간이요 사흘은 영월에서	五日長干三日越
슬픈 노래 소리 노릉의 구름에 닿네	哀歌唱斷魯陵雲
첩도 왕손의 딸이라	妾身亦是王孫女
이곳 두견 소리를 차마 듣지 못하겠네요	此地鵑聲不忍聞

이는 이옥봉이 남편 조원을 따라 진주부(眞珠府)로 가는 길에 영월(寧越)에 있는 노산(魯山)의 묘소를 지나면서 느낀 심경을 읊어낸 시이다. 허균은 이옥봉의 시에 대해 "이옥봉의 시도 맑고 강건하여 지분(脂粉)의 태가 없다."고 평하였다. 그리고 특별히 위 시에 대해, 애처롭고 원망스러운 생각을 품고 있어 손곡 이달의 "동풍에 두견이 괴로이 우는데, 석양에 노산의 능묘가 싸늘하구나.〔東風蜀魄苦, 西日魯陵寒.〕"[200]라는 시구와 마찬가지로 괴로운 가락으로 되

199 許筠, 『惺所覆瓿藁』 卷26 「鶴山樵談」.

어 있다고 평하였다.[201] 조정만도 이에 대해 시어가 애처롭고 한탄스러우며 감개한 느낌이 있어 마치 충신과 절개 있는 선비의 언어와 같다고 평하였다.

한번은 평소 알고 지내던 이웃 여인이 찾아와서 그 남편이 소를 죽인 죄로 끌려갔다고 하면서 해당 부서에 한통의 편지를 써서 그 죄를 면하게 해줄 것을 청하였다. 이옥봉은 몹시 불쌍한 생각이 들었으나 조원에게 감히 부탁할 수가 없어 자신이 직접 소장을 써주겠노라고 하고 아래와 같이 절구 한 수를 지어주었다.[202]

얼굴 씻을 때 대야로 거울을 삼고	洗面盆爲鏡
머리 빗을 때 물로 기름을 삼네요	梳頭水作油
첩이 직녀가 아닐진대	妾身非織女
낭군이 어찌 견우이겠습니까?	郎豈是牽牛

이 시를 본 해당 부서의 관리들은 크게 놀라 "그대의 소장을 누가 써주었느냐?"고 물으니 그 여인이 자초지종을 사실대로 고하였다. 관리들이 원망하면서 여인의 남편을 풀어준 뒤에 조원을 찾아가 "공에게 이런 뛰어난 인재가 있는 줄을 우리가 이제야 알게 되어 한스러울 뿐입니다."라고 말하였다. 조원은 이옥봉에게 "당신이 나와 여러 해 함께 지내면서 실수하는 일이 없더니 이번에 어찌 소를 죽인 자의 아내를 위해 시를 지어주어서 왕옥(王獄)에 걸린 죄수를 풀어

200 李達, 『蓀谷詩集』 卷3 「寧越道中」.

201 許筠, 『惺所覆瓿稿』 卷25 「惺叟詩話」.

202 趙正萬, 『寤齋集』 卷3 「李玉峰行蹟」.

주게 하여 사람들의 구설에 오르게 만들었는가?"라고 하면서 즉시 집으로 되돌아가도록 하였다고 한다. 이후로 둘은 다시 평생 재회하지 못하였다.

집으로 돌아가 여러 해가 지나도록 남편을 만나지 못하던 이옥봉은 아래와 같은 시를 지어 남편 조원에게 보내었다.[203]

근래 안부는 어떠신가요?	近來安否問如何
달 뜬 비단 창에서 첩은 한이 많죠	月到紗窓妾恨多
꿈속의 내가 흔적을 남겼다면	若使夢魂行有迹
문 앞 돌길이 벌써 모래가 됐을 거예요	門前石逕已成沙

시어가 구슬프고 간절하여 사람의 마음을 깊이 감동시킬 만하였으나 조원은 그녀를 찾지 않았다고 한다. 이옥봉은 끝까지 조원을 재회하지 못하다가 후일 임진왜란에 절의를 지키다 세상을 떠나고 말았다.

신흠은 옥봉이 죽서루(竹西樓)에 대해 노래한 "강물에 몸 담근 갈매기 꿈 하나 널찍하고, 하늘에 들어간 기러기 근심도 하 길구나.〔江涵鷗夢闊, 天入雁愁長.〕"라는 시구를 보고 "고금의 시인 중에 이런 경지에 이른 자가 아직 없었다."[204]라고 극찬하였다고 한다. 그만큼 그녀의 시적 성취는 당대의 문인들도 인정하는 것이었다.

또한 시가 나라 밖으로 중국에까지 전해져 『열조시집(列朝詩集)』에 수록되기도 하였다. 『열조시집』에는 '규수 옥봉 이씨(閨秀玉峰李

203 趙正萬, 『寤齋集』 卷3 「李玉峰行蹟」.

204 申欽, 『象村集』 卷60 「晴窓軟談下」.

氏)'라고 되어 있고 그 아래에 "한림 승지 조모(趙某)의 첩으로서 임진왜란에 죽음을 당하였다."라고 기록되어 있다.

다만 그녀가 남긴 32수의 시 가운데 11수가 『열조시집』에 수록되어 있는데, 이 11수 가운데 「보천탄(寶淺灘)」은 김종직(金宗直)의 「보천탄즉사(寶泉灘卽事)」[205]와 같고 「반죽원(斑竹怨)」과 「채련곡(採蓮曲)」은 이달(李達)의 「반죽원(斑竹怨)」, 「채릉곡(采菱曲)」[206]과 같고, 「추한(秋恨)」의 시구 '꿈에서 깨니 비단 이불 한쪽이 비어 있네.〔夢覺羅衾一半空〕'는 허초희의 「추한(秋恨)」[207]의 시구와 동일하다. 또한 "첩이 직녀가 아닐진대, 낭군이 어찌 견우이겠습니까?〔妾身非織女, 郎豈是牽牛.〕"라는 두 구는 『시학대성(詩學大成)』에 실려 전하는 것과 동일하다고 하니,[208] 표절이 되었거나 전사하는 과정에 착오가 있었을 것으로 보인다.

허난설헌과 이옥봉의 뒤로 일일이 소개하기 어려울 정도로 많은 여성 시인들이 출현하였다. 이 시기 사대부가의 여성으로서 시에 능하였던 인물로는 선비 정문영(鄭文榮)의 아내를 꼽을 수 있다. 그녀는 시에 능하여 남편을 대신하여 타인에게 시를 써주곤 하였다. 또한 충경공(忠敬公) 신점(申點)의 아들로 강서 현령(江西縣

205 金宗直, 『佔畢齋集』 卷19 「寶泉灘卽事」.
206 李達, 『蓀谷詩集』 卷1 「斑竹怨」, 「采菱曲」.
207 許楚姬, 『蘭雪軒集』 「秋恨」.
208 李德懋, 『靑莊館全書』 卷33 「淸脾錄二·雲江小室」.

유)을 지낸 바 있는 신순일(申純一 1550~1626)의 아내 연안 이씨(延安李氏)도 시에 능하여 이름을 얻었다. 장지연(張志淵)의 소개에 따르면,[209] 이씨는 연안(延安) 이정현(李廷顯)의 딸로 어려서부터 문장에 능하고 시를 잘 지었는데, 일찍이 아래와 같은 오언절구 한 수를 지었다.[210]

구름 걷혀 하늘이 수면 같고	雲斂天如水
누각이 높아 날아갈 듯이 보이는데	樓高望似飛
공연히 밤새 내린 비에	無端長夜雨
꽃이 피어 십년 그리움 사무치네	芳草十年思

청명하게 갠 하늘과 날아갈 듯이 높이 솟은 누각의 모습을 절묘하게 대비시켜 마치 한 폭의 그림을 보는 듯하다. 그 속에서 밤새워 낭군을 그리워한 자신의 사무치는 심경을 서정적이면서 회화적으로 묘사하였다.

이씨는 이처럼 시문에 능하였고 서법에도 능해서 늘 직접 『주역』과 이백의 시집을 베껴 누각 위에 올려두고 읽기를 좋아하였다. 또한 자제들이 장옥(場屋)에서 돌아오면 그 초고를 읽어보고서 성적의 고하를 미리 알아낼 정도로 안목도 갖추었다. 우연히 자식의 이름이 합격자 명단에 오르면 번번이 탄식하면서, "세상에 문장에 능한 자가 없어 이 아이가 과거에 선발되었다."고 말하곤 하였다고 한다.

209 張志淵, 『逸士遺事』 卷6 「李夫人」.
210 許筠, 『惺所覆瓿藁』 卷26 「鶴山樵談」.

특히 남편을 대신하여 편지를 작성하는 경우도 있었는데 보는 자들이 그녀가 쓴 것인 줄을 알아차리지 못하였을 만큼 필력이 대단하였다. 이로 인해 이름이 대궐에까지 알려져 영광스럽게도 임금이 비단 여덟 폭을 내려 보내 그녀의 글씨를 구하였다. 이로 인해 글씨로 더욱 큰 명성을 얻을 수 있었다. 시집 1권이 있었는데 병화에 소실되어 유전하는 것이 겨우 20여 수일 뿐이라고 한다.

풍천 부사(豐川府使)로 있던 양사기(楊士奇 1531~1586)의 첩도 시에 능하였다고 알려져 있다. 그녀가 창작했다는 「추한(秋恨)」이라는 시가 『학산초담(鶴山樵談)』에 실려 전해진다.[211]

추풍에 우수수 오동잎 떨어지고 秋風摵摵動梧枝
하늘 끝 기러기 더디 나는데 碧落冥冥雁去遲
비단 창 너머로 인적이 없고 斜倚綺窓人不見
눈썹 초승달만 서쪽 섬돌로 지네 一眉新月下西墀

또한 양사기가 풍천 부사가 되어 안악(安岳)에 부임하여 돌아오지 않자 아래와 같은 시를 지어서 붙였다고 한다.[212]

사립문 열고 슬피 먼 길 보니 悵望長途不掩扉
한밤 이슬이 비단옷 적시네 夜深風露濕羅衣

211 許筠, 『惺所覆瓿藁』 卷26 「鶴山樵談」.
212 李睟光, 『芝峯類說』 卷14 「妓妾」.

양산 객관의 천 그루 꽃 피어　楊山館裡花千樹
매일 꽃구경에 오시지 못하시나?　日日看花歸未歸

양산(楊山)은 안악(安岳)의 별명(別名)이다. 양사기는 양사언(楊士彦, 1517~1584)의 아우로 형 양사준(楊士俊)과 함께 문명을 날렸던 인물이다. 조연숙은 『대동시선』과 『해동시선』 등에는 양사언의 첩이라고 되어있지만 양사기가 풍천 부사를 지냈던 것을 근거로 양사기의 첩으로 보는 것이 타당하다고 추정하였다.[213]

종실 사람인 숙천령(肅川令) 이기(李琦, 1515~?)의 아내 빙호당(氷壺堂) 이씨(李氏)도 시에 능한 것으로 명성이 있었다. 이기는 세종의 막내아들인 담양군(潭陽君)의 증손자이다. 어린 시절에 고드름에 맺힌 물방울이 떨어지는 모습을 보고 읊은 시구는 절창으로 알려져 있다.[214]

고드름이 처마에 곧게 달려　玉索連簷直
물방울이 땅으로 둥글게 떨어지네　銀鈴落地圓

처마 끝에 매달린 곧은 고드름과 그 끝에 맺혀 땅으로 떨어지는 둥근 물방울을 대구를 사용하여 대비적으로 묘사하여 시각적 심상

213 조연숙, 『한국고전여성시사』, 국학자료원, 2011.
214 李睟光, 『芝峯類說』 卷14 「閨秀」.

을 강하게 자극한다.

또한 인조가 승하하고 명종이 새로 즉위하여 산릉에 행행할 때에 그 광경을 구경하고 지었다고 하는 아래의 시도 인구에 회자되었다.[215]

하늘에 일월이 새로 떠올라	天中新日月
도성 안의 옛 신민	輦下舊臣民
성 서쪽 길에서 눈물 흘리니	泪灑城西路
누가 진실한 내 맘을 알까	誰知我意眞

이씨의 아들 이인조(李仁祚)도 무예를 익혀 벼슬이 3품에 이르렀는데 또한 시에 능하여 이름을 얻었다고 한다.[216]

이들 외에 송강(松江) 정철(鄭澈)의 소실 류씨(柳氏)도 남편의 호색(好色)을 경계시키기 위해 지은 시로 이름을 얻었다. 류씨는 죽당(竹堂) 류진동(柳辰仝 1497~1561)의 서매(庶妹)로 알려져 있다. 또한 모성(某姓)의 아내 조씨(曺氏)도 「야행(夜行)」[217]이라는 시와 「전도(剪刀)」[218]라는 시로 이름을 알렸다.

215 郭說, 『西浦集』 卷7 「日錄」.
216 郭說, 『西浦集』 卷7 「日錄」.
217 許筠, 『國朝詩刪』 卷3 「曺氏・夜行」.
218 李睟光, 『芝峯類說』 卷14 「閨秀」.

이 시기 여성 문인 중에 매창(梅窓, 1573~1610)이 또한 매우 특이한 이력으로 많은 연구자의 관심을 끌고 있다. 부안(扶安)의 기생으로서 시에 능하고 가창과 거문고 연주에 뛰어나 허균, 권필, 장유 등 사대부 문인들과 어울려 적지 않은 시를 창수하였기 때문이다. 특히 천인 신분의 유희경(劉希慶)과 친밀하게 교유하여 여러 수의 시를 주고받은 것도 흥미롭다. 그녀는 아전 이탕종(李湯從)의 딸로 이름은 향금(香今)이고 자는 천향(天香)이다. 계유년에 태어나 계생(癸生)이라고 하였고 계랑(癸娘), 계랑(桂娘) 등으로 불렸다.

이규경은 우리나라의 기녀의 기원에 대해 변증하는 글에서 시에 능하였던 기녀를 소개하면서 이렇게 말하였다.

> 『패관잡기』에서 "우리나라 여인의 시로 삼국시대에 알려진 것은 없고 고려시대에 용성(龍城)의 창기 우돌(于咄)과 팽원(彭原)의 창기 동인홍(動人紅)이 시를 지을 수 있었다."라고 하였으나 전해지는 작품이 없다. 송경(松京)의 삼절 황진(黃眞), 부안(扶安)의 기생 매창(梅窓) -계생(桂生), 추향(秋香)-, 호서(湖西)의 기생 설죽(雪竹) -취선(翠仙)-, 진주(晉州)의 기생 승이교(勝二喬), 부안(扶安)의 기생 복랑(福娘), 성천(成川)의 기생 일지홍(一枝紅) 등이 모두 시에 능하기로 유명하다. 창기로서 시에 능한 것은 몹시 특이하여 간략히 언급해둔다.[219]

219 李圭景, 『五洲衍文長箋散稿』「經史篇・華東妓源辨證說」.

이규경이 소개한 시에 능한 몇 명의 기생 중에 황진이는 16세기 중반에 활동하였고 매창(梅窓), 설죽(雪竹), 승이교(勝二喬)는 선조조에 활동하면서 모두 적지 않은 분량의 시를 남겨 시인으로서의 명성을 얻었던 인물들이다. 위의 기록을 보면 특히 이 시기에 시에 능하다고 알려진 기생이 상대적으로 많았다고 말할 수 있을 듯하다. 다만 이것이 선조조의 특수성에 기인한 것인지는 단언하기 어렵지만, 이 시기 여성의 문학이 비로소 성장하기 시작하였던 시대 상황과 전혀 연관이 없다고는 말하지 못할 것 같다. 사대부를 상대하는 기생들에게 시적 소양은 어쩔 수 없이 필요한 것이었으나 그 수량과 성취 수준까지 볼 만한 경지에 도달하였던 것은 아마도 이 무렵에 이르러서 가능하였던 것이다. 곧 사대부가(士大夫家) 여인네들의 시적 성취가 볼만하였던 것처럼 기생이라는 특수한 신분에 속한 여인네들 중에서도 상당한 수준의 문인 소양을 갖춘 별개의 층위가 이시기에 형성되어 있었음을 짐작케 한다.

이들은 모두 사대부 문인들과 긴밀한 사이를 유지하면서 문학적 소양을 발휘할 기회를 가질 수 있었다. 예컨대 허균은 1610년에 매창의 죽음을 전해 듣고 애도하는 시를 짓고 이렇게 서술하였다.

> 계생(桂生)은 부안(扶安) 기생이다. 시에 능하고 글을 알았으며 가창과 거문고 연주를 잘하였다. 천성이 단정하고 강직하여 음탕한 것을 좋아하지 않았다. 나는 그녀의 재주를 좋아하여 막역하게 사귀었다. 비록 담소하며 허물없이 지냈지만 어지러운 정도에 이르지는 않았기 때문에 오래 지나도록 우정이 변하지 않았다.[220]

220 許筠, 『惺所覆瓿藁』 卷2 「病閑雜述・哀桂娘」.

매창이 시문에 능하고 가창과 거문고 연주를 잘하였을 뿐 아니라 그 성품이 단정하고 개결하여 정도를 벗어나 어지럽게 처신하는 데에 이르지 않았기에 오랜 동안 막역한 사귐을 지속할 수 있었다고 한다. 허균은 1년 전에 보냈던 편지에서 "당시에 만약 생각을 한번 잘못했다면 나와 자네의 사귐이 어떻게 10년 동안이나 교칠(膠漆)처럼 친밀할 수 있었겠는가."[221]라고 하여 10년의 긴 세월 동안 사귐이 지속되었음을 밝혔다. 허균은 이 시의 첫 번째 연에서 "절묘한 시구는 비단을 엮은 듯하고, 청아한 노래는 구름을 멈추게 만드네."라고 하여 그녀의 절묘한 시와 청아한 노래를 극찬하였다. 비록 기녀의 신분이었으나 이처럼 문예로써 응수할 수 있을 만한 소양을 갖추었기에 당시 많은 문사들과 교류할 수 있었을 터이다.

일찍이 지나가던 손님이 그녀 명성을 듣고 시를 지어 겨뤄보겠다고 하자 매창은 곧장 아래와 같이 차운한 시를 읊조렸다고 한다.[222]

평생 동가식서가숙을 배우지 않고	平生不學食東家
매화 창에 비친 달그림자 사랑할 뿐인데	只愛梅窓月影斜
시인께서 한아한 이 뜻을 모르시고	詞人未識幽閑意
떠가는 구름을 가리키며 괜히 잘난 척만 하시네	指點行雲枉自多

그 과객의 시가 어떤지는 알 수 없으나 구름을 가리키며 공연스레 잘난 척만 하고 있다고 매창이 일침을 가하는 것으로 보아 행운유수 따위를 시제로 들고 나와 속이 빤한 시구를 읊어내었던 모양이

221 許筠, 『惺所覆瓿藁』 卷21 「與桂娘〔己酉九月〕」.

222 李睟光, 『芝峯類說』 卷14 「妓妾」.

다. 자신은 매화 창가에 비치는 달그림자를 사랑하는 한아한 뜻을 가진 여인네로서 저 떠가는 구름처럼 정처 없이 떠도는 그대의 인생과는 이미 그 격조가 다르다고 은연중에 속내를 내비추고 있는 듯이 느껴진다. 그러자 과객이 머쓱하여 사라져버렸다고 한다.

이런 매창을 누구보다 아꼈던 이가 유희경이었음은 이미 공공연하게 알려진 사실이었다. 매창을 처음 만난 유희경은 그 놀라움을 이렇게 시로 표현하였다.[223]

일찍이 남쪽 나라 계랑의 명성이	曾聞南國癸娘名
시와 노래로써 서울까지 알려졌는데	詩韻歌詞動洛城
오늘 진면목을 보고서	今日相看眞面目
선계에서 내려온 신녀인줄로 알았네	却疑神女下三淸

유희경이야 당대의 내로라하는 많은 문사들과 끊임없이 교류하며 수창하던 인물이었으니 부안 기생 매창의 명성을 사람들 편에 전해들을 수도 있었을 터이지만, 거꾸로 부안의 기생인 매창의 시와 노래를 잘한다는 명성이 서울에 전해져 유희경의 귀에까지 들어갔을 정도였다는 것이 더 흥미를 끈다. 이전부터 매창에 관한 소식을 접하고 있던 유희경이 이때에 그 진면목을 실견한 것인데 기대하던 것 이상이었던가 보다. 더욱이 그 풍모까지 비범하여 선녀로 착각할 정도였다고 하니, 이쯤 되면 유희경의 마음이 벌써 매창에게로 기운 것임을 알 수 있다.

그런데 이 두 사람도 허균의 경우처럼 시로써 그 사귐이 깊어질

223 劉希慶, 『村隱集』 卷1 「贈癸娘」.

수 있었다. 유희경은 이후에 다시 매창을 만난 자리에서 시로써 뜻을 전하기를 "내가 온 것은 꽃구경을 위해서가 아니라, 오직 열흘간 시를 담론하기 위해서라오."[224]라고 하였다. 꽃구경도 중요하지 않은 것은 아니지만 이번에는 무엇보다 함께 시를 담론하고 수창하는 기회로 삼으려 한다는 의미이다. 유희경은 전주에 있을 때에 매창이 자신에게 "열흘 동안 시를 논하기를 원합니다."라고 제안하였기에 이에 응하여 이렇게 노래한 것이라고 주석을 달아 밝히고 있다. 이는 이들이 신분적 한계에서 벗어나 매창을 시문을 수창하고 문예를 담론할 만한 한 사람의 문예 동인으로서 대우하고 있었던 것임을 보여준다.

오도일(吳道一 1645~1703)은 1702년에 장성(長城)에 유배되었을 때에 매창의 후손을 수소문하여 만난 뒤에 기록으로 남겼다. 아래에 소개한다.

> 장성의 기녀 추향(秋香)은 시에 능하고 거문고 연주와 가창을 잘하여 명성이 기적(妓籍)에 있는 자들 중에서 으뜸이었다. 계곡(谿谷) 장 태학사(張太學士)가 가장 먼저 그녀를 위해 시를 지어 준 뒤로 문사에 능하다고 이름난 사대부 학사들이 차례로 뒤이어 화운하여 마침내 권질을 이루어 추향의 이름도 나라 안에 전해지게 되었다. 추향은 이제 죽었고 손녀 추성개(秋聲介)도 이미 노인이 되었지만 거문고를 한 곡조 연주하면 여전히 가냘프게 가성(家聲)이 남아 있다. 가련(可憐)이라는 이름을 가진 추성개의 손녀도 자색이

224 劉希慶, 『村隱集』 卷1 「重逢癸娘」.

출중하고 거문고 연주도 잘한다. 내가 이 고을에 메여 있으면서 기적에 있는 자들 중에서 그녀를 찾아내어 추향의 후손임을 확인하고 절구 두 수를 읊어 조손(祖孫) 사이의 천고풍류(千古風流)를 기록한 화본(話本)으로 삼는다.[225]

매창과 같은 시대에 활동하면서 시로써 이름을 알린 기녀로 취선(翠仙)이 있다. 설죽(雪竹), 설창(雪窓), 알현(閼玄), 월연(月蓮) 등의 별칭이 있다. 취선의 행적에 관한 기록에 따르면,[226] 그녀는 어려서부터 재주가 뛰어나 벽 너머에서 타인이 공부하는 소리를 듣고서 글을 익혀 마침내 문에 능하고 시를 잘 지을 수 있게 되었다고 한다. 처음에 석천(石泉) 권래(權來 1562~1617)의 시청비(侍聽婢)가 되었다가 나중에 석전(石田) 성로(成輅, 1550~1615)의 비첩이 되었다.[227] 166수의 많은 한시가 권상원(權尙遠, 1571~?)의 시문집인 『백운자시고(白雲子詩稿)』 말미에 오언절구 37수, 오언율시 5수, 칠언절구 122수, 칠언율시 2수 등 모두 166수의 시가 수록되어 전해진다.

이밖에 진주(晉州) 기녀 승이교(勝二喬)도 시에 능하여 이름을

225 吳道一, 『西坡集』 卷8 「長坡妓秋香, 能詩善琴歌, 名冠妓籍. 谿谷張太學士首爲詩以贈, 後來薦紳學士名能文辭者, 以次續和, 遂成卷軸香之名播於國中. 香今死矣, 其孫秋聲介已老矣, 而操琴一彈, 尙有娟娟家聲. 介之孫名可憐者, 有姿色且善琴. 余纍于是邑, 於妓籍中訊之, 認爲秋香之後孫, 而吟二絶贈. 其祖若孫用爲千古風流話本云爾.」

226 權尙遠, 『白雲子詩稿』 「雪竹事蹟」.

227 이원걸, 「조선조 기녀 시인 설죽」, 『한문학보』 31집, 2014.

얻었다. 초명은 억춘(億春)이었고 찰방 김인갑(金仁甲)에게 총애를 받았다고 한다. 권붕(權鵬)의 여종 금가(琴哥)도 시를 잘 지었다고 한다. 권붕(權鵬)은 찬성 정응두(丁應斗)의 사위로 벼슬이 대사간에 이르렀던 자이다.

나) 중인 문학의 성장과 천인의 문학 활동

선조조에 이르러 여항 출신의 중인 서리들이 자못 활발하게 문학 활동에 참여하기 시작하였다. 처음에는 임란 이전에 유희경(劉希慶), 백대붕(白大鵬) 등 몇몇 천재적 인물이 풍월향도(風月香徒)를 결성하여 여항 문학의 가능성을 보여주고 그 존재감을 얻어가는 단계에 있었다. 하지만 이들 주변으로 여항 시인들이 하나둘 모여들어 결집하면서 점차 규모 있는 문예 집단이 형성될 수 있었다. 그렇다고 하여 이들이 평지에서 돌출하는 식으로 여항 문학을 일으킨 것은 아니었다.

유몽인(柳夢寅)은 1615년에 유희경의 전을 작성하면서 아래와 같이 유희경 이전에 활약하던 여항 선배들을 소개하였다.

> 중세에 어무적(魚無迹), 박계강(朴繼姜), 정옥서(鄭玉瑞)가 사장(辭章)으로 명성을 떨치고 서기(徐起), 박인수(朴仁壽), 권천동(權千同), 공억건(孔億健)이 학행(學行)으로 칭송되어 당시 많은 사대부가 좋게 대우하고 천예(賤隷)로 보지 않았다.[228]

228 柳夢寅, 『於于集』 卷6 「劉希慶傳」.

이 가운데 어무적과 박계강은 16세기 초반 중종조에 활약하던 시인들이다. 이들은 이른 시기에 여항의 문학 기반을 다지는 역할을 하였다. 이들이 기반이 되어 16세기 후반에 사대부 양반네들이 아닌 저층의 여항인들이 문인으로서의 외형과 수준을 갖추면서 여항 문학을 일정한 궤도에 올려놓을 수 있었다.

어무적은 사대부 가문에서 성장하여 문학적 소양을 갖출 수 있었으나 생모의 신분이 관비여서 사대부로 행세하지 못하고 오히려 사회 모순을 비판하는 시를 지어 이름을 알린 경우이다. 박계강도 중종 연간에 시로써 명성을 떨쳐 사대부 시인들과 시문을 창수하였다. 이후 유희경의 풍월향도에 참여하였다는 이야기가 있으나 활동 시기가 달라 가능성이 높지는 않을 듯하다. 설령 만났더라도 그 기간이 길지는 않았을 것이다. 다만 여항의 선배 시인으로서 좋은 본보기가 되었을 것임은 분명하다.

유몽인의 위의 말에서 알 수 있듯이 16세기 후반에는 여항에서 다수의 시인들이 배출되었을 뿐 아니라 학문과 행실을 갖춘 인물들도 속속 배출되었다. 이들 가운데 서기(徐起 1523~1591)가 가장 이름이 알려졌다. 이익(李瀷 1681~1763)은 "서기(徐起), 박인수(朴仁壽), 권천동(權千同), 허억건(許億健)이 모두 학행(學行)으로 칭송되었다."라는 유몽인의 말을 인용하면서 "오직 고청(孤靑) 서기가 홀로 알려졌을 뿐이다. 나머지는 누구인지 알려지지 못하였다. 이렇게 인멸된 경우가 어찌 끝이 있겠는가."[229]라고 하였다.

229 李瀷, 『星湖僿說』 卷7 「人事門 · 白大鵬」.

서기의 신분에 대해서는 한미해진 사대부 가문에서 태어난 인물이라는 설도 있고 노비라는 설도 있지만 유몽인의 경우는 그를 사대부가 아닌 여항의 천출(賤出)로 보았던 것이다. 『소대풍요』 권9에도 그의 행적이 소개되어 있어 그를 사대부로 간주하지 않았음을 알 수 있다. 박지화(朴枝華 1513~1592)는 그의 묘갈명을 쓰면서 "젊어선 미천하였고 늙어선 더욱 곤궁하였네. 독서에 힘써 그 몸을 빛내었네. 문도에게 수업하여 바르게 교육하였네."[230]라고 하여 그가 천한 신분으로 곤궁하게 생활하면서도 학문과 강학에 힘써 학자로서 입신하였음을 높이 평가하였다.

박인수(朴仁壽 1521~1592)도 개성의 평민이었는데 박지화의 영향으로 학문에 눈을 떠서 유가의 경전을 익힌 경우이다. 그는 시에도 능하여 풍월향도에 참여하여 유희경, 백대붕 등과 시를 창수하였다.

어숙권의 『패관잡기』 권4에는 또한 아래와 같이 서술되어 있다.

> 우리나라는 나라가 작고 인심도 자잘하여 인물을 평하면서 번번이 문벌을 따져 사대부 자손이 아니면 문묵(文墨)의 솜씨를 발휘하기 어렵다. 상인, 공인이나 서인은 어떠하랴. 그러나 근래에 시정(市井) 사람 박계강(朴繼姜)이 시에 능하여 명성을 떨쳤다.[231]

230 朴枝華, 『守庵遺稿』 卷2 「孤青居士徐公墓碣銘」.

231 魚叔權, 『稗官雜記』 卷4.

박계강이 활동하던 16세기 초반 무렵까지 여항에서 좋은 시인이 배출되기 쉽지 않았는데 이는 현실적으로 이들의 보편적 문학 역량이 아직 성숙한 단계에 이르지 못했던 것이 큰 요인으로 작용하였을 것이다. 하지만 이뿐 아니라 사대부 양반네들의 배타적 차별에 기세가 눌려서 문학 활동에 적극적으로 대응하지 못했던 측면도 없지 않았던 듯하다. 박계강의 경우는 이런 굴레에 얽매이지 않고 자신의 시적 역량을 상당히 발휘하였던 것이다.

어숙권은 위의 글에서 박계강을 시정(市井) 사람으로 이야기하면서 중종반정 직후에 창의문 밖에서 지은 시와 강혼(姜渾 1464~1519)과 남산에 올라 지은 시를 소개하고 "시정 사람의 시가 이 같은 것은 또한 우리나라에서 드문 경우다.〔以市人而其詩如此, 亦東國之所稀有者也.〕"라고 촌평하였다.

앞서 유몽인과 어숙권이 언급하지는 않았지만 어무적과 박계강 이전에 홍유손(洪裕孫 1431~1529)도 여항 시인으로서 이름을 알렸다. 그는 자가 여경(餘慶)이고 호가 소총(篠叢), 광진자(狂眞子)이다. 세조 때에 공생(貢生)으로서 진사에 합격하였을 만큼 문학적 소양을 갖추고 있었다. 추강(秋江) 남효온(南孝溫)의 『사우명행록』에 따르면, 그는 남양(南陽)의 아전 홍순치(洪順致)의 자식으로서 경전과 역사서를 섭렵하고 거리낌 없이 방달한 생활을 하였다. 그러던 신축년(1481)에 남양 부사 채수(蔡壽)가 문장에 뛰어나다는 이유로 그의 향역(鄕役)을 면제시켜준 일이 있었다. 그는 곧장 영남(嶺南)으로 건너가서 점필재를 만나 두보의 시를 배웠다고 한다. 문장은 칠원(漆園 장자)과 같고 시는 산곡(山谷 황정견)과 같고 재주는 공명(孔明 제갈량)과 같고 행실은 만청(曼倩 동방삭)과 같다는 평을 들었을 정도로 뛰어났던 인물이다.[232]

다만 홍유손, 어무적, 박계강 등은 중종조에 여항의 시인으로서 활동하여 여항 문학의 기반을 갖춘 것은 사실이지만, 선조조에 집단을 형성하여 새로운 풍조를 만들어내었던 풍월향도의 시인들과는 그 성격이 다르다고 할 수 있다. 허경진이 「풍월향도와 백대붕」에서, 위항시인들의 시선집인 『소대풍요』가 세조와 성종조에 활동하던 시인 홍유손에서 시작되지만 후대에까지 그 영향을 끼치지 못하고 자신에게서 끊어졌으니 위항문학의 시대를 이때부터 잡을 수는 없다고 하면서 정치로부터 유희경과 백대붕을 거쳐 최기남에 이르기까지 모두 활동하던 선조조를 위항문학의 출발로 보아야 마땅하다고 한 것은 이 때문이다.[233]

여항에서 성장한 중인 및 천인 신분의 인물들이 문학 담당 계층으로 등장하여 활약하게 되었던 것은, 선조조의 문학 특성을 규정하는 현상이기도 하다. 문학의 담당 계층이 사대부 중심에서 아래로까지 옮겨가게 되었음을 의미한다.

이식(李植 1584~1647)이 1628년에 유희경의 시집 끝에 붙인 발문에서도 이러한 당시의 정황을 느낄 수 있다.

232 南孝溫, 『秋江集』 卷7 「師友名行錄」.

233 허경진, 「풍월향도와 백대붕」, 『목원어문학』 5집, 목원어문학회, 1985.

더구나 유 노인이 건장하던 시절에는 본조의 시교(詩教)가 성대하여 삼당의 수준을 넘어설 만하였다. 관각의 대가들이 장열(張說)과 소정(蘇頲)의 경지를 넘나들었음은 물론이요 외조(外朝)의 하료들도 크게 울리고 높이 날아 소무(蘇武), 맹교(孟郊)를 추종하는 원외(員外)와 협률(協律)의 무리가 아닌 자가 없었다. 아래로 일반 서민과 소서(小胥)들의 경우에도 마치 들판의 까치와 모래밭의 학처럼 읊조린 시들이 모두 금옥(金玉)처럼 맑게 울리면서 성운(聲韻)에 어긋나지도 않았다. 유 노인과 백대붕 무리가 바로 이런 경우이다. 이들은 당시에 '풍월향도(風月香徒)'로 불렸다. '향도(香徒)'란 서류(庶流)의 계모임을 이르는 명칭이다. 학사 선생들이 자신을 낮추고 이들을 예우하면서 이따금 어울려 시를 수창하였는데 삼대 풍요(風謠)의 유풍이 물씬하였다. 이 얼마나 성대한 일인가.[234]

유희경이 건장하던 시절이란 그가 백대붕과 어울려 활발하게 시 모임을 가지던 선조조 초반 무렵을 이른다. 이식은 이 시절에 조선의 전반적 문학 수준이 상향되어 관각의 대가들과 외조의 하료들은 말할 것도 없고 여항에 기거하는 서민과 소서들도 이런 시대 흐름에 뒤처지지 않고 발맞추어 나갔다고 판단하였다. 곧 풍월향도로 일컬어지며 여항을 대표하던 유희경과 백대붕 등의 시인들이 사대부 문인들과 대등하게 어울려 시를 수창하면서 『시경』 시대의 유풍을 성대하게 구현할 수 있었던 것은 무엇보다 당시의 전반적 문예 수준이 상향 진전되었던 상황과 무관하지 않다고 본 것이다.

이렇게 풍월향도를 중심으로 여항의 시적 역량이 축적되면서 다양한 문학 성과들이 생산될 수 있었다. 1660년에 이르러 여항의 여

234 李植, 『澤堂集』 卷9 「村隱劉希慶詩集小引」.

섯 시인이 자신들이 창작한 시를 가려서 『육가잡영(六家雜詠)』이라는 시집으로 결산한 것도 그 가운데 하나이다. 육가(六家)는 정남수(鄭枏壽 1596~?), 최기남(崔奇男 1589~1671)[235], 남응침(南應琛 1596~?), 정예남(鄭禮男 1578~?), 김효일(金孝一), 최대립(崔大立)을 이른다. 이들은 유희경의 후배 세대로 비록 선조조 이후에 활약하였으나 역시 선조조에 유년기를 보내면서 풍월향도의 영향 아래에서 성장하였던 인물들이다. 시를 세상에 전하여 자신들의 시적 역량을 보이려는 이들의 욕구가 자연스럽게 시집의 공간으로 이어져 표출되었을 것이다.

조태억(趙泰億 1675~1728)은 또한 석희박(石希璞) 부자의 시집에 붙인 서문에서 이렇게 서술하였다.

> 아, 오늘날 신분이 낮으면서도 그 뜻이 강개하기로 이와 같은 사람이 또 어디에 있겠는가? 유희경과 백대붕의 무리로부터 서류(庶流), 소서(小胥)로서 결사(結社)하여 시를 익혀 풍월향도(風月香徒)로 불리기에 이르기는 하였지만, 석씨(石氏) 부자처럼 대대로 시로써 이름을 내기를 마치 궁기(弓箕)를 가업으로 전하듯이 한 경우는 이전에는 없다가 처음으로 생겨났다. 더구나 그 고의(高義)와

235 최기남의 생년은 이경석이 을사년(1665) 10월에 작성한 『구곡시고(龜谷詩稿)』의 서문(『白軒集』 卷32 「題崔老人奇男詩稿後」)에서 "올해 80의 나이인데 정신이 쇠하지 않았다."라고 말한 것에 근거하여 일반적으로 1586년으로 추정하고 있다. 하지만 이상진은 「초기 여항시선집 연구」(『한국한문학연구』 14권, 한국한문학회, 1991, 227쪽)에서 『진휘속고(震彙續攷)』의 "기남(奇男)의 자는 영숙(英淑), 천녕인(川寧人)이다. 기축(1589) 생이며 동지(同知)로 83세의 수를 누렸다. [奇男字英淑川寧人, 己丑生壽同知八十三.]"이라는 말에 근거하여 그의 생몰년을 1589년과 1671년으로 추정하였다.

아취(雅趣)는 실로 세속의 사대부들도 미칠 수 없는 점이 있다. 그렇다면 이 시집을 보는 자들이 어찌 시인의 지위가 미천하다고 하여 시까지 소홀히 할 수 있으랴?"[236]

조태억 역시 여항의 문학이 유희경과 백대붕에 이르러 비로소 새로운 국면으로 바뀌어 성장 발전하기 시작하였다는 점에 동의하면서, 그 이후로 이들의 문학 역량이 점차 축적되어 마침내 대대로 가업을 전하듯이 부자가 모두 시로써 명성을 떨치는 경우까지 생겨나게 되었다고 말하고 있다. 더구나 이들의 시 작품이 사대부 시인들도 쉽게 미칠 수 없는 고의와 아취를 획득하고 있다는 점을 강조하면서 이들의 뛰어난 역량을 칭송하였다.

유희경과 백대붕의 무리가 여항 문학의 기반을 확고하게 마련해 놓은 뒤로 그 기반 위에서 육가와 같은 후배 그룹이 성장하여 여항 문학의 질적 변화를 이끌어낼 수 있었다. 그리고 다시 그 기반 위에서 석씨 부자처럼 세대 간에 가학으로 시학을 전수하며 여항 문학의 깊이를 더욱 심화시키는 부류가 등장할 수 있게 되었던 것이다. 아울러 풍월향도의 집체 창작 방식의 문학 활동 경험도 그대로 후대로 계승되었다. 후대에 이르러 문단에 큰 반향을 일으킨 낙사(洛社)와 송석원시사(松石園詩社) 등은 모두 유백으로 병칭되던 풍월향도의 앞선 활약과 그 영향을 받아 성장한 여항의 문사들이 있어서 그 기반 위에서 성장할 수 있었다.

236 趙泰億, 『謙齋集』 卷41 「石希璞父子詩稿序」.

선조조에 활약하던 여항 출신의 주요 시인들은 1712년 간행된 『해동유주』와 1737년에 간행된 『소대풍요』를 통해 어느 정도 확인할 수 있다. 두 선집 모두 이를 편찬하여 간행하기 이전까지 알려져 있던 역대 여항 시인들을 두루 아울러서 소개하고 있는데 시인들이 대체로 연배 순으로 편차되어 있어 이로써 이들의 활동 시기를 헤아려볼 수 있다. 『해동유주』에 시가 수록되어 있는 시인은 모두 48명으로 가장 앞선 시기의 시인은 박계강(朴繼姜)이다. 『소대풍요』에는 『해동유주』에 수록된 시인을 모두 수용하고 『해동유주』에서 누락된 시인과 『해동유주』 이후의 시인들을 추가하여 수록된 시인이 모두 162명으로 가장 앞선 시기의 시인은 홍유손이다.

여기에는 『해동유주』에 수록되어 있는 시인을 배열되어 있는 순서대로 소개해 본다.

	성명	작품 수		성명	작품 수
1	朴繼姜	1수	25	石希璞	4수
2	李精	2수	26	金振鳴	2수
3	鄭致	2수	27	崔承太	27제 30수
4	權稹	1수	28	鄭希僑	8제 9수
5	劉希慶	4수	29	韓仁偉	3수
6	白大鵬	2수	30	庾重益	3수
7	尹繼宗	2수	31	庾纘洪	20수
8	金復性	2수	32	朴孝先	1수
9	朱天錄	1수	33	林俊元	8수
10	朴擎南	1수	34	高義厚	2수
11	金忠信	1수	35	林仁榮	1수

12	金孝一	14수	36	李汝完	1수
13	崔大立	29제 30수	37	崔元祥	1수
14	崔奇南	31제 32수	38	高後說	2수
15	鄭枏壽	1수	39	李得元	16수
16	鄭愛男	1수	40	林得忠	1수
17	金忠烈	17수	41	崔東渙	1수
18	朴頴	1수	42	嚴義吉	2수
19	南應琛	1수	43	泰興祉	1수
20	尹義立	1수	44	白信明	1수
21	朴尙立	2수	45	鄭昌海	1수
22	朴尙直	1수	46	姜就周	1수
23	高益吉	1수	47	石萬載	1수
24	梁時賓	1수	48	尹弘璨	1수
				총계	229제 235수

위에서 육가(六家)의 구성원으로 꼽히는 인물들을 기준으로 그보다 앞부분에 배열되어 있는 시인들을 따로 떼어 차례로 열거해보면 〈홍유손(洪裕孫)〉, 박계강(朴繼姜), 이정(李精), 〈정옥서(鄭玉瑞)〉, 정치(鄭致), 권진(權稹), 유희경(劉希慶), 〈조수성(曺守誠)〉, 백대붕(白大鵬), 〈문계박(文繼朴)〉, 윤계종(尹繼宗), 김복성(金復性), 주천록(朱天錄), 박경남(朴擎南), 김충신(金忠信) 등 15명이다. 홍유손, 정옥서, 조수성, 문계박 4명은 『소대풍요』에서 새로 추가된 인물들이다.

이들 15명 중에 홍유손, 박계강, 이정을 제외한 나머지는 주로 선조조에 활동하였던 것으로 보인다. 그 중에서도 유희경과 백대붕을 비롯한 몇몇 시인들은 16세기 후반 임란 이전에 시 모임을 결성하여 여항 문학의 시작과 발전 단계에서 큰 역할을 하였다. 특히 유희경의 역할이 가장 주목을 끈다. 한태문은 『해동유주』에 수록된 시인들의 분석에서 유희경의 사승 관계를 언급하면서 이를 아래와 같은 표로 제시하였다.[237]

劉希慶 (1545~1636)	→	崔奇南 (1589~1671)	→	李得元 (1639~1682) 庾纘洪 (1629~1697) 林俊元 (? ~1697) 崔承太 (? ~1684) * 洪世泰 (1653~1725)

이는 유희경의 영향을 받아 육가의 일원인 최기남이 출현하게 되었다는 것과, 다시 최기남의 영향을 받아 17세기 후반에 활약하던 이득원(李得元), 유찬홍(庾纘洪), 임준원(林俊元), 최승태(崔承太)를 비롯하여 홍세태 등이 출현하게 되었음을 보여준다. 그렇다면 『해동유주』에서 소개되어 있는 여항 시인들은 큰 시야에서 볼 때 거의 유희경과 사승 관계로 이어져 있거나 그 영향 아래에 놓여 있었다는 설명도 가능해진다.

이상진은 최기남이 병으로 세상을 떠나자 그의 문도들이 모여 상을 치렀다는 「임준원전(林俊元傳)」의 기록[238]에 근거하여 그가 여항 문인들의 스승으로서 이들의 모임에서 좌장 역할을 하였다고 추정하였다. 또한 그의 문하에서 배출된 인물로 임준원, 유찬홍, 김상요, 이득원 등이 있는데 이들이 이후에 홍세태와 시회를 결성하여

237 한태문, 「『해동유주』 연구－유하(柳下)의 편집의식을 중심으로」, 『한국문학논총』 13집, 한국문학회, 1992, 87쪽.

238 鄭來僑, 『浣巖集』 卷4 「林俊元傳」.

활동하였다는 점을 들어 최기남이 조선후기 여항문학 발달에 끼친 영향이 상당하였다고 분석하였다.[239]

아래에 여항 문학의 기반을 구축한 핵심 인물인 유희경과 백대붕을 먼저 소개하고, 그 뒤에 이들 주변에서 함께 어울려 활동하던 선조조의 여항 문인 몇 사람을 소개한다.

유희경(劉希慶 1545～1636)은 자는 응길(應吉), 호는 촌은(村隱)이다. 본관은 강화(江華)이고 부친은 유업동(劉業仝)이다. 그는 사람됨이 청렴하고 신중해서 충심을 다해 주인을 섬기었고,[240] 30년 동안 병석에 누워 계시던 모친 배씨(裵氏)를 정성껏 봉양하면서 독서도 게을리 하지 않았다.[241] 이런 까닭에 많은 사대부들에게 인정받을 수 있었고 마침내 선조와 인조에게 특명을 받아 여러 차례 승품과 승직을 거쳐 높은 지위에까지 오를 수도 있었다.

처음에 임란이 발발하였을 때에는 선조가 도성을 벗어나 파천하는 급박한 상황에 이르자 의병을 모아 관군을 도운 공로로 선조에게 "유희경 그대가 오직 의병을 일으켜서 적을 섬멸할 뜻을 세웠으니 내가 가상히 여긴다. 〔希慶, 爾惟奮義, 以滅賊爲志, 予用嘉之.〕"라는 하교를 받을 수 있었다. 또 명나라 조사의 행차가 빈번하여 국가

239 이상진, 「초기 여항시선집 연구」, 『한국한문학연구』 14권, 한국한문학회, 1991, 226～227쪽.

240 許筠, 『惺所覆瓿藁』 卷25 「惺叟詩話・劉希慶」.

241 劉希慶, 『村隱集』 卷2 「附錄・行錄〔南鶴鳴〕」.

재정이 부족한 지경에 이르자 이를 해결할 방안을 제시하여 그 공로로 통정대부에 오를 수 있었다.[242] 이후 인조반정이 성공한 직후인 1623년에는 그가 이이첨의 겁박에 굴하지 않고 인목대비에 대한 절의를 지킨 사실이 알려져 특명으로 영예롭게 가선대부에 오를 수 있었고, 몇 해 뒤인 1631년에는 대질(大耋)의 노인으로서 다시 가의대부에 오르게 되었다. 그리고 훗날 원종공신에 녹훈된 아들로 인해 마침내 자헌대부 한성부 판윤에 증직될 수 있었다.

김창협은 이런 그에 대해, 광해군 때에 당시의 어진 사대부들조차 행하기 어려웠던 것을 과감하게 실행하여 윤상(倫常)과 명의(名義)를 지켜 인간의 큰 도리를 유감없이 실천한 인물이라고 높게 평가하였다.[243]

본디 천례(賤隷)의 신분으로 태어나 마침내 자헌대부 한성부 판윤에 추증되는 영예를 얻었을 뿐 아니라 당시의 최고 시인들과 어울려 시문으로 자신의 재능을 유감없이 발휘하여 크게 명성을 얻었으니 그야말로 입지전적인 인물이었다고 할 수 있다.

유희경은 예(禮)와 시(詩)로써 당세에 명성을 떨쳤다. 어린 시절 남언경(南彦經)에게 『가례』를 익힌 그는 널리 전례(典禮)를 상고하고 고금의 변화를 면밀하게 연구하였는데 특히 상제(喪制)에 뛰어나다고 알려졌다. 국상(國喪)에 질쇄(質殺)의 제도를 아는 사람이 없자 유희경을 불렀을 정도였다. 또한 사대부가에 초상이 나면 반드시 그에게 집례(執禮)를 청하였다고 한다.[244]

242 洪世泰, 『柳下集』 卷10 「劉村隱墓誌銘」.
243 金昌協, 『農巖集』 卷22 「村隱集序」.

그는 또한 박순(朴淳)에게 당시(唐詩)를 배운 뒤로 부지런히 연마하여 몹시 순숙한 경지에 이르게 되었다. 한번은 젊은 시절에 갈천(葛川) 임훈(林薰)을 따라 광주(光州)에 있을 적에 석천(石川) 임억령(林億齡)의 별장에 있는 누각에 올라가서 이전 사람이 써 놓은 '성(星)'자 운의 시에 차운하여 아래와 같은 시를 지어 송천(松川) 양응정(梁應鼎 1519~1581)에게 극찬을 받기도 하였다.[245]

댓잎에는 아침에 이슬이 구르고	竹葉朝傾露
솔잎 끝에 새벽에 별이 매달렸네	松梢曉掛星

유희경은 이후에 침류대라는 누대를 세우고 그 공간 안에서 많은 사대부 문사들과 교류하였다. 임숙영과 차천로(車天輅 1556~1615) 등이 그곳을 자주 출입한 인물들이다. 차천로는 어느 날 임숙영과 함께 침류대에서 술을 마신 자리에서 이런 시를 남겼다.[246]

인물도 진나라 유민이요	人物是秦餘
도원도 옛날 살던 그대로라오	桃源猶舊居
이미 깊은 정이 들었으니	已知情繾綣
흥겨운지는 물을 것 없지	莫問興何如
기러기는 저녁 하늘에서 울고	鴈叫雲天夕
이슬 젖은 섬돌 풀잎에서 귀뚜라미 우는데	蛩吟草露除
무상한 인생이 웃을 일도 드무니	浮生開口少

244 洪世泰, 『柳下集』 卷10 「劉村隱墓誌銘」.

245 許筠, 『惺所覆瓿藁』 卷25 「惺叟詩話 · 劉希慶」.

246 車天輅, 『五山集 · 續集』 卷1 「劉希慶枕流亭與任公叔英共醉」.

돌아가는 길은 천천히 나서세 歸路且徐徐

남학명(南鶴鳴)이 작성한 유희경의 「행록」에 따르면, 유희경의 집은 원동(院洞)이라고 불리는 정업원(淨業院)의 하류에 있는데 문 앞으로 흐르는 맑은 시내에 벽돌을 얹어 침류(枕流)라는 이름의 대를 쌓았고 그 주변에 복숭아나무와 버드나무를 심어 봄여름 사이에 경치가 몹시 빼어났다고 한다. 이 때문에 당시에 여러 학사들이 모여들어 시로 읊조리며 칭송하곤 하였는데, 이들 가운데 임숙영과 차천로가 가장 자주 왕래하였다는 것이다. 소암(踈菴)이 세상을 떠났을 때에 가난으로 남은 의복이 없어 유희경이 입고 있던 옷을 벗어서 염을 하였다고 하니,[247] 이들 사이의 우정이 각별하였음을 짐작할 수 있다.

백대붕(白大鵬)은 자는 만리(萬里)로 전함사(典艦司)에서 문지기〔司鑰〕의 일을 맡아보던 종이라고 알려져 있다. 홍여하(洪汝河 1620~1674)는 「백대붕전」에서, 그의 부친 백연근(白蓮根)이 자신의 외증조부 철성(鐵城) 이공(李公)의 종이었고 모친이 전함사의 종이었기에 모계를 따라 전함사 소속의 종이 된 것이라고 하였다.[248] 이렇게 그는 미천한 신분으로 태어났으나 신분이 그의 타고난 재능까지 덮지는 못하였다. 어려서부터 시에 능하여 지어낸 시

247 劉希慶, 『村隱集』 卷2 附錄 「行錄〔南鶴鳴〕」.
248 洪汝河, 『木齋集』 卷5 「白大鵬傳〔癸未〕」.

구가 사람들을 놀래게 만들곤 하였다. 이후 유희경과 함께 시를 창수하여 유·백(劉白)으로 병칭되면서 시단에 명성을 떨쳤을 뿐 아니라 당시의 경대부들로부터 시의 성취를 인정받기에 이르렀던 것이다. 더구나 서익(徐翊), 홍적(洪迪 1549~1591), 한준겸(韓浚謙 1557~1627) 등과 신분을 따지지 않고 서로 자로써 호칭하며 교유하였고,[249] 허봉(許篈 1551~1588), 심희수(沈喜壽 1548~1622) 등과도 더불어 시를 수창하며 대등한 벗으로 사귀었다고 하니,[250] 그의 재능은 신분을 초월하게 만들 만한 것이었다고 하겠다.

아래의 시구는 허봉에게 극찬을 받았던 것이다.[251]

가을 하늘에 옅은 구름이 덮여	秋天生薄陰
화악의 그림자 침침하게 지네	華岳影沈沈

가을 하늘에 옅은 구름이 덮이면서 산의 그림자가 침침하게 깊어지는 서정적 모습을 아주 고담하면서도 생동감 있게 포착해내었다. 허균은 그의 시에 대해, 맹교(孟郊)와 가도(賈島)의 시풍을 배워서 고담(枯淡)하면서 연약하다고 평하였다. 이 때문에 권필은 만당의 시풍을 배운 사람의 시를 보기만하면 곧 백대붕의 시를 빗대어 문지기체〔司鑰體〕라고 하여 그 연약함을 희롱하였다는 일화가 전해진다.[252]

249 洪汝河, 『木齋集』 卷5 「白大鵬傳〔癸未〕」.

250 許筠, 『惺所覆瓿藁』 卷26 附錄 「鶴山樵談」.

251 許筠, 『惺所覆瓿藁』 卷26 附錄 「鶴山樵談」.

252 許筠, 『惺所覆瓿藁』 卷25 「惺叟詩話 · 白大鵬」.

1590년 3월에 허성이 종사관 자격으로 일본에 갈 때에 그가 동행하여 1년에 걸쳐 일본을 오가는 길에 아름다운 시를 많이 창작하였다고 한다. 허성이 본래 백대붕과 유희경에게 함께 갈 것을 요청하였는데 유희경은 늙은 어버이를 섬기는 일로 거절하여 백대붕이 홀로 동행하게 되었던 것이었다.[253] 그런데 일본에서 돌아온 이듬해인 1592년에 왜란이 발생하였을 때에 순변사(巡邊使) 이일(李鎰)이 그가 일본의 실정에 밝다고 하면서 굳이 수행하도록 하여 따라가게 되었는데 안타깝게 상주(尙州)에서 패전하여 군중(軍中)에서 최후를 맞이하고 말았다. 성해응(成海應)은 백대붕이 상주 전투에서 세운 절의가 삼종사(三從事)에 견주어도 부족함이 없는 것이었다고 극찬하였다.[254]

취하여 산수유 꽃을 꽂고 홀로 즐기다가	醉挿茱萸獨自娛
달 밝은 뱃전 위에 빈 술병을 베고 누우니	滿船明月枕空壺
여보게들 누구냐고 묻지는 마시게	旁人莫問何爲者
백발에 풍진을 겪는 전함사 종이라오	白首風塵典艦奴

세상에 널리 알려진 백대붕의 시이다. 이익(李瀷)은 마지막 시구를 인용하면서 "국법에 종은 과거에 응시할 수 없어 뛰어난 재주가 있어도 천인에 머무를 뿐이다. 이 시구에서 그의 울울하고 원통한 심경을 느낄 수 있다."[255]라고 평하였다. 당시로서는 그의 신분은 어

253 柳夢寅, 『於于集』 卷6 「劉希慶傳」.

254 成海應, 『研經齋全集』 卷55 「草榭談獻二 · 劉希慶、白大鵬」.

255 李瀷, 『星湖僿說』 卷7 「人事門 · 白大鵬」.

찌할 수 없는 미천한 것이었다.

하지만 그가 신분의 굴레에 구속되어 있었던 것은 아니었다. 타고난 시재(詩才)와 호협한 기질로 신분을 초월한 사귐을 통해 당대의 문사들과 대등하게 호흡할 수 있었다. 그러면서도 자신의 신분에 대해 당당하게 이야기할 줄 알았던 자존감이 강한 인간이었다. 언젠가 벗들이 그에게 이조의 정리(政吏)가 되어 생계를 삼을 것을 권하자 "내가 성현의 글을 읽고서 어찌 조필리(刁筆吏)가 될 수 있겠는가."라고 하면서 끝내 나아가지 않았다고 하니,[256] 그가 얼마나 당당하게 자신의 신념을 지키려고 노력하였는지 알 수 있다.

윤행임(尹行恁 1762~1801)도 위의 시를 인용하면서 "호탕하여 굽히려 하지 않음이 이와 같다.〔其豪宕不肯屈如此〕"[257]는 말로 그를 평한 바 있다. 또 이덕무도 이 시를 인용한 뒤에, "나라를 빛냈을 뿐 아니라 죽을 곳을 얻었으니 어찌 서예(胥隸)라고 해서 그를 멸시할 수 있으랴. 그의 시를 읽고서 그가 호협하고 달통한 인물임을 알게 되었다. 전함사 서리로 있었기에 자신을 '전함노(典艦奴)'라고 일컬은 듯하다."[258]라고 하였다.

256 洪汝河, 『木齋集』 卷5 「白大鵬傳〔癸未〕」.

257 尹行恁, 『碩齋稿』 卷9 「海東外史・白大鵬」.

258 李德懋, 『青莊館全書』 卷53 「耳目口心書」.

유희경과 백대붕이 16세기 후반 여항 문단의 중심을 이루고 있을 때에 이들 주변에서 활동하던 몇몇 시인들이 눈에 띈다. 그 중에 정치(鄭致)를 가장 먼저 꼽을 수 있다. 『소대풍요』의 「목록」에 따르면 정치의 자는 가원(可遠)이고 호는 역헌(櫟軒)으로 한천(漢川) 사람이다. 육가에 속하는 정남수의 생부이다. 그는 재예가 탁월하여 이름이 알려졌는데 선조가 소문을 듣고서 특별히 명하여 내수사(內需司) 별좌에 제수하는 파격을 베풀어주었다고 한다.

그는 임진년 이전에 유희경, 백대붕과 어울려 풍월향도의 일원으로서 활발하게 활동하였다. 아래의 시는 그가 백대붕(白大鵬 ?~1592)과 시를 수창하던 모습을 보여준다. 「술상을 차려 백대붕을 부르다〔對酒招白萬里〕」라는 제목의 시이다.[259]

나는 전생에 승려였으리	我也前身過去僧
세간 명리를 바람 앞 등불처럼 보니	世間名利視風燈
마음 깊이 좋은 술을 사랑하고	中心愛矣靑從事
언제인들 백대붕을 잊었으랴	何日忘之白大鵬
한말 술로 고을 바꿈은 정말 작은 것	一斗換州誠小點
석잔 술로 도에 통함이 진짜 능사지	三杯通道是多能
북망산 무덤을 그대는 아려나	邙山有塚君知否
뼈 부서져 이끼 끼도록 술 취할 벗이 없소	粉骨生苔無醉朋

259 洪世泰, 『海東遺珠』 「對酒招白萬里〔鄭致〕」.

마치 승려인 듯 착각이 들 정도로 세간의 명리를 탐하지 않고 있는 자신의 모습과, 백대붕과 어울려 좋은 술을 마시면서 삶을 즐겁게 향유하고 있는 일상의 모습을 담담하게 시로 표현하였다. 저 북망산에 발을 뻗고 누우면 더 이상 술을 마실 수도 없으니 후일로 미루지 말고 지금 이 시간에 마음껏 술을 즐기는 것이 가장 능사라고 단언하였다.

비록 신분제의 보이지 않는 굴레 속에서 자유롭지 못하였을 것이나 문학을 즐기고 인생을 향유하는 문제에 있어서만큼은 조금도 위축되지 않고 남에게 이를 양보할 뜻이 전혀 없는 듯이 적극적으로 대응하고 있는 것으로 여겨진다.

정치의 생몰년은 아직 정확하게 밝혀져 있지 않다. 다만 신유한(申維翰)은 '만력 연간의 사인(詞人)'이라고 그를 소개하였고,[260] 그가 선조대왕의 명으로 내수사 별제가 되었던 사실이 『소대풍요』에 기록되어 있다. 만력 연간(1573~1620)은 선조대왕의 재위 연간(1567~1608)과 거의 겹치는 시기이다. 또한 위에 소개하였듯이 1592년 전란에 종군하였다가 화를 당하여 불행하게 세상을 떠난 백대붕과 그 이전에 함께 어울려 수작하던 모습을 노래한 시가 전해지고 있다. 이런 몇 가지 정황으로 볼 때 정치는 아마도 임진년 이전에 이미 풍월향도의 젊은 구성원으로서 활발하게 창작 활동에 참여하였고 이후로 선조조를 온전히 살았을 듯하다.

260 申維翰, 『青泉集』 卷6 「金司直殉節錄」.

정옥서(鄭玉瑞)와 권진(權稹)의 경우는 이들의 인물 정보에 관한 문헌 기록이 부재하여 자세하게 소개할 수 있는 것이 없다. 다만 『해동유주』와 『소대풍요』에 시 한 수씩이 수록되어 전해지고 있어 아쉽게나마 이들의 시세계를 엿볼 수 있다.

아래의 시는 정옥서가 「오강회고(烏江懷古)」라는 제목으로 창작한 것이다.[261]

만인(萬人)을 대적함을 배워 무엇을 이루나	學敵萬人何所成
8년 전쟁으로 천하가 분분할 뿐	紛紛天下八年兵
홍문(鴻門)의 잔치 후에 모신(謀臣)이 흐느끼고	鴻門宴罷謀臣泣
휘장 속 비가에 장사(壯士)들 놀래었다	玉帳歌悲壯士驚
칠흑 택중(澤中)에서 오추마가 달리지 못하고	月黑澤中騅不逝
바람 그친 강 위에 노 소리도 없을 때	風殘江上櫓無聲
영웅이 단칼로 천추(千秋)에 피 흘려	英雄一劍千秋血
차가운 물결 되어 주야로 울고 있네	化作寒波日夜鳴

항우가 오강에 이르러 사면초가에 빠진 자신의 처지를 깨닫고서 회한에 잠겨 눈물을 떨구고 자결로 생을 마감하던 고사를 제재로 삼아 읊은 것이다. 시 한 수가 홀로 전해질 뿐이어서 창작 시기나 창작과 관련한 전후 배경은 확인되지 않는다. 주제의 성격 상 여러 가지 관련 고사를 활용하여 수식하고 있는데 시인의 개인적 정감이나 지향을 드러내는 것은 지극히 제한적이다. 큰 뜻을 품고서 병법

261 蔡彭胤, 『昭代風謠』 卷6 「烏江懷古〔鄭玉瑞〕」.

을 배웠으나 혼란스럽게 치러진 8년간의 전란 끝에 결국 회한만 남기고 역사 속으로 사라져야 했던 항우의 비장한 최후의 몸짓을 묘사하면서 그 슬픔이 지금까지 오강의 차가운 파도 소리로 전해지고 있다는 말로 감정 표현을 극대화하였다.

이 시는 1614년에 완성된 것으로 알려져 있는 이수광의 『지봉유설』에도 실려 있다. 이수광은 이 시를 「방류(旁流)」 편에서 소개하면서 '정옥세(鄭玉世)는 천인(賤人)이다'라고 언급하였다. 특이한 것은 이 시가 또한 송천(松川) 양응정(梁應鼎 1519~1581)의 문집 『송천유집(松川遺集)』 권1에도 「오강회고(烏江懷古)」라는 제목으로 수록되어 있다는 것이다.

양응정의 시문은 본래 25편으로 묶여 집안에 남아 있었는데 정유년(1597) 왜란에 유실되었다가 손자 양만용(梁曼容)에 의해 일부가 다시 수습되었다. 아마도 이 과정에 정옥서의 시가 잘못 끼어들어간 것일 듯하다. 『송천유고』에 실린 시의 제목 아래에 "이 시는 의심스럽지만 구본(舊本)에 따라 우선 남겨둔다.〔此詩有疑, 而依舊本姑存焉.〕"라는 주석이 달려 있어 이를 짐작케 한다. 어쩌면 이 시가 양응정에 의해 기록되어 집안에 남아 있다가 잘못 수습되었던 것일 수도 있다.

권진의 작품으로는 「봄날의 작은 술자리〔春日小酌〕」라는 제목의 시 한 수가 전해진다.[262]

우연히 김기수(金碁叟)를 찾아갔다가 偶訪金碁叟

262 洪世泰, 『海東遺珠』 「春日小酌〔權稹〕」.

그대로 이양천(李釀泉)에게 들러	仍過李釀泉
꽃밭 위에 마주 앉아	坐人芳草上
살구꽃 곁에서 술을 팔아 마신다오	沽酒杏花邊

이 시는 따뜻한 어느 봄날 권진의 한가로운 일상을 표현하였다. 김기수(金碁叟)와 이양천(李釀泉)이 누구인지는 이 시의 내용만으로 알기는 어렵다. 하지만 김기수가 바둑에 능한 김 아무개일 것이며 이양천이 술을 좋아한 이 아무개일 것이라는 정도는 추정이 가능하다. 시인 권진은 아마도 따뜻한 어느 봄날 우연히 김씨의 집에 가서 바둑을 두며 한가로운 시간을 보내다가 그대로 이씨를 찾아가 만개한 살구꽃 아래에 술상으로 차려두고서 마주앉아 술과 시를 즐기며 다시 한때를 보내는 것으로 하루를 마쳤을 것이다.

여기에서는 어떠한 세상 근심도 찾아볼 수 없다. 5언으로 이루어진 짧은 절구 안에 행복한 하루의 일상을 달달하게 표현하고 있는데, 이것이 시인의 나름으로 정형화된 일상의 모습일 수도 있을 듯하다. 당시 사대부 문인들이 보여주던 일상의 정취와도 차이가 나지 않는다.

이 밖에도 윤계종(尹繼宗), 김복성(金復性), 주천록(朱天錄), 박경남(朴擎南), 김충신(金忠信)의 시가 『해동유주』에 수록되어 있다. 하지만 이들에 대한 인적 정보는 현재로서는 극히 제한적이다. 지금까지 알려진 문헌 자료 중에는 이들에 관한 기록이 거의 전무하기 때문이다. 추후에 많은 문헌 자료가 확인되어 관련 연구가 활성화되기를 기대하면서 여기에는 윤계종과 주천록의 시를 각각 한수씩 소개한다.

아래는 윤계종이 지은 「난리 후에 처음 인왕산에 가다〔亂後初到仁王山〕」라는 시이다.[263]

동서로 흩어져 피난하던 날에는	鳥竄東西日
이곳에 오게 될 줄을 알았으랴	那知到此來
봄비 속에 한가로이 핀 꽃이	閑花春雨裡
주인이 돌아오길 지금껏 기다렸구나	猶待主人廻

난리로 피난하여 동서로 오가다가 비로소 인왕산에 되돌아와서 느낀 감회를 시로 읊은 것이다. 난리로 동서로 흩어져 피난하던 때가 어느 때인지 구체적 정보는 확인되지 않는다. 봄비 속에 변함없이 한가롭게 피어 있는 꽃을 다시 마주하는 장면을 그려냄으로써 전란이 종식되어 다시 과거의 모습을 되찾은 조국 산천의 평화로운 이미지를 담담하게 전달하고 있다. 되돌아 올 수 있을까 싶을 정도로 급박했던 전란기의 역경을 겪으면서 받았던 아픔과 상처도 자연의 무한한 회복력 앞에서 잠시 잊어버리고 격한 감정과 거친 호흡도 모두 잠시 내려놓은 순간을 오롯이 관조하듯 읊조렸다.

아래는 주천록이 남긴 「사또에게 올리다〔奉呈使道〕」라는 시이다.[264] 『소대풍요』 「목록」에는 그가 '별제(別提)'로 소개되어 있다.[265]

263 洪世泰, 『海東遺珠』 「亂後初到仁王山〔尹繼宗〕」.

264 洪世泰, 『海東遺珠』 「奉呈使道〔朱天錄〕」.

변경에서 영을 전하여 재촉하니	塞徼催傳箭
삼군을 지체할 수 없다오	三軍不可留
전투에서 누가 죽기로 싸우지 않을까	推鋒誰敢死
군량을 연이어 실어 나르네	輓粟卽如流
저녁에 마천령에 칼 짚고 서서	倚劍磨天暮
가을 두만강에 깃발 휘날리니	揚旗豆滿秋
뒤좇아 공격하여 놓치지 말고	追攻宜勿失
홀추(忽酋)를 참수하여 오시기를	斬獲忽酋頭

'사또〔使道〕'는 감사(監司)나 병사(兵使)를 그 아문에서 일컫는 말이다.[266] 여기에서는 함경북도 병마절도사, 곧 북병사를 가리킨 말이거나 아니면 함경감사를 가리킨 말이다. 홀추(忽酋)는 북방에서 웅거하던 홀온(忽溫)의 우두머리를 이른다. 선조조 말년에 해당하는 1605년에 크게 소란을 일으킨 바 있는데 곧 1607년에 이르러 노추(老酋)에 의해 세력을 약화되었다. 위의 시는 아마도 1605년 무렵에 지어졌을 것으로 추정된다.

이 무렵 북병사는 김종득(金宗得)과 이시언(李時言)이 연이어 맡았고 함경 감사는 이시발(李時發 1569~1626)이 맡았었다. 이시발의 경우는 그의 「시장(諡狀)」에 따르면,[267] 을사년(1605)에 홀추(忽酋)가 북관(北關)에서 소란을 일으켜 위태로운 지경에 이르렀을 때에 선조의 명을 받들어 함경도 관찰사로 부임하였었다. 그러자 홀

265 蔡彭胤, 『昭代風謠』「目錄」.

266 柳希春, 『眉巖集』 卷4 「庭訓外篇上・睦僚敬貴」, "監司兵使, 則其衙門稱使道, 虞候稱令公."

267 南九萬, 『藥泉集』 卷23 「刑曹判書李公請諡行狀〔丁亥〕」.

추가 그의 위엄에 눌려 스스로 사죄하면서 화해할 것을 청하였다고 한다. 그는 1607년에 건주(建州)의 노추(奴酋)가 종성에서 홀추와 격돌한 사건을 수습한 뒤에 그해 가을에 체직되어 물러났었다.

주천록의 위 시는 당시 북쪽 변경의 소요를 진압하기 위해 달려가는 사또에게 응당 홀추의 머리를 베어 그 세력을 제거함으로써 국가의 근심을 뿌리 뽑을 것을 요청하였다. 시를 시로서 즐길 뿐인 정도를 벗어나 국가의 대사를 근심하는 우국의 일념을 시로써 드러낸 것이다.

선조조 후반 이후로는 여항의 중인들이 문학 소양을 뽐내듯이 궁가를 비롯하여 관가와 사가의 공사 노비들 중에서도 이에 뒤질세라 시로써 자신들의 재능을 발휘하곤 하는 자가 종종 나타났다. 예컨대 동양위(東陽尉) 신익성(申翊聖)의 집안에서는 부자, 형제와 조손 중에서 문조(文藻)와 풍채(風采)가 뛰어난 자가 끊이질 않았고 노비들까지 손색없이 능히 화조(花鳥)를 시로 읊어낼 수 있었다고 한다.[268] 특히 육가의 한 사람으로서 여항 문학의 발전을 견인하던 최기남(崔奇男 1586~1668)도 이 집안에 소속되어 있던 노비이다. 최기남은 이후 『효종실록』을 교수(校讎)하는 일에 참여하기도 하였다.[269] 또한 자신의 평소 작품을 모아 시집을 엮고 신익성과 이경석(李景奭)에게 서문을 받아두었는데, 이것이 이후 7권 2책 분량의 목판본으로 간행되었다.

268 李德懋, 『青莊館全書』 卷33 「清脾錄二・詩妓」.

269 李景奭, 『白軒集』 卷32 「題崔老人奇男詩稿後」.

3) 문예 흥취의 유희적 실천과 새로운 글쓰기

16세기 후반 선조조의 조선 문단에서 문학을 재도지기(載道之器)로 이해하던 기존의 문학 관념에서 벗어나는 문학 행위들이 눈에 띄게 증가하였다. 문학을 통해 세상을 조롱하거나 신세를 한탄하고 자조하기도 하더니 이따금 문학을 심성을 수양하고 세상을 경륜하는 도구가 아닌 유희의 도구로 삼아 그 자체로 즐기기도 하였다. 이들은 놀이의 마당에서 집체창작의 성격을 갖는 시문을 생산해내거나 내용 혹은 형식을 뒤틀고 변형하여 새로운 양식을 만들어내는 데에서 희열을 느꼈던 것이다. 기존의 문학 위상에는 걸맞지 않은 다른 모습들이다.

이에 시문 창작 방식의 변화와 관련하여 집체창작의 유행에 대해 살펴보고, 시문 양식의 변형과 관련하여 잡체시 유행 및 문학 전범의 탐색과 새로운 글쓰기에 대해 살펴보고자 한다.

가) 문학 유희와 잡체시의 성행

선조조에 이르러 문인 층이 두터워지고 이들에 의해 다양한 방식의 문학 활동이 활발하게 이루어졌다는 것은 기지의 사실이다. 대개 뜻이 맞는 선후배 문인들이 모임을 결성하여 일정한 관계망을 형성하였고 그 안에서 다시 삼삼오오 작은 규모로 그때그때 조출한 모임들이 이루어져 사적 공간에서 친밀한 문학 활동이 이루어지곤 하였다. 선조조에 이르러 이전에 비해 문인의 층이 급격하게 두터워질 수 있었던 것은, 물론 이 시기 조선 인문학의 전반적 성장 속에서 자연스레 뒤따르는 현상이겠지만, 시야를 좁혀 개별 창작자들의 창작 공간에 접근하여 본다면, 이처럼 작은 규모로 결성된 모임들이 세대와 신분을 뛰어넘어 각 층위에서 활발하게 창작 마당을 벌였기에 가능할 수 있었음을 발견하게 된다. 창작 모임이 활성화되어 문예의 성장을 견인하는 장면들은 당시의 여러 문헌 기록에서 엄연하게 드러나고 있다.

창작 모임의 활성화는 다시 수창(酬唱)의 증가로 나타난다. 이들은 다양한 수창 방식을 활용하여 모임의 즐거움을 극대화하였고 상호간에 가장 의미 있는 성과물을 만들어내었다. 이 시기 문학 연구에 있어서 문인간의 수창 활동에 관한 분석이 의미 있는 시사를 주리라 기대한다.

수창은 개인의 고단한 작업을 이르는 말이 아니다. 문학을 매개로 다수의 문인 간에 이루어지는 상호 작용을 이르는 말이다. 선조조에 이르러 문인 간에 활발하게 수창이 이루어졌음은 여러 문인들의 문집 기록에서 확인된다. 이를 가시적 지표로 제시하기는 쉽지 않다. 몇 가지 사례를 중심으로 그 대략을 소개한다.

선조조의 문인들이 전통적 방식과 완전히 다른 수창 방식을 활용한 것은 아니다. 이들이 자주 활용한 수창 방식은 화운(和韻), 분운(分韻), 연구(聯句) 등을 꼽을 수 있다. 그런데 이것이 이전 시대와 구별되는 새로운 것은 아니었다. 다만 수창의 재미를 배가하기 위해 잡체시를 적극적으로 수창의 재료로 삼았던 것은 이전 시기와 확연하게 구별된다. 이 가운데 분운과 연구 창작과 잡체시 창작은 다분히 상호 유희의 성격을 띤다.

문인간에 상대 시인의 시를 화운(和韻)하여 수창하는 것은 가장 전통적인 방법이다. 선조조 문인들의 경우에도 여전히 상호 수창의 과정에서 이 화운을 적극적으로 활용하였다. 다만 쉬운 작업은 아니지만 화운 창작을 활용한 빈도와 그 질적인 밀도는 따로 떼어서 시대의 특성으로 이야기할 수 있을 것이다.

예컨대 동악 이안눌의 경우 그의 문집에 수록된 시 가운데 상당히 많은 편수가 스스로 화운한 것이거나 상대에게 화운된 것들이다. 이는 그가 당시의 시단에서 상호 수창을 통해 활발하게 교유면서 꾸준하게 성과를 얻었다는 사실을 말해준다. 그와 동시대의 시인으로 차천로, 이정귀, 조위한, 권필, 김상헌 등도 많은 분량의 화운시를 남기고 있다. 이들의 수창 활동이 비교적 활발하였음을 알 수 있다.

이해를 돕기 위해 동악 이안눌과 석주 권필이 수창한 장면 하나를 소개한다. 아래의 시는 이안눌이 지은 원운(元韻)의 시이다.[270]

아침에 병상에서 술을 마다했다가	今朝臥病阻淸尊
애써 찾아오니 밤 깊은 때라네	强起來尋夜欲分
아쉽게 그대가 취하여 잠이 깊으니	惆悵醉翁眠正熟
작은 등불 어둑한데 비파 한 곡조 듣네	琵琶一曲小燈昏

270 權韠, 『石洲集』 卷7 「和子敏絶句·附元韻」.

이는 권필이 자신의 생일에 술자리를 마련하여 벗들을 초대했을 때의 일을 이안눌이 읊은 시이다. 이때 이안눌은 병이 있어서 초대에 응하지 못하다가 늦은 저녁에 이르러서야 몸을 일으켜 권필이 있는 곳으로 찾아갔었다. 그런데 권필은 진즉에 술에 취하여 잠들어버렸고 주위에 다른 벗들도 남아있지 않았었다. 아쉬운 마음에 혼자서 악공의 비파 연주를 한 곡조 청하여 듣고서 이 시를 지었던 것이다.

이안눌은 이 때의 상황에 대해 "12월 26일은 권여장(權汝章)의 생신이다. 술상을 차려두고서 마시러 오라고 초대했으나 병으로 가지 못하다가 한밤중에 이르러서야 홀로 누워있기가 무료하여 병든 몸을 이끌고서 애써서 갔다. 그런데 군은 벌써 취하여 쓰러져서 깊이 잠들어 일어나지 않았고 좌우에 아무도 없었다. 단지 비파를 타는 악공만이 곁에서 모시고 있기에 그에게 한 곡조를 청하여 들은 뒤에 절구 한 수를 남기고서 돌아갔다."라고 기록을 남겨두었다.

그러자 권필은 이에 화운(和韻)하여 시 한 수를 창작하였다. 아마도 이튿날 술에서 깬 뒤에 이안눌이 남긴 시를 읽고서야 그가 방문했었음을 알아차렸을 것이다. 권필은 이안눌에 대한 미안한 마음을 화운한 시에 담아 전하였다.[271]

맑은 주현 소리에 술잔 대하여	朱絃淸唱對金尊
간밤의 풍류가 절정에 달했었는데	一夜風流抵十分
아쉽게 시옹이 흥을 타고 왔건만	却恨詩翁乘興到

271 權韠, 『石洲集』 卷7 「和子敏絶句」.

대취한 주인이 혼몽해진 때라오　　　　　主人沈醉已昏昏

맑은 비파 연주 소리를 들으며 술잔을 기울이노라니 간밤의 풍류가 절정에 달했지만, 아쉽게도 흥을 타고서 뒤늦게 찾아온 이안눌을 마주하기도 전에 주인이 벌써 취하여 인사불성이 되었노라고 권필은 고백하였다.

이는 지극히 평범한 일상의 장면을 노래한 것이지만, 이들의 삶의 이야기가 뒤섞여 독자의 감수성을 자극하면서 그 문학성을 고조시킨다. 그런데 이 장면은 한편으로는 선조조 문단의 주류로 떠올라 있었던 신진 작가들, 곧 권필과 허균을 중심으로 그 주변에 포진하여 있던 젊은 문인들의 삶의 모습을 상징적으로 보여주는 것이기도 하다. 이들은 수시로 작은 모임을 만들어 서로를 초대하였고 어울려 술과 음악을 즐기고 시문을 수창하고 공유하는 것으로 이 시절 최고의 즐거움으로 삼았었다.

이들의 문집 속에서 화석처럼 남아 있는 수창의 장면들에 하나하나 현장의 숨소리를 살려내고 의미를 잇대어줌으로써 우리의 문학사를 풍성하고 다채롭게 만들 수 있기를 바란다.

선조조의 문인들이 수창의 방식으로 화운(和韻)과 함께 즐겨 활용하였던 것은 연구(聯句)이다. 이 역시 문인 사회에서 오랜 전통으로 이어져 내려온 창작 방식의 하나로 잡체시의 일종으로 간주하기도 한다. 이 시기 문인들은 창작의 재미를 증폭시키고 긴밀한 유대감을 형성시키는 데에 연구의 수창이 매우 쓸모 있다고 생각하였던 듯하다. 이런 사실은 연구시의 양적 증가에서도 확인된다.

오봉(五峯) 이호민(李好閔 1553~1634)의 문집에 실려 있는 연구시 한 수를 소개한다.[272] 권필의 문집에도 같은 시가 실려 있다.[273] 집체 창작의 결과물이므로 참가자 모두의 소유가 되는 것은 당연하다. 이호민과 권필은 신축년(1601) 11월부터 이듬해 봄까지 원접사의 일원으로 의주(義州)에 머물고 있었는데, 이 무렵 숙천(肅川)에 갔다가 동행한 이안눌, 허균과 함께 연구로 수창하였던 것이다.[274]

사월의 숙녕 객관에서	四月肅寧館
미풍에 해당화 질 때 (이호민)	微風落野棠
청산이 화려한 난간을 에워싸고	青山繞雕檻
녹수가 둥근 못에 가득한데 (권필)	綠水滿回塘
젓대로 매화인을 연주하고	笛奏梅花引
술잔에 죽엽향을 기울이면서 (이안눌)	杯傾竹葉香
긴 밤이 다하도록	會須終永夕

272 李好閔, 『五峯集』 卷3 「菡萏亭聯句二首」.

273 權韠, 『石洲集・別集』 卷1 「肅川池亭聯句」.

274 신축년(1601)에 명나라가 황태자를 책봉하고 천하에 경사를 알리는 조서(詔書)를 반포하였는데, 고천준(顧天峻)과 최정건(崔廷健) 두 사신이 조서를 가지고 조선에 입국하였다. 이에 조선에서는 문형을 맡고 있던 이정귀(李廷龜)가 원접사(遠接使)를 맡아 수행할 인원을 구성하였다. 이때 이조 정랑 박동열(朴東說), 예조 정랑 이안눌(李安訥), 이조 좌랑 홍서봉(洪瑞鳳)은 종사관이 되었고, 제용감 정 김현성(金玄成), 교서관 교리 차천로(車天輅), 가평 군수 한호(韓濩), 유학(幼學) 권필(權韠)은 제술관이 되었고, 오봉(五峯) 이호민(李好閔)은 의주 영위사(義州迎慰使)가 되었고, 지봉(芝峯) 이수광(李睟光), 수몽(守夢) 정엽(鄭曄)은 도사 영위사(都司迎慰使)가 되었다.

등촉 밝혀 기녀와 논다네 (허균) 持燭賞紅粧

이런 곳을 늘 만날 수 없는데 此地不常得
우리 인생 얼마 될까 人生能幾何
가는 길 재촉하지 말고 不須促歸騎
이별가를 들어보시게 (이안눌) 且復聽離歌
흰 머리로 꽃 앞에 앉으니 霜鬢花前亞
꾀꼬리 버들 너머에서 지저귀는데 (이호민) 鸎聲柳外多
오늘 아침에 헤어지고 나면 今朝分散後
내일은 누가 여기 다시 오려나 (권필) 明日更誰過

위의 시에서도 알 수 있듯이 연구의 시는 대체로 유희적인 성격이 강하다. 여럿이 모인 자리에서 이야기의 끝을 분산시키지 않고 서로 말은 받아 시구를 잇대어가면서 각자의 시재와 재치를 불시에 드러내 좌중을 놀래게 만드는 재미도 있다. 이런 매력을 가진 수창의 장치라는 것이 연구시 유행의 가장 큰 이유일 것이다.

연구시는 또한 만남을 기념하는 기록물로서도 인기를 얻었다.

> 정미년(1607) 윤 6월에 내가 영해부(寧海府)에 제수되어 도성에 와서 사은숙배하고 돌아가려 할 때에 한지사(韓知事 유천 한준겸)가 술자리를 마련하여 나를 초대하였다. 이에 이연릉(李延陵 오봉 이호민), 한판결(韓判決 구암 한백겸), 홍승지(洪承旨 녹문 홍경신), 신참의(申參議 하은 신설) 등 제공이 함께 와서 전별(餞別)하고 이어서 연구(聯句)를 지어 주었다. 이에 나도 한 수를 남겨서 화답한다.[275]

275 盧景任, 『敬菴集』 卷1 「韓柳川〔浚謙〕席上和詩, 留別李延陵〔好閔號五峯〕諸公」.

경암(敬菴) 노경임(盧景任 1569~1620)이 정미년(1607) 6월에 영해 부사(寧海府使)로 부임하기 직전에 그를 전별하는 자리에서 다섯 명의 벗이 연구로 한 수의 시를 지어 이 모임을 기념하였다. 이에 노경임도 시 한 수를 남겨 화답함으로써 자신의 우의를 표현하고 모임을 빛내었다. 위의 글은 그 서문으로 붙여둔 것이다.

연구의 창작은 대체로 한 자리에 동석한 구성원 가운데 한 사람이 먼저 운자를 달아 첫 구를 떼면서 시작된다. 그러면 나머지 사람들이 한 구 혹은 두 구씩을 내어 그 뒤를 이어간다. 술잔이 오가는 가운데 짧게는 절구나 율시로 끝을 맺기도 하지만 장편으로 이루어지는 경우가 많았다. 이런 자리에서는 이것이 놀이의 방식으로 이루어졌을 개연성이 크다. 그만큼 순발력이 뒤따르지 않으면 동참하기 어려웠을 것이다. 또한 상호간의 유대감이 형성되어 있지 않다면 그 재미를 느끼기도 쉽지는 않았을 것이다.

연구시의 창작은 고려시대 문인들에게도 많이 활용되었고 조선시대 문인들에게도 변함없이 꾸준히 인기를 끌었다. 이것이 문집에 수록되어 전해지는 경우보다 사라져 전해지지 않는 경우가 더 많았을 듯한데, 문집에 남아 있는 것만을 본다면 조선 후기로 넘어가면서 그 편수가 꾸준히 증가되는 것으로 나타난다. 특히 조태억(趙泰億 1675~1728)의 경우는 연구로 창작한 시가 약 160수에 이를 정도로 그 양이 방대하다. 이는 조태억이 그만큼 빈번하게 시문을 수창하였음을 보여주는 대목이기도 하다. 선조조 문인들의 경우는 문집에 남긴 연구시의 분량이 이렇게 방대하지는 않았지만 역시 많은 공간에서 이를 활용하여 수창을 즐겼던 것만은 분명하다. 이에 대한 더욱 정치한 연구가 요구된다.

분운(分韻)도 상호 수창의 방식으로 즐겨 활용되었다. 이는 참여할 인원의 수와 동일한 자수의 글귀 하나를 먼저 제시하는 것으로 시작한다. 이 글귀의 글자를 규칙에 따라 각자에게 한 글자씩 배분하여 이를 운자로 삼아 시를 짓게 한다. 이 역시 연구시의 경우처럼 유희적 성격이 강할 수밖에 없다. 현장에서 활용되었던 몇 가지 글귀를 소개하면 아래와 같다.

> "맛없는 술이라도 차보다 낫네." 〔勝茶湯〕[276]
> "고향 낙양은 구름 산 너머에 있네." 〔京洛雲山外〕[277]
> "잔설이 덮인 밤에, 타향을 떠도는 나그네." 〔殘雪夜異鄕人〕[278]
> "맑은 바람은 서서히 불어오고,
> 파도는 일어나지 않네." 〔淸風徐來水波不興〕[279]

276 소식(蘇軾)의 「박박주(薄薄酒)」라는 시에서 취하였다. 그 시에 "맛없는 술도 차보다 낫고, 거친 베옷도 치마가 없는 것보다 낫고, 추한 처와 악한 첩도 독수공방보다 낫네. 〔薄薄酒勝茶湯, 麤麤布勝無裳, 醜妻惡妾勝空房.〕"라는 말이 있다.

277 두보(杜甫)의 「운산(雲山)」에서 취하였다. 객지에서 고향 장안을 그리워하며 지었다고 한다. 그 시에 "고향 낙양은 구름 산 너머에 있는데, 소식 담은 편지가 이르지 않네. 〔京洛雲山外, 音書靜不來.〕"라는 말이 있다.

278 최도(崔塗)의 「제야유감(除夜有感)」에서 취하였다. 그 시에 "깊은 산 잔설이 덮인 저녁이요, 외로운 등촉 아래 타향살이 나그네라네. 〔亂山殘雪夜, 孤燭異鄕人.〕"라는 말이 있다.

279 소식(蘇軾)의 「전적벽부(前赤壁賦)」에서 취하였다. 그 첫머리에 "임술 가을 7월 기망에 소자가 객과 배를 띄워 적벽 아래에서 노는데, 맑은 바람은 서서히 불어오고 파도는 일어나지 않는다. 〔壬戌之秋七月旣望, 蘇子與客泛舟, 遊於赤壁之下, 淸風徐來, 水波不興.〕"라는 말이 있다.

이 가운데 세 번째의 '잔설야 이향인(殘雪夜 異鄕人)'은 신축년(1601) 제석에 원접사 이정귀와 그를 따라 의주에 머물던 박동열, 이안눌, 홍서봉, 차천로, 권필이 분운에 사용하였던 글귀이다. 여섯 사람이 차례로 잔(殘), 설(雪), 야(夜), 이(異), 향(鄕), 인(人)을 운자로 얻어 시를 창작하였다.

여러 시인이 어울려 분운하는 경우가 대부분이지만 경우에 따라서는 시인 한 사람이 스스로 분운하여 여러 수를 짓는 경우도 있다. 예컨대 네 번째 '청풍서래 수파불흥(清風徐來 水波不興)'은 이식(李植)이 홀로 분운하여 창작할 때에 사용하였던 글귀이다.[280] 그는 여덟 글자를 분운하여 홀로 여덟 수의 시를 창작하였다.

또한 스무 명이 넘는 시인들이 분운하여 시를 창작한 경우도 발견된다. 선조조를 지나 광해군 14년(임술, 1622) 7월 기망에 검간(黔澗) 조정(趙靖 1555~1636)은 낙동강에 배를 띄워 놀다가 동행한 25명에게 차례로 「전적벽부」의 첫머리 25자를 떼어 분운하고 시를 짓게 하였다.[281]

아래에 허균이 분운하여 지었던 시 한 수를 소개한다. 이 시는 허균이 이달(李達), 윤오정(尹梧亭), 정시망(鄭時望)과 어울려 연회를 베푼 자리에서 창작한 것이다.[282] '설만군산(雪滿群山)' 네 글자 글귀로 분운하여 네 사람이 시 한 수씩을 창작하였다. 허균은

280 李植, 『澤堂集·續集』 卷2 「清風徐來水波不興八字分韻」.

281 趙靖, 『黔澗集』 卷1 「壬戌七月既望, 泛舟洛東江, 同遊凡二十五人, 以赤壁賦從頭分韻, 次第占之, 得戌字.」; 全湜, 『沙西集』 卷2 「壬戌秋遊分韻得淸字竝序」.

282 許筠, 『惺所覆瓿藁』 卷1 「佐幕錄 · 分韻得山字」.

네 번째 '산(山)'자를 운자로 얻었다.

병들어 누워서 열흘을 보내니 抱痾臥經旬
눈이 쌓여 사립문이 잠겼는데 積雪埋柴關
늙은 시인 어디서 왔는지 詩老何方來
나의 시름을 펴주시네 使我開愁顔
등 밝히고 온돌에 앉아 呼燈坐燠室
흰 윤건 높이 쓰고 마주하니 相對岸白綸
정 선생은 본디 시원 소탈하고 鄭子素脫洒
윤생도 맑고 한가로운 사람이라 尹生亦淸閒
격식 없이 마음껏 담소하면서 忘形劇笑談
좋은 밤이 다하도록 良夜從闌珊
생선회에 좋은 술을 마시고 美酒壓霜膾
여인에게 고운 노래 권하노라니 纖歌勸雲鬟
타향 나그네인 줄을 까맣게 잊고 都忘客殊方
서울에 있는 듯이 착각이 드네 宛疑京洛間
새벽 은하수 가물가물 사라지고 寥落曙河轉
아득한 하늘에 초승달 걸릴 때 蒼茫初月彎
흥이 극진했으니 이별을 슬퍼 말게 興極莫傷離
세상길에 험난한 일도 많고 世路多險艱
인생 백 년에 人生處百歲
빠른 세월을 오래 붙들기도 어려우니 倏駕難久攀
형역(形役)에 어찌 오래 얽매여 있으랴 形役豈久拘
결국에 세상을 떠날 터라 終當謝塵寰
녹라(綠蘿)로 돌아갈 계획이니 綠蘿有歸計
얼마 후 동산에서 노닐 거라네 未幾遊東山

분운하여 시를 짓던 당시의 분위기가 느껴질 듯하다. 객지에 있던 허균이 병으로 누워서 열흘이 되도록 출입을 하지 않자 벗들이 찾아와서 생선회에 맛있는 술을 수작하며 담소를 나누기도 하고 여인에게 노래를 청하여 듣기도 하다가 마침내 분운하여 시를 지었다. 허균은 시를 통해, 세상길은 험난하고 인생은 유한하니 형역에 구속되어 인생을 허비하지 말고 속세에서 물러나 초야에서 은일한 삶을 살겠노라고 다짐하였다.

이처럼 분운은 대체로 사적인 공간에서 뜻이 맞는 벗들과 어울려 행하는 것인지라 음주와 풍류가 뒤섞여 이루어지는 놀이의 성격을 띠는 경우가 많다. 창작한 시의 내용도 지극히 사적인 이야기와 감흥으로 채워지곤 한다.

16세기 후반 문단의 변화를 보여주는 또 하나의 특이한 현상은 바로 잡체시(雜體詩)의 성행이다. 잡체시가 기존에 창작되지 않았던 것은 아니지만 이때에 이르러 그 분량이 큰 폭으로 증가하였다. 또한 기존에 이를 문학의 성과로 셈하는 데에 보수적이었는데 이제 과감하게 문학 성과로 헤아려 문집에 수록하기 시작하였다. 이런 현상은 문학에 대한 전반적 인식이 유의미한 변화에 도달하였음을 보여주는 징표가 되기도 한다.

아마도 이 시기 문학에 몰입하는 문인들이 크게 증가하였고 이들이 상호 수창에 열을 올리면서 자연스럽게 잡체시의 활용도도 함께 상승하였던 듯하다. 이것이 문인들이 잡체시의 문학적 가치를 긍정하기 시작한 계기가 되었을 것이다. 또한 당시 조선 문단에 불었던 당시풍의 영향으로 고악부(古樂府)와 한위고시(漢魏古詩)에 대한 관심이 높아졌는데, 이런 관심은 다시 고악부와 고시에 뿌리를 두고 있는 다양한 잡체시를 창작하는 데로 이어진 측면이 있다고 진단하기도 한다.[283]

한편 잡체시의 유행은 이 시기 접반문학과도 상당히 연관되어 있는 것으로 보인다. 잡체시가 접반의 공간에서 유용하게 활용되었던 모습이 문헌 기록을 통해 확인된다.

이에 아래에서 먼저 이 시기에 창작된 잡체시의 유형과 그 창작 양상을 살펴본 뒤에 접반문학과의 관련성에 대해 알아보기로 한다.

잡체시는 그 역사가 오래되었다. 중국의 경우 한시의 격식이 아직 정형화되지 않았던 『시경』과 『초사』의 시대에 창작된 많은 시들이 사실 잡체시로 분류될 수 있는 것들이다. 이후로 한나라를 거쳐 남조 시대에 이르면 이미 현재 개념의 잡체로 분류될 수 있는 적지 않은 시체들이 생겨나 폭넓게 창작되었다. 참으로 한시의 역사가 곧 잡체시의 역사라고 해도 과언이 아닐 정도다.

그런데 잡체시는 처음부터 놀이의 공간에서 문학 유희의 필요에 의해 창작되는 경우가 많아 그 형식과 내용에 유희적 요소가 매우 짙게 배어들어 있다. 그 형식은 정격의 정해진 격률을 따르지 않고 의도적으로 자형(字形), 구법(句法), 성률(聲律), 압운(押韻) 등을 기이하게 변화시켜 즐거움을 배가시킨 것이 많다. 또한 그 내용은 대체로 재치와 해학, 희롱을 섞어 넣어 사람들이 미처 생각하지 못

283 이미진, 「조선중기 잡체시의 창작배경에 대하여」, 『대동한문학』 39집, 대동한문학회, 2013.

한 빈틈을 두드림으로써 놀래게 만드는 것으로 이루어진다.

잡체시는 그 종류가 다양하여 일일이 소개하기도 어려울 정도다. 다만 고인의 잡체시 분류를 근거로 대략 그 유형을 구분해볼 수 있다. 여기에서는 명나라 서사증(徐師曾)이 『문체명변(文體明辨)』에서 적용했던 잡체시의 유형을 소개한다. 『문체명변』 부록에 수록된 잡체시는 크게 여덟 가지 유형으로 분류되어 있다. 잡구시(雜句詩), 잡언시(雜言詩), 잡체시(雜體詩), 잡운시(雜韻詩), 잡수시(雜數詩), 잡명시(雜名詩), 이합시(離合詩), 회해시(詼諧詩)가 그것이다. 그리고 각 유형마다 아래에 다시 여러 가지 세부 유형을 설정해두고 이에 따라 시를 배열하였다.

『문체명변』에 제시되어 있는 잡체시의 유형은 아래와 같다.

① 잡구시: 삼구시(三句詩), 오구시(五句詩), 촉구시(促句詩)
② 잡언시: 칠오언(七五言), 삼오칠언(三五七言), 일삼오칠구언(一三五七九言), 일자지칠자(一字至七字), 일자지구자(一字至九字), 일자지십자(一字至十字)
③ 잡체시: 요체(拗體), 봉요체(蜂腰體), 단현체(斷絃體), 격구체(隔句體), 투춘체(偸春體), 수미음체(首尾吟體), 반중체(盤中體), 회문체(迴文體), 측기체(仄起體), 첩자체(疊字體), 구용자체(句用字體), 고침체(藁砧體), 양두섬섬체(兩頭纖纖體), 삼부염체(三婦艶體), 오잡조체(五雜組體), 오측체(五仄體), 사성체(四聲體), 쌍성첩운체(雙聲疊韻體), 문답체(問答體)
④ 잡운시: 호로운체(葫蘆韻體), 녹로운체(轆轤韻體), 진퇴운체(進退韻體), 전도운체(顚倒韻體), 평측양운체(平仄兩韻體)
⑤ 잡수시: 사시(四時), 사기(四氣), 사색(四色), 오희(五噫), 육억

(六憶), 육갑(六甲), 육부(六府), 팔음(八音), 십색(十索), 십리(十離), 십이속(十二屬), 백년(百年), 수시(數詩), 수명(數名)

⑥ 잡명시: 건제명(建除名), 성수명(星宿名), 도리명(道里名), 주군현명(州郡縣名), 사용명(斜冗名), 성명(姓名), 장군명(將軍名), 고인명(古人名), 궁전옥명(宮殿屋名), 선거명(船車名), 약초수명(藥草樹名), 조수명(鳥獸名), 괘조상명(卦兆相名)

⑦ 이합시: 한 자의 편방을 분리하여 두 구로 만들고 네 구를 끌어 모아 한 자를 만드는 것(離一字偏旁爲兩句而四句湊合爲一字), 한 자의 편방을 분리하여 두 구로 만들고 여섯 구를 끌어 모아 한 자를 만드는 것(離一字偏旁爲兩句而六句湊合爲一字), 한 자의 편방을 한 구의 수미에 분리시키고 수미가 서로 이어져 한 물건이 되게 하는 것(離一字偏旁於一句之首尾而首尾相續爲一字), 편방을 분리하지 않고 단지 한 물건의 두 글자를 한 구의 수미에 분리시키고 수미가 서로 이어져 한 물건이 되게 하는 것(不離偏旁但以一物二字離於一句之首尾而首尾相續爲一物), 구자영(口字詠), 장두시(藏頭詩), 헐후시(歇後詩)

⑧ 회해시: 배해체(俳諧體), 풍인체(風人體), 제언체(諸言體), 제어체(諸語體), 제의체(諸意體), 자미체(字謎體), 금언체(禽言體)

잡체로 분류되는 시의 종류가 실로 다채롭다. 하지만 이것도 아직은 기본 유형을 제시한 것에 불과하다. 만일 세세한 차이까지 구분해서 헤아린다면 이루 다 헤아릴 수 없을 듯하다. 다만 설령 그렇더라도 우리나라 문인들이 이 많은 종류의 잡체시를 모두 창작에 활용한 것은 아니었다. 그때그때 각자 자신의 처한 상항에서 가장 적합한 유형을 택하여 창작에 활용하였다. 따라서 우리나라의 경우에는 또 그 나름으로 발달한 잡체시 유형이 따로 존재하고 있다.

우리나라의 잡체시(雜體詩)에 관한 연구로는 이미진에 의해 최근에 이루어진 연구가 주목된다.[284] 이미진은 조선 중기에 창작된 잡체시의 창작 배경을 검토하면서 문집에 수록되어 있는 잡체시를 분석한 뒤에 빈도가 높은 26가지 유형을 추출하여 제시하였다. 곧 연구(聯句), 회문(回文), 집구(集句), 연아(演雅), 층시(層詩), 팔음(八音), 장두(藏頭), 수미음(首尾吟), 건제(建除), 약명(藥名), 금언(禽言), 이합(離合), 이십팔수(二十八宿), 수시(數詩), 십이진(十二辰), 인명(人名), 양두섬섬(兩頭纖纖), 첩자(疊字), 오잡조(五雜組), 평성체(平聲體), 측성체(仄聲體), 괘명(卦名), 삼부염(三婦艶), 헐후(歇後), 투춘(偸春), 봉요(蜂腰)이다.

아울러 26가지 잡체시의 창작 양상을 분석하여 출현한 빈도와 그 수량을 제시였다. 이를 소개하면 아래와 같다.[285]

284 이미진, 「조선중기 잡체시의 창작배경에 대하여」, 『대동한문학』 39집, 대동한문학회, 2013; 이미진, 「조선중기 잡체시 창작에 대한 연구」, 경북대학교 박사학위청구논문, 2014.

285 이미진, 「조선중기 잡체시 창작에 대한 연구」, 경북대학교 박사학위청구논문, 2014. 73~74쪽에서 인용. 이미진은 한국문집총간 정편 350집 전체와 속편 94집까지를 조사 대상으로 삼았다. 종수로는 전체 1079종으로, 15세기 이전 문집 119종, 16,7세기 문집 580종, 18세기 이후 문집 380종이다. 그 시기 구분에 대해서는 57쪽에서 밝혀두었다.

	시체	총 편 수	시기별 작가 수		
			15세기 이전	16~17세기	18세기 이후
1	연구	1,073제 1,243수	26	123	160
2	회문	150제 205수	11	57	26
3	집구	384제 913수	5	53	30
4	연아	111제 151수	15	34	14
5	층시	63제 101수	2	38	23
6	팔음	55제 58수	3	27	17
7	장두	44제 53수	0	21	17
8	수미음	43제 318수	1	27	9
9	건제	41제 45수	2	29	8
10	약명	33제 59수	3	12	10
11	금언	23제 93수	1	8	12
12	이합	21제 23수	0	4	14
13	이십팔수	20제 22수	0	12	6
14	수시	19제 21수	0	11	6
15	십이진	19제 24수	0	10	8
16	인명	10제 10수	1	2	5
17	양두섬섬	8제 22수	0	8	0
18	첩자	7제 8수	0	6	1
19	오잡조	8제 20수	0	2	4
20	평성체	6제 9수	0	5	1
21	측성체	6제 6수	0	4	1
22	괘명	5제 5수	0	2	3
23	삼부염	3제 3수	0	1	2
24	헐후	2제 2수	0	1	1
25	투춘	2제 2수	0	1	1
26	봉요	1제 1수	0	1	0

위의 표에서 나타나듯이 잡체시는 16세기에 이르러 크게 증가하였고 또 다양한 종류가 창작되었다. 잡체시에 대한 관심이 일정한 궤도에 올랐음을 알 수 있다. 즐겨 창작된 유형은 열 가지 남짓에 불과하지만 그래도 26가지 유형이 골고루 창작되었다. 예컨대 곽열(郭說 1548~1630), 이광윤(李光胤 1564~1637), 신흠, 조위한, 권필, 장유 등의 경우에는 그 수가 많지는 않아도 다양한 잡체시 유형을 골고루 창작하였음을 이들의 문집에서 확인할 수 있다. 이들이 의식적으로 다양한 유형의 잡체시를 창작하였음을 알 수 있다.

특히 장유의 경우는 19제 44수에 이르는 잡체시가 간행된 문집에 수록되어 있는데,[286] 그가 활용한 시체는 아래와 같이 40종에 이른다.

잡언시 : 일자지십자(一字至十字)
잡체시 : 회문(回文), 오평(五平), 오측(五仄), 첩운(疊韻)
잡수시 : 수시(數詩), 팔음(八音), 십이진(十二辰), 이십팔수(二十八宿)
잡명시 : 인명(人名), 성명(星名), 괘명(卦名), 건제(建除)
이합시 : 이합(離合), 약명이합(藥名離合), 장두(藏頭)
회해시 : 【제언】 대언(大言), 소언(小言), 【제어】 위어(危語) 안어(安語), 요어(了語), 미료어(未了語), 참어(饞語), 한어(恨語), 취어(醉語), 성어(醒語), 활어(滑語), 삽어(澁語), 원어(遠語), 근어(近語), 암어(暗語), 명어(明語), 고어(苦語), 낙어(樂語), 난어(難語), 이어(易語), 열어(熱語), 냉어(冷語), 청어(淸語), 탁어(濁語)

286 張維, 『谿谷集』「谿谷草稿自敍」.

44수 중에 회문시가 4수이고 약명이합시가 2수일뿐이고 나머지는 모두 다른 시체로 이루어져 있다. 회해시로 분류되어 있는 24종은 동일한 제목 아래에 지어진 24수의 시체를 열거한 것이다. 장유는 이에 대해 제목을 대신하여 아래와 같이 언급하였다.

> 옛날에 초(楚)나라 왕이 신하들에게 대언과 소언을 짓게 하였고, 진(晉)나라 사람이 위어와 요어를 지었고, 당나라 승려 시인 교연(皎然)과 안노공(顔魯公) 등의 여러 시인이 함께 참어, 취어, 활어, 암어 등을 지었다. 나는 이를 확장하여 24수를 짓는다.[287]

옛 사람들이 남긴 각종의 시를 바탕으로 그 범위를 확장하여 24종의 시를 한수씩 창작하여 남긴 것임을 알 수 있다. 계곡의 간행본 문집이 자편고를 바탕으로 간행되었다는 점을 감안한다면,[288] 계곡이 의도를 가지고 서로 다른 시체로 창작한 시를 모두 망라하여 자신의 문집에 수록하였을 것이라는 추정이 가능해진다.

이렇게 잡체시의 창작이 본격화되었던 것은 이전 선배들의 전통을 계승한 것이기도 하다. 잡체시가 선조조 후반에 이르러 크게 유행하였음은 사실이지만 그 이전에도 이에 대한 관심이 없었던 것은 아니었다. 아래에 제시한 기록은 한 세대가 앞선 16세기 중반에 이미 잡체시가 지식인들의 관심 영역 안에서 엄연하게 자리를 잡고 있었음을 보여준다.

287 張維, 『谿谷集』 卷34 「昔楚王使群臣賦大言小言, 晉人有危語了語, 唐詩僧皎然與顔魯公諸人共作饞醉滑暗等語, 余因以廣之作二十四章.」

288 張維, 『谿谷集』 「谿谷草稿自敍」.

시는 당송 이후로 많은 명가가 등장하고 여러 시체가 벌떼처럼 생겨나서 회문(回文)과 연구(聯句) 등의 구분과 팔음(八音)과 성명(星名) 등의 명칭이 지극히 다채로웠다. 하중관(夏仲寬)이 엮은 『연금(聯錦)』이라는 책도 소가(騷家)의 기이한 것 중 하나다. 알맹이를 모으고 빼어난 부분을 떼어내어 운(韻)을 맞추고 대(對)를 이어 여러 작가들의 장점을 묶어내었는데, 마치 한 사람의 손에서 나온 듯이 온통 자연스럽게 이루어져 다듬은 흔적이 보이지 않는다. 또한 구장(九章)으로 곤의(袞衣)를 수놓은 듯이 화려한 문채가 눈을 어지럽게 만들고 팔음(八音)이 아울러 연주되면서도 성률(聲律)이 절로 들어맞는다. 이것이 비록 시도(詩道)의 큰 성취는 아니지만, 아, 또한 공교하도다. 지금 도사(都事) 이의신(李義臣)이 이 책을 얻어서 완미한 뒤에 감사 홍담(洪曇)에게 아뢰어 출판하여 널리 유포하기를 도모하였다. 은혜를 나누려는 그의 뜻이 부지런도 하다. 훗날 시를 배우려는 자들이 두루 읽고 널리 기억하여 작자의 뜻을 깊이 느낄 수 있을 것이요, 한묵을 유희하는 여가에 한번 읽어보면 점화(點化)하고 장철(粧綴)하는 공부에서도 삼매의 묘를 얻을 수 있을 것이다.[289]

이는 이의신(李義臣)이 간행한 『연금집(聯錦集)』에 금계(錦溪) 황준량(黃俊良 1517~1563)이 붙인 발문의 내용이다. 경신년(1560) 말에 퇴계 이황이 황준량의 '연금집 서문〔聯錦序〕'을 최종 감수하였을 것으로 추정할 수 있는 기록도 남아 있다.[290] 퇴계가 감수한 서문은 위에 소개한 발문과 동일한 것일 듯하다. 이의신이 이 『연금집』을 간행한 시기는 1560년 말경임을 알 수 있다.

289 黃俊良, 『錦溪集·外集』 卷8 「題李公聯錦集後」.

290 李滉, 『退溪集』 卷20 「答黃仲擧」, "聯錦序, 已寫送于汾川, 今令此人稟取而去, 惟照察."

위에서 확인할 수 있듯이 황준량과 이의신은 벌떼처럼 생겨났다고 표현될 만큼 다채로웠던 회문(回文), 연구(聯句), 팔음(八音), 성명(星名) 등의 잡체시에 대해 상당한 흥미를 느끼고 있었다. 하중관(夏仲寬)의 『연금(聯錦)』이라는 저술도 그런 관심 속에 입수하게 되었던 것이다. 그런데 이의신은 여기에 그치지 않았다. 감사로 있던 홍담에게 부탁하여 출판하기로 작정한 뒤에 황준량에게 서문을 부탁하였고 황준량은 이를 스승에게 보내 감수를 청하게 되었던 것이다. 이것이 단지 황준량과 이의신의 개인적인 관심과 행동에 불과한 것은 아니었다. 특히 연구(聯句)는 학습기 청소년들에게 시를 익히는 중요한 방법으로 오래 전부터 활용되었다. 그리고 이의신이 『연금』을 간행할 결심을 하게 되었을 만큼 사회적 관심도 상당히 높았던 것이 사실이다.

잡체시가 수창의 도구로서 유용하게 활용된 몇 가지 사례를 소개한다. 아래는 곽열(郭說)의 「약명시를 본받아 짓다〔效藥名詩〕」라는 시이다.[291]

세상을 피한 사군자(士君子)	避世士君子
세이(洗耳)하고서 산골로 들어가네	洗耳入山谷
주머니에 여량(餘糧)이 없고〔無〕	囊橐無餘糧
오직 감초(甘草)와 나무열매 뿐이네	惟甘草木實

291 郭說, 『西浦集』 卷7 「效藥名詩〔史君子臬耳禹餘糧甘草〕」.

약으로 쓰는 사군자(史君子), 시이(枲耳), 우여량(禹餘糧), 감초(甘草)의 이름을 넣어 엮어낸 시이다. 다만 음이 같거나 유사한 다른 글자를 섞어 넣어서 재미를 더 하였다. 사군자(史君子)의 사(史 shǐ)는 음이 같은 사(士 shì)로 대신하고, 시이(枲耳)의 시(枲 xǐ)는 음이 같은 세(洗 xǐ)로 대신하고 우여량(禹餘糧)의 우(禹 yǔ)는 음이 유사한 무(無 wú)로 대신하였다.

이 시는 그가 엮은 『일록(日錄)』의 후편에 실려 있다. 이 후편에는 만력 47년(1619) 봄에 72세의 저자가 작성한 발문이 붙어 있다. 위의 시가 창작된 시기는 그 이전이 되겠지만 광해군 시절에 창작된 것일 수도 있다. 다만 대체로 잡체시의 창작이 크게 증가했던 시기가 임란 이후였을 것으로 짐작되는데 이 시도 그런 풍조의 영향 속에서 창작되었을 것이다.

그는 『일록』 후편에 붙인 서문에서 또 이렇게 이야기하였다.

> 어떤 이가 나에게, "그대의 이전 기록은 선배 명공들의 사적과 선계(先系)의 내력을 기술하였고, 그 밖에도 본받고 경계로 삼아 세교에 도움이 될 만한 것을 많이 기록하였다. 그런데 이후 기록은 모두 장구를 조전(雕篆)한 것이며 골계(滑稽)와 희담(戲談)을 많이 기록하였다. 어째서 전후가 다른가?"라고 물었다. 내가 답하기를, "『시경』에서 '희학(戲謔)을 잘 하니, 지나침이 되지 않도다.'라고 하지 않았던가? 또 『예기』에서 '당기기만 하고 풀어주지 않고서는 문왕과 무왕도 다스릴 수 없다.'라고 하였다. 하물며 이 기록은 본디 한민(閒憫)을 구제(驅除)하려고 엮은 것이니 희담(戲談)이 있다한들 무엇이 이상하랴."라고 하였다.[292]

292 郭說, 『西浦集』 卷7 「日錄・後序」.

위의 서문은 『일록』 전체의 내용을 염두에 두고 작성하였겠지만, 변체의 잡체시를 함께 수록한 것에 대한 변론으로 볼 수도 있을 듯하다. 장구를 다듬어 꾸미고 골계(滑稽)와 희담(戲談)을 섞어 넣은 잡체시가 저술의 대상으로 적합하냐는 지적에 대해, 이것이 한가로운 때의 지루함과 번민을 씻어내기 위해 창작된 것이므로 그 의의가 없지 않다고 『시경』과 『예기』를 근거로 삼아 반론하였다.[293] 당시에 문인 사회에서 잡체시가 어떻게 인식되었는지 그 위상을 확인할 수 있다.

아래는 이광윤(李光胤 1564~1637)이 창작한 직금도시(織錦圖詩)이다.[294]

수(授)에서 재(才)를 잃고	授失其才〔受〕
식(食)이 있어서 귀(貴)하구나	有食斯貴〔饋〕
스무 입(口)에 길(吉)을 얹고	廿口戴吉〔喜〕
세 물(水)이 미(罙)를 얻었다오	三水得罙〔深〕

이는 직금도시(織錦圖詩)의 인마함하초체(麟馬含荷草體)로 지었다고 밝혔다. 이광윤은 이 시를 꿩을 보내준 권태중(權台仲)[295]에게

293 '희학(戲謔)을 잘 하니, 지나침이 되지 않는다'는 『시경』의 말은 서사증이 『문체명변』에서 회해시(詼諧詩)를 소개하면서도 인용했던 말이다. 한유(韓愈)도 「중답장적서(重答張籍書)」에서 아래의 『예기』의 말과 함께 이를 언급했었다.

294 李光胤, 『瀼西集』 卷3 「倣織錦圖麟馬含荷草體謝權台仲送山鷄」.

295 권태중(權台仲)이 누구인지는 자세하지 않지만 이민성(李民宬 1570~1629)이 주부(主簿) 권태중(權台仲)의 죽음을 애도한 만사가 문집에 실려 있다. 동일인이라면 그는 계해년(1623)에 세상을 떠났다는 말이 된다. 李民宬, 『敬亭集』 卷4 「挽權主簿台仲〔癸亥年〕」.

답례로 보냈다. 한자의 구성 요소를 깨트려 이야기를 만들어내어 상대에게 재미를 주는 시체이다. 네 구가 각각 '수(受)', '궤(饋)', '희(喜)', '심(深)'이라는 글자를 연상하게 되어 있다. 시를 읽으면 "보내준 음식을 받고 몹시 기쁘다."라는 작자의 뜻을 알아챌 수 있다. 고맙다는 말을 하지 않았지만 그 의중은 충분히 전달되도록 만든 것이다. 희학(戱謔)의 순기능을 충분히 구현한 경우로서 얼마든지 일상의 곳곳에서 응용될 수 있을 듯하다.

조위한도 잡체시에 흥미를 느껴 적극적으로 창작하였다. 그는 20운에 달하는 장편의 연아체(演雅體) 시를 지어 양씨(梁氏)와 정씨(鄭氏) 두 친구에게 보내면서 아래와 같이 그 서문을 기록해두었다.

> 연아(演雅)는 『이아(爾雅)』를 부연하는 것이다. 『이아』에 충어(蟲魚)와 금수(禽獸)의 이름이 기록되어 있는데 오히려 빠진 것들이 있다. 그래서 고인들은 빠진 벌레나 짐승의 이름을 시에 넣어 완성하고서 이를 연아체(演雅體)라고 하였다. 고금의 시인들이 소, 말, 거북이, 용을 굳이 끼워 넣어 한 편을 완성하는 경우가 많은데, 이는 옥상가옥일 뿐이다. 『이아』를 부연하는 뜻이 어디에 있는가? 내가 『산해경』 및 기타 서적을 상고하여, 마치 벌레나 짐승이 아닌 것 같아서 『이아』에 실리지 못했던 것의 명목(名目)을 찾아내어 마침내 한 편을 완성하였다. 이로써 산곡(山谷)의 뒤를 잇는다.[296]

고대 문헌에는 실려 있으나 『이아』에 미처 채록되지 못했던 벌레

296 趙緯韓, 『玄谷集』 卷10 「演雅體長律二十韻寄梁鄭二友幷引」.

나 짐승을 찾아내어 이로써 시를 지었다는 것이다. 이 시를 짓기 위해서 관련 서적들을 이리저리 뒤적였으니, 그가 들였을 공력이 적지 않았을 터이다. 하지만 벗들이 이를 읽을 순간을 기대하면서 내내 즐거워했을 것이다. 학문적 성취를 위한 것은 아니라 유희로서의 성격이 강하지만, 무료한 일상에 재미를 보태고 벗들과 유쾌한 교류를 이어가기 위한 도구로서 잡체시를 활용한 경우이다.

조위한은 또한 건제(建除)[297]와 팔음(八音)[298]의 시체로 시를 창작하여 정홍명과 수창하기도 하였다. 그가 먼저 창작한 두 수를 정홍명에게 보냈고 정홍명이 이에 차운하여 화답하였다. 그러자 그가 이에 질세라 재차 차운하여 두 수의 시를 다시 보내면서 이렇게 말하였다.

> 고금의 시인들이 모두 고시(古詩)를 짓는데 나는 이에 능하지 못함을 불만하면서 억지로 배율(排律)로 짓고서 스스로 잘 되었다고

297 건제(建除)는 남조(南朝) 송(宋)의 포조(鮑照)가 창시한 시체로서 하늘의 십이진(十二辰)이 건(建), 제(除), 만(滿), 평(平), 정(定), 집(執), 파(破), 위(危), 성(成), 수(收), 개(開), 폐(閉)로 표현되는 열두 가지의 인사(人事)를 상징한다고 여겼는데, 이를 응용하여 시를 짓는 것이다. 홀수구마다 첫머리에 한 글자씩 차례로 배열하는 것이 규칙이므로 모두 24구로 이루어진 시가 완성된다.

298 팔음(八音)은 악기 제작에 쓰이는 여덟 가지 재료를 응용하여 창작하는 시체이다. 고대에 서로 다른 소리를 얻기 위해서 악기(樂器)의 재료로 사용하던 여덟 가지 물건은 금(金 쇠), 석(石 돌), 사(絲 실), 죽(竹 대나무), 포(匏 박), 토(土 흙), 혁(革 가죽), 목(木 나무)이다. 이 여덟 가지 물건을 뜻하는 글자를 응용하여 시를 짓는데, 건제체의 경우와 마찬가지로 홀수구마다 첫머리에 한 글자씩 차례로 배열하는 것이 규칙이므로 완성하면 16구로 이루어진 시가 된다.

생각하였다. 그런데 기암(畸庵 정홍명)이 두 편을 차운하였는데, 지을수록 더욱 기이하여 공교한 것 중에서도 공교한 것이라고 이를 만하였다. 이에 감히 효빈(效嚬)하여 그 운으로 다시 답한다.[299]

고시(古詩)는 변체의 잡체시를 일컬은 말로 여겨진다. 고금의 시인들이 모두 고시를 지을 줄 알았는데 자신은 그렇지 못해서 늘 불만스럽게 생각하고 있었다고 한다. 그래서 자신도 이를 만회하려고 건제와 팔음의 형식으로 창작해보았고 이를 친구인 정홍명에게 보내어 자연스럽게 수창이 이루어졌다.

그는 기존의 시체를 활용하는 것에 그치지 않고 오행체(五行體)라는 새로운 형식을 개발하기도 하였다. 이는 금(金), 목(木), 수(水), 화(火), 토(土)를 넣어 시구를 완성하는 것이다. 그는 오행체로 창작한 시에 "과거에 이런 시를 짓는 자가 없었다. 내가 처음으로 지은 것이다."라고 자신 있게 주석을 붙여두었다.[300]

아래는 점귀부체(點鬼簿體)라는 시체이다. 이 역시 조위한이 새롭게 창작을 시도한 것이다.[301]

월정 노인의 문장을 배우고	文章曾學月汀老
언제나 간이공의 전아(典雅)를 본받네	典雅常師簡易公
매번 장계와 정시(正始)를 토론하고	每與長溪論正始

299 趙緯韓, 『玄谷集』 卷10 「建除・八音〔古今詩人皆有古詩, 余嫌其不工, 强作排律, 自以爲能. 畸庵次韻二篇逾出逾奇, 可謂工乎工者也. 玆敢效嚬, 再用其韻以答. 二首〕」.

300 趙緯韓, 『玄谷集』 卷10 「五行體〔古無作此詩者余始創之〕」.

301 趙緯韓, 『玄谷集』 卷10 「點鬼簿體」.

손곡과 성쇠를 분변하네　相隨蓀谷辨汚隆
장편으로 누가 오산자와 겨룰까　長篇誰似五山子
절구로는 고옥 노인 같은 이 없네　絶句無如古玉翁
석주의 이름이 가장 썩지 않아서　最是石洲名不朽
동방에 이름 난 체소와 같네　應同體素擅吾東

이는 세상을 떠난 고인의 이름을 열거하면서 시구를 이어가는 시체로 되어 있다. 자신의 가장 가까운 곳에서 문예로써 함께 교유하던 당대 최고의 문인들이 열거되어 있어 더 흥미롭다. 월정은 윤근수(尹根壽), 간이는 최립(崔岦), 장계는 황정욱(黃廷彧), 손곡은 이달(李達), 오산은 차천로(車天輅), 고옥은 정작(鄭碏), 석주는 권필(權韠), 체소는 이춘영(李春英)을 이른다. 따라서 이 시는 가장 늦게 세상을 떠난 윤근수의 몰년인 1616년 이후에 지어졌을 것이다.

점귀부체는 이전의 선배 문인들이 언급한 적이 없는 새로운 명칭이지만 그 내용을 살펴보면 잡명시(雜名詩)에 해당하는 것임을 알 수 있다. 구체적으로는 고인(古人)의 이름을 사용하는 고인명체(古人名體)이다. 그럼에도 기존의 이름을 버리고 새로운 명칭을 사용한 것은 이로써 새로운 재미를 보태기 위해서일 것이다.

그의 문집에는 이와 함께 산박사체(算博士體)로 명명된 시 한 수가 나란히 수록되어 있다. 산박사체와 점귀부체는 모두 문인 지식인 사이에서 널리 읽히던 『고금사문류취』에서 그 명칭을 취해왔을 듯하다.[302] 산박사체로 일컬어진 시는 권필의 문집에도 한 수가 수

302 宋 祝穆, 『古今事文類聚·別集』 卷5 「號筭博士」·「號點鬼簿」. 『고금사문류

록되어 있다.[303] 이는 권필이 제술관이 되어 원접사 이정귀를 따라 의주의 용만관(龍灣館)에 머물던 1602년 정월 초에 창작한 것으로, 산박사체로 지은 이정귀의 시에 차운한 것이었다. 단정하기는 어렵지만, 조위한은 교류가 빈번하던 이정귀, 권필 등과 새로운 시체를 함께 공유하여 수창에 활용하였을 것이다.

잡체시가 접반의 공간에서 유용하게 활용되면서 관심을 끌게 되었을 가능성도 없지 않다. 임란 이후에 이르러 잡체시가 유행하게 되었던 듯한데, 이 무렵 접반의 공간에서도 잡체시가 자주 활용되었다.

> 선배들의 『황화집』 안에 간혹 이체(二體)로 지은 시가 있다. 여정이 길어 겨를이 많은 때라 또한 생각이 나서 우연히 지은 것이지 문(文)으로 유희를 삼은 것은 아니었다. 단지 마음 쓰는 곳이 없으면 곤란하다는 경우와 같아서 그랬을 뿐이다. 서경(西坰) 유군(柳君)도 화답시를 지었기에 함께 위에 남겨둔다. 주지번은 적는다.[304]

주지번은 병오년(1606)에 사신으로서 조선에 이르러 유근을 비롯한 조선의 문사들과 수창한 시를 묶어 『봉사조선고(奉使朝鮮稿)』

취』에 인용되어 있는 내용의 원출전은 당나라 장작(張鷟)의 『조야첨재(朝野僉載)』이다.

303 權韠, 『石洲集・別集』 卷1 「席上次使相算博士體」.

304 朱之蕃, 『奉使朝鮮稿』.

라는 이름으로 간행하였다. 여기에 잡체시를 함께 수록하면서 그 말미에 위의 기록을 붙여두었다. 이체(二體)는 변체의 시를 이른 말이다. 여정이 긴 사행에서 변체의 잡체시가 종종 지어졌음을 밝힌 것이다. 접반 업무의 성격상 시문 수창이 상당히 중요한 일과였는데,[305] 어색한 자리에서 화기를 돋을 수 있는 잡체시가 틈틈이 활용되었을 것이다. 주지번은 이에 대해, 문(文)으로 유희를 삼은 것은 아니라고 하였으나 실제로는 어색함을 지우고 분위기를 돋우는 유희의 재료로 사용되었던 것이 사실이다.

이처럼 접반을 위해 수창 능력이 중요하게 되었으므로 접반사를 구성하면서 지위의 고하를 막론하고 가장 재주가 민첩하고 문학 역량이 풍부한 인물들이 특별히 선발되곤 하였다. 확인하기는 어렵지만 또한 이들에게는 변체의 시를 짓는 능력도 중요한 소양으로 간주되었을 것이다.

아래에 주지번과 유근이 수창한 변체의 시 두 수를 소개한다. 각각 주지번과 유근의 시이다. 주지번은 『봉사조선고』에서 이를 탁자시(拆字詩)로 분류하였다.[306] 일반적으로는 동파체(東坡體)로 불린다.

비 뿌린 평평한 두둑에 나무 빛깔 짙고	雨灑平疇樹色濃
지는 해는 반쯤 작은 산봉우리에 걸쳐있는데	斜陽半出小山峯
옷깃을 풀고 산보하며 생각을 비워	開襟散步無思慮

305 주지번은 "조선의 서경(西坰) 유군(柳君)이 강상(江上)에서 나를 맞이하여 함께 왕복하는 사이에 화답한 시가 마침내 권질을 이루었다. 이를 함께 출판하여 뜻을 함께하는 이들에게 전한다."라고 하여 사행에서 많은 수창이 이루어졌음을 밝혔다. 朱之蕃, 『奉使朝鮮稿』.

306 朱之蕃, 『奉使朝鮮稿』.

계곡 머리에 홀로 앉으니 가는 풀 무성하네　　獨坐谿頭細草茸

이는 주지번이 창작한 시이다. 시를 짓되 28자를 갖추어 제시하지 않고 글자를 변형시켜 한 폭의 그림 같은 화면을 만들어내었다. 이를 상대에게 보여주고서 그 뜻을 유추하게 하였을 것이다. 알 듯 모를 듯 변형되고 재배치된 글자들을 보면서 그 의미를 유추하여 본래의 시를 알아맞혀야 하는데, 그 순간 긴장과 희열이 교차하면서 자리의 분위기가 한껏 고조되었을 것이다.

우(雨)자의 점을 모두 아래로 떨어트려 비가 쏟아진 장면을 형상하고, 주(疇)자의 머리 부분을 평평하게 만들어 평평한 두둑을 형상하고, 수(樹)자의 점획을 굵게 처리하여 수목의 색깔이 짙어진 모습을 형상하는 식이다.

이 시를 받아본 유근은 다시 아래와 같은 시 한 수를 지어내어 화답하였다.[307]

307 朱之蕃, 『奉使朝鮮稿』.

꽃 지고 봄 시들어 나무 빛깔 짙어지고　　花落春殘樹木濃
지는 해 푸른 허공 높은 봉우리에 걸쳤는데　　斜陽空翠接高峯
긴 정자에서 끝까지 보니 수심이 사라지고　　長亭目斷愁心絶
포구 너머 평평한 모래밭에 잡초가 무성하네　　隔浦平沙亂草茸

이는 유근이 창작한 시이다. 화(花)자의 결구를 느슨하게 풀어헤쳐서 꽃이 지는 모습을 형상하고, 춘(春)자의 윗부분 일부를 없애어 봄이 저물어가는 장면을 형상하였다. 수(樹)자의 목(木)변을 굵게 처리한 것은 앞의 시와는 다르게 하려고 '수목(樹木)'을 '수(樹)의 목(木)'으로 해석하는 재치를 발휘한 것이다. 그 외의 글자들도 모두 이런 방식으로 설명이 가능하다.

『봉사조선고』에는 주지번과 유근이 수창한 탁자시가 각각 12수씩 총 24수가 수록되어 있다. 시의 성격으로 보아 한 수를 엮어내는 데에도 많은 시간과 공력이 소요되었을 법하다. 이를 감수하고서 수창을 지속하였을 만큼 이들은 이를 충분히 즐겁고 의미 있는 것으로 받아들였을 것이다. 이런 경험들은 자연스럽게 문인 사회에서 공유되었을 것이며, 문예에 대한 새로운 인식에 이르게 만드는 하나의 계기로 작용하였을 것이다.

나) 문학 전범의 탐색과 새로운 글쓰기

16세기 후반 왜란을 전후한 시기에 이르러 문인 지식인들 중에 문학 전범에 관한 새로운 생각을 가지는 사람이 늘어났다.[308] 그런데 이런 변화의 단초를 처음 이끌어낸 사람은 월정(月汀) 윤근수(尹根壽 1537~1616)이다. 청음(淸陰) 김상헌(金尙憲 1570~1652)은 1646년에 스승 윤근수의 문집에 붙인 발문에서 아래와 같이 말하였다.

> 가만히 생각해보니 우리나라 문단에서는 변춘정(卞春亭) 이후로 대개 당송을 본받아 연미(軟美)함을 즐겨 익혔다. 이를 관각체(館閣體)라고 일컫는데 고문사(古文辭)와는 크게 다르다. 선생께서 이 점을 안타깝게 생각하여 스스로 떨치고 일어나 사림(詞林)의 선도가 되었다. 붉은 깃발을 손에 들고서 지남(指南)을 제시하여 문필을 잡는 후배들이 나아갈 방향을 알 수 있게 하였다. 이후로 사람들이 앞 다투어 선진(先秦)과 서경(西京)의 문장을 숭상하여 문풍이 거의 일변하기에 이르렀다. 이는 명나라 홍치(弘治)·가정(嘉靖) 연간에 대가들이 힘껏 고도(古道)를 회복하여 옛 선배들의 공업을 뒤이으려 했던 것에 견주어도 그 공이 대등하다.[309]

308 신영주, 「17세기 문인들의 趣의 구현과 서화금석에 대한 관심」, 성균관대학교 박사학위청구논문, 2006.

309 金尙憲, 『淸陰集』 卷39 「月汀先生集跋」.

조선의 문단은 변계량(卞季良 1369~1430) 이후로 당송의 문풍이 크게 유행하였다. 조선의 문인들이 대개 당송 작가들의 문장을 본받아 익히면서 연미(軟美)한 문체가 당시의 문풍을 형성하여 이것이 '관각체'로 일컬어지게 되었다. 그런데 16세기 후반에 이르러 윤근수는 관각체가 고문사(古文辭)에서 크게 벗어나 있음을 안타깝게 생각하여 스스로 앞장서서 새로운 방향을 제시하려는 뜻을 가지게 되었다. 그가 이에 새롭게 제시한 것은 선진(先秦)과 서경(西京)의 문장을 익히는 것이었다. 이는 곧 의고파로 불리는 전후칠자의 주장을 이어받은 것이었다.

윤근수가 이런 생각을 가지기 시작한 시점을 정확하게 말하기는 쉽지 않지만 강명관은, 윤근수가 만력 8년(1580) 12월에 이몽양의 시를 뽑아 『공동집(空同集)』을 간행하면서 이몽양의 존재가 조선 문단에 알려지기 시작하였다는 점에 주목하였다.[310] 윤근수는 "근년에 비로소 『공동집(空同集)』을 보고서야 그의 시문이 모두 지극한 경지에 이르렀음을 알게 되었다. 이반룡과 왕세정 등은 모두 극도로 추존하였으나 우리나라에서는 공동이 있음을 늦게야 안 것이다." 라고 하여 당시에 비로소 이몽양의 저술을 접하게 되었음을 말하였다.[311]

또한 1582년에 조선에 들어온 명나라 사신 황홍헌(黃洪憲)의 측근으로부터 왕세정과 그의 저작에 대해 처음으로 전해들은 윤근수

310 강명관, 「16세기 말 17세기 초 의고문파의 수용과 진한고문파의 성립」, 『한국한문학연구』 18집, 한국한문학회, 1995; 尹根壽, 『月汀集』 卷4 「崆峒詩跋」.

311 尹根壽, 『月汀集』 別集 卷4 「漫錄」.

는 이후 북경으로 떠나는 조선 사신에게 부탁하여 마침내 『사부고(四部稿)』를 구입하기에 이르렀다. 윤근수가 이를 구입하여 열람한 시점은 만력 17년(1589) 이전이다.[312]

당시에 관각에서 중요한 직무를 수행하였고 그만큼 문단에서 큰 영향력을 가질 수밖에 없었던 윤근수가 이처럼 적극적으로 명대 의 고파의 저작을 구하여 소개하고 나아가 선진(先秦)과 서경(西京)의 문장을 새로운 기준으로 제시하자 조선 문단에서는 거센 반향이 발생하였다. 이로 인해 조선의 문풍이 거의 일변하였다고 표현되었을 정도였다. 윤근수에 의해 처음에 주도되었던 문풍의 변화는 이후 최립(崔岦 1539~1612), 유몽인(柳夢寅 1559~1623), 신흠(申欽 1566~1628), 허균(許筠 1569~1618) 등을 거치면서 이전에 비해 더욱 다채로운 양상으로 발전되어 갔다.[313]

도곡(陶谷) 이의현(李宜顯 1669~1745)은 「도협총설(陶峽叢說)」에서 이런 변화의 움직임이 선조조에 시작되었다고 지적하면서 아래와 같이 말하였다.[314]

> 우리나라 사람들은 과거 공부를 가장 중시하여 타고난 문사(文詞)가 남다른 자가 있더라도 뜻을 굽혀 과거 공부에 매달리지 않음이 없다. 그래서 오직 표문과 대책만을 짓고 고문에는 전혀 힘쓰지 않는다. 겨우 한유와 소식을 배워서 과장과 관각에서 응수할 밑천

312 尹根壽, 『月汀集』 卷5 「上王主事書〔士騏〕」.

313 김우정, 「현주 조찬한 산문의 연구-17세기 초 문단의 풍정과 관련하여」, 『한문교육연구』 31호, 한국한문교육학회, 2008.

314 신영주, 「17세기 문인들의 趣의 구현과 서화금석에 대한 관심」, 성균관대학교 박사학위청구논문, 2006.

> 으로 삼을 따름이다. 그러나 선조조에 이르러 간이 최립과 월정 윤근수 등 여러분들이 비로소 고문을 숭상하면서 습속이 일시에 크게 변하였다. 그 공이 크다고 이를 만하다. 우리나라에서 문형을 맡았던 사람이 거의 백 명에 가깝지만 그 중에서 고문을 아는 사람은 월정 윤근수, 백사 이항복, 상촌 신흠, 계곡 장유, 청음 김상헌, 택당 이식, 식암 김석주, 서하 이민서, 농암 김창협 등 몇 분뿐이다. 나머지 분들도 그 재주가 부족하지는 않았지만 과거 공부에 구속되어 벗어나지 못했던 것이다.[315]

이의현은 명대 당송파의 이론에 동조하였고 문은 도를 담아내야 한다는 전통적 문장론에 입각하여 문론을 전개하던 인물이다.[316] 그가 고문과 관련한 선조조 이후의 변화에 대해 언급한 내용이다. 과체에 집착하여 다양성이 상실되어 있었던 조선의 문풍이 선조조에 이르러 최립과 윤근수에 의해 비로소 새로운 국면으로 접어들게 되었음을 역설하였다. 이는 김상헌이 언급한 내용과도 다르지 않다.

이 두 사람에 의해 그 가치가 새롭게 인식되기 시작한 고문은 이후로 백사 이항복, 상촌 신흠, 계곡 장유, 청음 김상헌, 택당 이식, 식암 김석주, 서하 이민서, 농암 김창협 등의 문형들에 의해 지속적으로 강조되면서 점차 복잡하고 다기한 양상으로 그 위상을 변화시켜 나갔다. 그러는 사이에 의고문파로 분류되는 전후칠자를 비롯한 명대 문인들의 문학 저작물과 문학론이 본격적으로 수용되어 진한고문파가 성립되기에 이르렀던 것이 사실이다.[317] 덩달아 조선 문단

315 李宜顯, 『陶谷集』 卷28 「陶峽叢說」.

316 송혁기, 「18세기 초 산문이론의 전개양상 일고-이의현, 신유한, 조귀명의 대비를 중심으로」, 『한국한문학연구』 31권, 한국한문학회, 2003.

에서는 문학의 전범과 학습에 관한 담론이 활성화되면서 이전에 비해 훨씬 체계적이고 폭넓은 문학 논쟁이 벌어지곤 하였다. 또한 문인들은 담론하는 것으로 그치지 않고 그 이론을 자신의 문학에서 새롭게 구현해보려는 적극적인 대응으로까지 나아갔던 것이다. 진한고문파의 성립은 조선 문단에 진정한 의미의 문학 논쟁을 유발시켜 문학 발전에 기여했다는 점에서 그 의의가 크다고 평가된다.

유몽인은 남근(南瑾 1556~1635)에게 보낸 편지에서 이렇게 말하였다.

> 제가 전에 보니 우리나라는 도덕을 중시하고 문장을 높이지 않았습니다. 이 때문에 간혹 문장에 능한 선비가 나타나더라도 많은 사람들이 그를 하찮게 여기기만 할 뿐이어서 중국 문인들을 인정하듯이 그렇게 공평하게 인정해주지 않았습니다. 저는 오랫동안 이를 안타깝게 생각해왔습니다. …중략… 제가 고시와 고문을 배우고 또 고인의 서법을 좋아한 것은 모두 15세 때부터 시작되었습니다. 문(文)은 삼대(三代)와 양한(兩漢)에서부터 한(韓), 유(柳)까지 배웠습니다. 구구하게 법제에 얽매여 있는 송(宋) 이후의 작품은 눈에 담지 않았습니다. 또 신(申), 한(韓)은 율령처럼 각박하고 엄혹하여 몹시 마음에 들지 않았습니다. 시(詩)는 선당(先唐) 이전에서부터 이(李), 두(杜), 한(韓)에까지 배웠습니다. 그리고 아래로 황(黃)에 이르면 종횡으로 자유로이 달리는 기세가 마치 멍에를 풀고 고삐를 벗은 말이 깊은 곳도 높은 곳도 피하지 않고 내달리는 것 같습니다. 이에 이른 연후에 마음이 통쾌해져서 시가 문보다 훌륭

317 강명관, 「16세기 말 17세기 초 의고문파의 수용과 진한고문파의 성립」, 『한국한문학연구』18, 한국한문학회, 1995.

하다고 스스로 생각하게 되었습니다.[318]

유몽인은 당시 문학을 그 자체로서 긍정하지 않는 조선 문단에 불만을 제기하였다. 이런 경직된 분위기로 인해 비록 뛰어난 재능을 가진 문인이 등장하더라도, 사람들은 그 가치를 알아보지 못하고 도리어 언제나처럼 중국 문인보다 낮추어 평가하려고만 한다는 것이다. 이는 오랜 동안 관각의 진부한 수사에 익숙해졌거나 도학파의 문학 인식에 편향되었던 조선 문단의 경직성에서 초래된 결과일 것이다.

유몽인은 이런 문단 현실의 한계를 타개하기 위해 고시와 고문을 본받아 익히고자 하였다. 아울러 고인의 서법까지 추구하여 옛 것이 가지는 원시적 매력을 새롭게 이해하려고 노력하였다. 그런데 이렇게 하기를 15세 때부터 시작하였다고 한다. 15세 때이면 1573년으로 성혼(成渾)과 신호(申濩)에게 수학하던 시기이다. 위의 기록을 근거로 굳이 그 연도를 추산하여 그의 학문성향을 논하는 것은 무리일 수 있지만, 적어도 이 무렵에 그가 고시와 고문을 학습한다는 인식을 가지고 있었다는 것은 분명하다. 또한 유몽인이 이해하였던 고시와 고문의 범주가 의고문파의 그것과 다르지 않았으니, 이때에 이미 의고문에 대한 명확한 인식이 조선 문단 내에 퍼져 있었다는 사실을 미루어 알 수 있다.

유몽인의 경우와는 다소 시차가 존재할 수 있지만 지봉(芝峰) 이수광(李睟光 1563~1628)도 "나는 오경 외에 장자(莊子)와 사마자

318 柳夢寅, 『於于集』 卷5 「答南都憲季獻書」.

장(司馬子長)을 좋아한다. 시는 건안에서 초당과 성당까지 좋아한다. 중당과 만당 이후의 것은 경구(警句)만 취할 뿐이다."[319]라고 하여 문필진한(文必秦漢)과 시필성당(詩必盛唐)의 구호를 철저하게 따르고자 하였다. 이는 이수광만의 생각이 아니라 시대의 풍조가 그러했던 것이었다.

물론 이런 문풍의 변화를 모두 반가워하기만 했던 것만은 아니다. 김상헌과 함께 윤근수의 문하에서 공부하여 대제학에 오른 계곡(谿谷) 장유(張維 1587~1638)는 당시의 변화에 대해 이렇게 고백하였다.[320]

> 근대 문장의 폐해는 모두 명나라 제가로부터 생겨났다. 명나라 문장이 애초에 좋지 않은 것은 아니다. 다만 배우는 자들이 그 근본을 생각하지 않고서 말단의 기예만을 훔치더니 그 그림자를 좇아가고 메아리를 따라가서 껍데기를 벗기고 살점을 떼어다가 천편일률로 엮어내어 보고 싶지도 않게 만든 것이다.[321]

당시 문풍의 변화에 대한 부정적인 견해를 밝힌 것이다. 그런데 그렇게 된 원인을 명의 문장으로 돌리고 있다. 위에서 김상헌이 지적하였듯이 스승 윤근수를 시작으로 선진과 서한의 저작들이 문장의 전범으로서 중시되고 또 전후칠자의 저작들이 국내에 새롭게 소

319 李睟光, 『芝峯類說』 卷9 「文章部・詩」.

320 신영주, 「17세기 문인들의 趣의 구현과 서화금석에 대한 관심」, 성균관대학교 박사학위청구논문, 2006.

321 張維, 『谿谷漫筆』 卷1.

개되었는데,[322] 이후로 국내의 문인들이 이들의 서적을 탐독하여 문단에 새로운 바람을 일으키게 되었던 것이 사실이다. 이것이 문인 지식인 사회에 새로운 담론 거리가 되어 사회적 관심이 쏠리게 되었을 터이다. 그런데 명대의 문학 성향을 비판적으로 수용하여 스스로 소화해내지 못하고 허명을 좇아 그 껍데기만을 그대로 추수하여 이도저도 아닌 것을 만들어내는 부정적 모습도 덩달아 노정되었던 것이다. 장유는 이를 날카롭게 지적해내었다.

장유의 비판이 의고문(擬古文)에 대한 완전한 반대를 의미하는 것은 아니다. 단지 전후칠자를 추수하여 의고문에 빠져 있는 문인들의 잘못된 폐해를 꼬집어서 비판한 것일 뿐이다. 이들이 문장을 조회(雕繪)하는 기교에만 마음을 쏟는다면 결국 정신을 소진할 뿐 끝내 공교한 기교조차 얻지 못할 것인데, 어떻게 실(實)을 갖춘 문장을 엮어낼 수 있다고 기대하겠느냐고 비판한 것이다.[323]

실(實)은 문장의 이(理)를 이른다. 실은 화(華)의 상대어이고 이는 사(辭)의 상대어이다. 성현의 문장처럼 지극한 경지에 이르려면 당연히 화와 실을 모두 갖추어야 하겠지만, 그 정도가 아니라면 적어도 실하지 못하면서 화하기보다는 오히려 염계와 낙양의 여러 유현들처럼 화하지 못하면서 실한 문장을 지어내는 것이 옳다고 장유는 생각하였다. 자칫 화에 치중하게 되고 마는 의고문의 한계를 우회적으로 비판한 것이다.

장유의 이런 주장은 16세기 후반에 시작된 의고문파의 수용이 어

322 강명관, 「16세기 말 17세기 초 의고문파의 수용과 진한고문파의 성립」, 『한국한문학연구』18, 한국한문학회, 1995.

323 張維, 『谿谷集』 卷3 「答人論文」.

느 정도 안정화되어 자성적 시각을 갖는 단계에 이르렀음을 보여준다. 이식은 장유의 문학을 논하면서 이렇게 이야기하였다.

> 본조에 이르러 관각의 진신 선생들은 경훈(經訓)과 이취(理趣)를 숭상하고 한유와 소식의 법을 취하여 전형(典刑)을 갖추었다. 또 근대에 이르러 여러 대가들은 진부한 언어를 없애려고 노력하고 고문을 참고하여 문사를 닦아 『좌전』, 『국어』, 『사기』, 『한서』의 법을 추종하면서 변화가 이루어졌다. 그렇지만 경(經)에만 근본을 두면 창로(蒼鹵)하여 속(俗)에 가까워지게 되고 문사에만 치달리면 매끄럽지 못하고 어색하여 배우처럼 되고 만다. 이를 하나로 융합하고 뛰어넘어 성대하게 한 시대의 종장이 되어서 옛 작가에 부끄럽지 않을 수 있는 자는 오직 우리 계곡(谿谷) 장 상국(張相國)뿐이다.

경훈(經訓)과 이취(理趣)를 숭상하고 한유와 소식의 법을 추종하던 기존의 관각 문인들과 전후칠자의 문학론을 수용하여 진한고문을 학습하여 기존의 진부한 언어를 새롭게 변화시키려 하는 문인들의 존재가 대비적으로 서술되어 있다. 그런데 모두 한쪽으로 편중된 잘못이 있다고 지적한 것은 곧 진한고문 학습의 실천 방향성에 대한 이의 제기이기도 하다. 이는 앞서 장유가 지나친 의고문파 추종에 대해 지적한 것과 다르지 않다. 장유와 이식의 의도는 의고문파 이론의 자기화를 통한 비판적 수용에 있었다.

다만 우리는 장유와 이식의 발언을 통해, 선조조에 시작된 문풍의 변화가 그 성패의 여부를 떠나 이미 큰 틀에서 진행되고 있었다는 사실을 미루어 알 수 있다.

선조조에 이르러 명대 문예 풍조의 수용과 함께 시작된 문풍의 변화는 허균에 와서 절정에 이르렀다. 허균은 명대의 문예 저작을 열람하는 것으로 그치지 않고 전범이 될 만한 명대의 저작들을 발췌하고 재편집하여 조선 문단에 소개하는 일에도 열을 올렸다. 이는 앞서 2장 3절에서 대략 소개한 바와 같다.

선조조의 문인 가운데 허균과 친하게 어울려 서로 영향을 주고받았던 조찬한(趙纘韓 1572~1631)의 경우도 이 시기 문풍의 변화에 적극 동참하였다. 이식은 조찬한의 문집에 붙인 서문에서 아래와 같이 그의 문학을 평하였다.

> 우리나라는 경훈(經訓)을 크게 숭상하여 문사(文詞)가 아정(雅正)하므로 이에 가까운 한유와 소식의 문장을 모범으로 삼을 뿐이요 진한(秦漢) 시대 제가의 굉려(宏麗)한 문체는 미처 갖추지 못했다. 그러다가 융경과 만력 연간 이후로 작가 몇 명이 이를 크게 진작시켰는데 이를 계승하여 응함으로써 크게 명가가 된 분으로 현주(玄洲) 조공(趙公)이 있다. 공은 학문에 있어서 옛 것을 섭렵하지 않음이 없고 문장에 있어서 옛 것을 갖추지 않음이 없다. 위로 양한(兩漢)을 익히고 아래로 육조(六朝)를 배우면서도 공자가 말한 사달(辭達)의 취지를 잃지 않았다. …중략… 대략 평해보건대, 소부(騷賦)는 초한(楚漢)에 보조를 맞추었고 산문과 잡저는 좌마(左馬)의 법도를 따랐고 변려문은 서릉(徐陵)과 유신(庾信)의 성조(聲調)를 깊이 얻었고 대편(大篇) 광운(廣韻)의 율시는 두보와 한유처럼 치달렸다. 다만 근체의 율절(律絶)에는 그다지 공력을 기울이지 않았으나 그래도 모두 기발하고 자득(自得)하여 송(宋)의 격조(格調)에 떨어지지 않았다.[324]

융경과 만력 연간의 제가들이 다시 주목했던 진한 시대의 굉려한 문체를 익히고 양한과 육조의 문체를 두루 섭렵한 것이 조찬한 문학의 특성을 이루고 있음을 역설하였다. 이는 기성의 풍조에 매몰되지 않고 새로운 변화를 발전적으로 수용하여 이루어낸 것이었다. 그는 특히 사부에 능하여 명성을 떨쳤다. 박세채는 조찬한의 묘갈명에서 "문장이 왕양대사(汪洋大肆)하고 여러 문체를 모두 구비하여 크고 작은 시문을 마음대로 지어내었다."고 하면서 그가 특히 소부(騷賦)와 변려문에 뛰어나서 식자들에게 초(楚), 한(漢)과 육조(六朝)의 유법을 얻었다는 평가를 받았다고 하였다.[325]

조찬한이 문인으로서 뛰어난 면모를 갖추었다는 것은 그와 절친하였던 허균의 시를 통해서도 확인할 수 있다. 허균은 「후오자시」에서 조찬한의 시문을 이렇게 극찬하였다.[326]

동오(東吳)의 육기와 육운을	東吳有機雲
그대가 배워서 가장 통달하여	君學最博洽
문채가 지극히 호한하고	浩蕩極文工
고법이 엄숙히 갖추어졌으니	森然有古法
벽제 기름이 번쩍거리는	瑩瑩鷺鷀膏
칼집에서 갓 꺼낸 용천검(龍泉劍)처럼	龍淵初出匣
굴원과 가의의 보루를 베고	屈賈壘初劘
반고와 장형의 진지를 부수며	班張陣新壓
저 백정의 무리를 비웃고	嗤彼白班徒
물소 갑옷 병사를 꺾을 정도라네	能攖水犀甲

324 李植,『澤堂集·別集』卷5「玄洲遺稿序」.

325 朴世采,『南溪集』卷74「承政院左承旨趙公墓碣銘」.

326 許筠,『惺所覆瓿稿』卷2「病閑雜述·後五子詩」.

서진 시대의 육기(陸機 260~303)와 육운(陸雲 261~303)은 동오(東吳)에서 대사마에 오른 육항(陸抗)의 아들 형제로서 시부에 능하여 함께 이륙(二陸)으로 병칭되었던 인물들이다. 조찬한이 이들의 법에 가장 능통하였다는 말은 박세채의 평가와 다르지 않다. 이뿐이 아니라 굴원(屈原)과 가의(賈誼)는 물론하고 반고(班固)와 장형(張衡)과 백정(白珽)의 무리를 마음대로 물리치고 비웃을 수 있었다고 하니, 이는 조찬한이 의고문파 이론의 단순한 수용을 뛰어넘어 완전히 능수능란하게 자기화하였음을 특별히 강조한 것이라고 여겨진다.

위에서 확인하였듯이 윤근수에서 조찬한에 이르기까지 선조조의 문인 사회에서 벌어진 문학 전범의 탐색과 그 실천 방법에 대한 논쟁은 이 시기의 문단 현실이 이전 시대와는 확연하게 차별되게 만드는 충분한 계기와 방향성을 제공하였다.

4. 맺음말

지금까지 16세기 후반에서 17세기 초까지 이어진 선조조의 문예 현상들에 대해 알아보았다. 이 시기는 역사적으로 조선의 전반기에서 벗어나 후반기로 넘어가는 문예의 전환기에 해당한다. 편의에 따라 조선 중기로 구분 짓는데, 이 시기에는 참으로 많은 시련과 도전이 혼재하여 복잡하고 다단한 사건들이 빚어졌다. 훈구와 사림 간의 세력 투쟁에서 비롯된 정치 혼란을 경험하였고, 또 이를 극복해나가면서 사회 통합을 이끌어내기도 하였다. 그러나 곧이어 동서 분당이 발생하여 새로운 긴장 구조가 만들어지기도 하였다. 그리고 이전에 없던 긴 전란을 경험하면서 국토는 황폐화되었고 문인 지식인들도 각지로 흩어져 우울한 시절을 보내야 하는 현실에 직면하였다. 그렇지만 전란의 상흔이 아물면서 이내 문인 사회는 새로운 동력을 얻어 서서히 부흥하더니 선조조 후반에 이르러 참으로 다채로운 문화 현상들을 빚어내어 점차 조선 후기의 새로운 국면으로 넘어갈 계기들을 하나둘 만들어갔다.

그러는 사이 복잡한 시대 변화 속에서 신분 계층을 뛰어넘는 새로운 유형의 지식인들이 등장하였다. 이들은 자신들이 경험한 사회 갈등과 이로 인한 반작용에 대한 인상들을 상당부분 문학에서 그대로 노정하곤 하였다. 또한 명나라와 국가 단위의 사신 교류가 빈번하게 이루어지면서 이들을 통해 명말 문예 저작과 문예 풍조가 조선에 영향을 끼치게 되었고 이로 인한 이 시기의 문예 풍조의 전변은 괄목할 만한 성취를 이루어냈다.

이렇게 선조조는 조선의 전후기를 연결하는 과도기로서 조선 문학사의 허리를 이루고 있다. 그만큼 다양한 문예 현상의 계기들이 나타나 변화를 추동하고 있었다. 이 계기들과 이에서 비롯된 변화들을 면밀하게 분석하는 것은 조선 문학사 연구에서 매우 중요한 부분을 차지한다. 이에 대한 많은 연구가 이루어져야 할 필요가 있고 많은 성과가 도출될 수 있는 연구영역인 것은 분명하다.

실제로 그 사이 많은 연구자들이 하나둘씩 분석을 수행하였고 적지 않은 연구 성과도 발표되었다. 하지만 연구자의 시선이 미치지 못한 부분이 여전히 더 많은 것도 엄연한 현실이다. 본 연구도 역시 이에 대한 연구의 필요성에 원론적으로 동감하면서 시작되었다. 그러나 그 연구 역량이 대상의 질량을 감당해내기에는 충분하지 못해서 애초에 기대한 만큼의 결과를 도출해내지는 못하였다. 연구자들의 관심이 높아지고 그 성과가 축적되어가면서 머지않아 이 시대에 대한 종합적인 이해와 설명도 가능해질 수 있을 것이라고 기대해볼 따름이다.

참고문헌

權尙遠, 『白雲子詩稿』, 국립중앙도서관, 청구기호 성암4-680.
李圭景, 『五洲衍文長箋散稿』(古典刊行會本), 고려서림, 1994.
未　詳, 『癸亥靖社錄』(『大東野乘』 第59卷), 민족문화추진회, 1966.
未　詳, 『甲契帖』, 국립중앙도서관, 청구기호 古朝28-3.
魚叔權, 『稗官雜記』(『大東野乘』 第4卷), 민족문화추진회, 1966.
兪晩柱, 『欽英』, 서울대학교 규장각, 1997.
蔡彭胤, 『昭代風謠』, 국립중앙도서관, 청구기호 한古朝45-가154.
尹國馨, 『甲辰漫錄』(『大東野乘』 第55卷), 민족문화추진회, 1966.
李　荇, 『新增東國輿地勝覽』, 국립중앙도서관, 청구기호 한貴古朝60-3.
張志淵, 『逸士遺事』, 太學社, 1982.
沈守慶, 『遣閑雜錄』(『大東野乘』 第13卷), 민족문화추진회, 1966.
許　筠, 『國朝詩刪』, 국립중앙도서관, 청구기호 한古朝45-가310.
洪世泰, 『海東遺珠』, 일본 동양문고, 청구기호 Ⅶ-4-121. 고려대학교 해외한국학자료센터(http://kostma.korea.ac.kr).
朱之蕃, 『奉使朝鮮稿』(殷夢霞, 『使朝鮮錄』), 北京圖書館出版社, 2003.
陳繼儒, 『太平淸話』, 中華書局, 1985.
祝　穆, 『古今事文類聚』, 上海辭書出版社, 1991.
『韓國文集叢刊』 正編·續編, 한국고전번역원.

국사편찬위원회 승정원일기(http://sjw.history.go.kr)
국사편찬위원회 조선왕조실록(http://sillok.history.go.kr)
네이버 국어사전(http://krdic.naver.com)
전통문화연구회 동양고전종합DB(http://db.cyberseodang.or.kr)
한국고전번역원 한국고전종합DB(http://db.itkc.or.kr)
한국민족문화대백과사전(http://encykorea.aks.ac.kr)

강명관, 「16세기 말 17세기 초 의고문파의 수용과 진한고문파의 성립」, 『한국한문학연구』 18권, 한국한문학회, 1995.

강정화, 「16세기 遺逸文學의 특징」, 『동방한문학』 30권, 동방한문학회, 2006.

강정화, 「16세기 유일의 방외인적 성향에 관한 고찰」, 『동방한문학』 38권, 동방한문학회, 2009.

구본현, 「권필과 이안눌의 교유와 문학 활동」, 『국문학연구』 14권, 국문학회, 2006.

구본현, 「李安訥의 東園과 詩壇에 대하여」 『한국한시작가연구』 9권, 한국한시학회, 2005.

김영진, 「18세기 말 서울의 명·청 서적 유통 실태」, 『17, 18세기 동아시아의 독서문화와 문화변동』, 이화여자대학교 한국문화연구원, 2004.

김우정, 「현주 조찬한 산문의 연구－17세기 초 문단의 풍정과 관련하여」, 『한문교육연구』 31호, 한국한문교육학회, 2008.

김창호, 「권필 거주지 문제의 재고」, 『한자한문교육』 17권, 한국한자한문교육학회, 2006.

김창호, 「권필과 허균의 교유와 그 당대적 의미」, 『한국한문학연구』 42권, 한국한문학회, 2008.

김창호, 「李再榮과 『秋苑詩話』」, 『한자한문교육』 24권, 한국한자한문교육학회, 2010.

송혁기, 「18세기 초 산문이론의 전개양상 일고－이의현, 신유한, 조귀명의 대비를 중심으로」, 『한국한문학연구』 31권, 한국한문학회, 2003.

신승운, 「한정록 해제」, 『국역성소부부고』Ⅳ, 민족문화추진회, 1981.

신영주, 「16세기 후반 시대상의 전변과 일탈의 문예미학－허균의 전오자를 중심으로」, 『한문고전연구』 27권, 한국한문고전학회, 2013.

신영주, 「문예에 대한 왜곡된 시선, '완물상지론'에 관한 소고」, 『동방한문학』 48권, 동방한문학회, 2011.

신영주, 『17세기 문인들의 趣의 구현과 서화금석에 대한 관심』, 성균관대학교 박사학위청구논문, 2006.

신영주, 「월사 이정구의 갑계 조직과 『갑계첩』」, 『한문학보』 19권, 우리한문학회, 2009.

안대회, 「서얼 시인의 계보와 시의 사적 전개－18세기 참신한 시풍의 형성과 서얼 시인」, 『문학과 사회집단』, 1995.

이미진, 「조선중기 잡체시 창작에 대한 연구」, 경북대학교 박사학위청구논문, 2014.

이미진, 「조선중기 잡체시의 창작배경에 대하여」, 『대동한문학』 39집, 대동한문학회, 2013.
이상진, 「초기 여항시선집 연구」, 『한국한문학연구』 14권, 한국한문학회, 1991.
이원걸, 「조선조 기녀 시인 설죽」, 『한문학보』 31집, 2014.
이종묵, 「16세기 한강에서의 연회와 시회」, 『한국시가연구』 9권, 한국시가학회, 2001.
이태호, 「禮安金氏 家傳 契會圖 三例를 통해본 16세기 계회산수의 변모」, 『미술사학』 14권, 한국미술사교육학회, 2000.
임형택, 「18, 19세기 예술사의 성격」, 『한국문학사의 논리와 체계』, 창작과비평사, 2002.
조연숙, 『한국고전여성시사』, 국학자료원, 2011.
진재교, 「이조 후기 문예의 교섭과 공간의 재발견」, 『한문교육연구』 21권, 한국한문교육학회, 2003.
한영규, 「閒適의 선망과 『한정록』」, 『문헌과해석』 19권, 2002.
한태문, 「『해동유주』 연구－유하(柳下)의 편집의식을 중심으로」, 『한국문학논총』 13집, 한국문학회, 1992.
허경진, 「풍월향도와 백대붕」, 『목원어문학』 5집, 목원어문학회, 1985.